Katja Kruckeberg

Tausche Abendessen gegen Coaching

40 motivierende Ideen
für Gespräche unter Freundinnen

Kösel

Für Jolanda

Verlagsgruppe Random House FSC® N001967
Das für dieses Buch verwendete FSC®-zertifizierte Papier
Amber Graphic liefert Arctic Paper Munkedals AB, Schweden.

Inhalt

Einleitung

Die Idee zu diesem Buch

»Die Idee ist in der Welt und niemand kann sie mehr stoppen.«
MOULDER

Während meiner langjährigen Tätigkeit als Business Coach in internationalen Unternehmen habe ich immer wieder festgestellt, wie positiv Coaching das Leben von Menschen beeinflussen kann. Die von mir gecoachten Personen bauten nicht nur ihre eigene Führungsstärke aus, sondern begannen auch ein besseres Leben zu führen. Ihre Mitarbeiter profitierten davon genauso wie ihre Familien.

In Gesprächen mit Freundinnen und Kolleginnen wurde mir klar, dass wir uns gegenseitig so viel besser unterstützen und inspirieren könnten, wenn auch wir einige Grundzüge des Coachings in unseren Gesprächen berücksichtigen könnten.

Ein gutes Freundinnen-Gespräch ist unersetzbar, dachte ich. Ein gutes Freundinnen-Gespräch, das einige ausgewählte Coaching-Prinzipien enthält, ist ganz sicherlich *unschlagbar*.

Gedacht, getan! Im Januar 2009 lud ich meine Freundin Karina zu einem kleinen privaten »Wochenend-Workshop« ein. Ich brachte ihr die in diesem Buch vorgestellten Coaching-Tipps und die Circles-of-Life-Methode näher und schon nach wenigen Stunden fingen wir an, das Ganze in die Tat umzusetzen. Den Rest des Wochenendes verbrachten wir mit gegenseitigem Coaching, Selbstreflexion, Spaziergängen und guten Gesprächen. Im Anschluss an dieses Wochenende verabredeten wir uns im Abstand von vier bis sechs Wochen zum Telefon-Coaching.

Karina (eine bis dahin erfolgreiche, aber gestresste Managerin und Mutter) hat sich als Konsequenz aus diesem Wochenende einen Job in einem kleineren Unternehmen gesucht, das mehr zu ihrem Stärken- und Persönlichkeitsprofil passte als der Konzern, in dem sie bis dahin gearbeitet hatte. Zum Auffrischen ihrer Beziehung hat sie die Bierdeckel-Methode erfunden, von der Sie in Kapitel 13 lesen werden. Ich habe angefangen, über mein englischsprachiges Buchprojekt nicht nur zu reden, sondern es auch konkret umzusetzen. Zudem verbringe ich sehr viel mehr Zeit mit meiner Tochter und habe außerdem aus dem Vorsatz, meinen schmerzenden Rücken durch Fitness und Entspannung wieder flott zu machen endlich Wirklichkeit gemacht. Auch begannen wir im Anschluss an dieses Wochenende, immer mehr Freundinnen und Kolleginnen von dieser Erfahrung zu erzählen.

Das war die Gründungsphase des Freundinnen-Projekts. In den vier Jahren, die seitdem vergangen sind, gewann das Ganze eine solche Dynamik, dass ich mich entschloss, dieses Buch zu schreiben, um noch viel mehr Frauen als bisher die Philosophie, die Methoden und Ideen aus diesem Projekt zugänglich zu machen. Das Prinzip der kreativen Kooperation (*Tausche Abendessen gegen Coaching*) entfaltete seine Kraft, noch bevor wir einen Namen für dieses Phänomen gefunden hatten. Immer mehr Freundinnen, Kolleginnen und Bekannte begannen sich auf eine neue, zum Teil sehr subtile Art zu unterstützen und sich gegenseitig zu inspirieren.

Mittlerweile ist aus dem Freundinnen-Projekt viel mehr geworden als nur die Idee für ein Buch. Es ist ein Wir-Virus, der sich positiv in allen Bereichen unseres Lebens und dem unserer Freundinnen (und ihrer Freundinnen, und den Freundinnen ihrer Freundinnen …) ausbreitet und uns bereichert.

Mit diesem Buch wünsche ich mir nun, dass auch Sie sich dieses Wissen und diese Energie zusammen mit Freundinnen, Kolleginnen oder guten Bekannten mit viel Spaß an der Sache zunutze machen und Ihr Leben noch positiver gestalten als bisher.

Wie Sie das Beste aus diesem Buch herausholen

»Viele Wege führen nach Rom.«
UMGANGSSPRACHLICHES SPRICHWORT

Dieses Buch können Sie auf viele unterschiedliche Arten nutzen. Auch wenn das Buch einer klaren inneren Logik folgt, müssen Sie es nicht unbedingt von vorne nach hinten lesen. Die einzelnen Kapitel bauen zwar aufeinander auf, wurden jedoch so verfasst, dass sie bis auf wenige Ausnahmen auch für sich stehen.

Die Lektüre soll Ihnen vor allem Spaß machen und Leichtigkeit vermitteln. Es geht nicht darum, noch mehr Arbeit und Aufgaben in Ihr ohnehin schon prall gefülltes Leben zu stecken. Deshalb folgen Sie beim Lesen am besten einfach Ihrem Gefühl und Ihrer Intuition.

Sie können die Ideen aus diesem Buch sowohl für das Freundinnen-, das Kolleginnen- als auch das Selbst-Coaching nutzen. Sie können sich aber auch entscheiden, die gewonnenen Erkenntnisse erst einmal auf sich einwirken und sie somit vorerst nur indirekt zur Anwendung kommen zu lassen.

Um Ihnen möglichst viel Lesekomfort *und* Lesefreiheit zu gewähren, können Sie sich die Inhalte dieses Buches wie die Einzelteile in einem Baukastensystem vorstellen, aus dem Sie sich entsprechend Ihrer Bedürfnisse bedienen können.

Teil 1, Kapitel 1:

Einführung in das Freundinnen-Projekt

Zusammen mit Maria werden Sie in diesem Kapitel Einblicke in die moderne Netzwerkforschung erhalten. Neben den goldenen Netzwerk-Regeln wird Ihnen unter anderem das Prinzip der kreativen Kooperation, die Freundinnen-Netzwerk-Aktion als auch das Freundinnen-Coaching (das eigentliche Herzstück dieses Buches) vorgestellt. Es geht in diesem Buch um mehr als das Anwenden einer schlichten Methode: Wenn Sie sich das Freundinnen-Projekt als *Philosophie und Lebenshaltung* verinnerlichen und Sie diese Gedanken mit anderen Freundinnen teilen, dann kann Ihr Leben durch eine ungeahnte Dynamik bereichert werden.

Dieses Kapitel können Sie unabhängig von allen anderen Kapiteln lesen. Sie sollten es unbedingt Ihren Freundinnen, Kolleginnen und Bekannten empfehlen. Allein die Lektüre dieses Kapitels wird sich nach kurzer Zeit positiv auf Sie und Ihre Freundinnen auswirken.

Teil 1, Kapitel 2 und 3:
Das Freundinnen-Coaching – Grundlagen für erfolgreiche Gespräche

In diesen Kapiteln werden Sie in die zentrale Methode dieses Buches eingeführt: das Freundinnen- bzw. Kolleginnen-Coaching. Diese zwei Kapitel vermitteln grundlegende Coaching-Kompetenzen. Ganz nebenbei werden Sie dabei in die Geheimnisse erfolgreicher Gesprächsführung eingeweiht, die Sie von nun an in den unterschiedlichsten Lebenssituationen nutzen können. Auch werden Sie in Kapitel 3 von Anna lesen, die mit diesen Gesprächsmethoden bereits Erfahrungen gemacht hat.

Teil 2, Kapitel 4:
Einführung in die Circles of Life

In Kapitel 4 werden Sie das Circles-of-Life-Tool und die drei Prinzipien für mehr Lebenszufriedenheit kennenlernen. Auch wird in diesem Kapitel der Aufbau der weiteren Circles-of-Life-Kapitel erklärt.

Das Kapitel 4 sollten Sie unbedingt lesen, bevor Sie sich detaillierter mit den vier Lebensbereichen des Circles-of-Life-Instruments auseinandersetzen!

Teil 2, Kapitel 5 bis 8:
Die Circles-of-Life-Kapitel

Mit den Circles of Life bekommen Sie ein Instrument an die Hand, mit dem Sie gezielt über die wichtigsten Bereiche Ihres Lebens nachdenken können, um kurz- und langfristig eine hohe Lebenszufriedenheit sicherzustellen. Namentlich handelt es sich um Ihre Lebensbereiche:

1. »Arbeit, Karriere und finanzielles Wohlergehen«
2. »Gesundheit, Fitness und Lebensenergie«
3. »Familie, Freunde und Beziehungen«
4. »Abenteuer, Träume und Lebensmotive«

In den Kapiteln 5, 6, 7 und 8 finden Sie eine sehr feine Auswahl an Strategien, Ideen und Konzepten, die Sie nutzen können, um Ihre Zufriedenheit mit diesen vier Lebensbereichen noch weiter zu steigern.

Die Lektüre dieser Kapitel ist eine exzellente Vorbereitung für das Freundinnen- und Kolleginnen-Coaching. Auch können Sie diese Strategien erfolgreich für Ihr Selbst-Coaching einsetzen.

Teil 2, Kapitel 9:

Der große Circles-of-Life-Test

Beim großen Circles-of-Life-Test handelt es sich um ein Instrument, mit dem Sie Ihr derzeitiges Zufriedenheits-Management einschätzen können. Dieses Buch beruht auf der Annahme der Selbstverantwortung. Es geht darum, die Verantwortung für Ihre Zufriedenheit und Lebensqualität in die eigenen Hände zu nehmen.

Dieser Test hilft Ihnen dabei, kritisch zu hinterfragen, wie erfolgreich und aktiv Sie dies bisher bereits tun.

Teil 3, Kapitel 10:

Tipps zur praktischen Umsetzung

Jetzt geht es um die Umsetzung Ihrer Träume, Wünsche und Vorsätze. In Kapitel 10 erhalten Sie hierfür wichtige Tipps und ebenso

für die Durchführung des Freundinnen-, Kolleginnen- und Selbst-

Coachings. Es wird ausführlich dargestellt, wie sich die unterschiedlichen Bausteine dieses Buches in der Praxis am wirkungsvollsten einsetzen lassen.

Es bietet sich an, dieses Kapitel zu lesen, bevor Sie sich für ein Gespräch mit Ihrer Freundin, Kollegin oder guten Bekannten verabreden.

Teil 3, Kapitel 11 bis 14:
40 Coaching-Ideen für Sie und Ihre Freundinnen

In diesem Kapitel finden Sie 40 Coaching-Ideen, die Ihnen in Ihrem Freundinnen-, Kolleginnen- oder Selbst-Coaching helfen, Ihre Lebensthemen sinnvoll zu fokussieren. Inhaltlich beziehen sich diese Coaching-Ideen auf die im zweiten Teil vorgestellten Themen und Veränderungsstrategien.

Stöbern Sie in diesem Teil des Buches wie in einem Kochbuch! Es geht nicht darum, alle »Rezepte« auf einmal auszuprobieren. Folgen Sie Ihrer Intuition und wählen Sie die Coaching-Tools, die Sie im jeweiligen Moment am meisten ansprechen. Ob Sie nach Rezept oder »Pi mal Daumen« coachen, hängt dabei ganz von Ihnen und den Bedürfnissen Ihrer Freundin ab.

Tausche Abendessen gegen Coaching

baut auf den natürlichen Eigenschaften
und Bedürfnissen von Frauen und
ihren Freundschaften in der heutigen Zeit auf.

Das heißt aber nicht,
dass es sich um ein
Anti-Männer-Buch
handelt – **mitnichten!**

Viele der in diesem Buch vorgestellten Ideen können
gut und gerne auch von oder mit Männern
aufgegriffen und umgesetzt werden.

Teil 1

Das Freundinnen-Projekt

Kapitel 1

Kreative Kooperation unter Freundinnen

Maria und das Jahr der Freundinnen

Maria erzählte mir ihre Geschichte über den Dächern von Lissabon, in lauer, wunderbarer Luft und mit einem Ausblick über den Rio Tejo, der einem den Atem nimmt. Oder war es doch ihre beeindruckende Geschichte, die mir noch heute eine leichte Gänsehaut beschert, wenn ich an sie denke?

Maria war damals 42 und blickte bereits auf ein aufregendes Leben mit Höhen und Tiefen zurück. Zu den Höhen gehörten eine spannende Ehe und zwei wunderbare Kinder. Zu den Tiefen eine zehn Jahre jüngere Geliebte und eine Scheidung, die nun neun Jahre zurücklag. Sie sei danach über Jahre am Boden zerstört gewesen, habe sich nur langsam damit abfinden können, dass ihr erträumtes Eheglück doch brüchiger war, als sie es wahrhaben wollte. Nach einem desaströsen »Trauerjahr« habe sie schließlich versucht, ihr Leben wieder in den Griff zu bekommen und angefangen, an ihrem beruflichen Wohlbefinden zu basteln. Mittlerweile sind ihre Kinder fast erwachsen, sie ist selbstständige Beraterin.

»Weißt du, nach der Scheidung war ich stolz, mein eigenes Geld zu verdienen. Ich hatte eine Art Sekretärinnen-Job in einer kleinen Firma. Da habe ich mich dann buchstäblich hochgearbeitet.

Aber mein Sozialleben war quasi nicht existent. Bis ich Ende 2009 auf die Idee kam, das kommende Jahr unter das Banner der Freundinnen zu stellen.« Marias Augen leuchten, als sie erzählt, wie sie Weihnachten 2009 den Entschluss fasste, ihr Lebensglück selbst in die Hand zu nehmen. »Ich fühlte mich einsam und ich wusste plötzlich, dass ich im kommenden Jahr alles dafür tun würde, dieses Gefühl von Einsamkeit aus meinem Leben zu verbannen. Zwei Wochen später kam mir dann die Idee mit dem Dinner che Maria. Von da an hat sich alles wie von selbst entwickelt.«

Das »Dinner che Maria« veranstaltete Maria einmal im Monat bei sich zu Hause. Geladen waren jeweils mindestens fünf bis maximal neun Personen, von denen sich mindestens drei nicht kennen durften. Da Marias Freundeskreis eher überschaubar war, musste sie kreativ werden: Sie lud Nachbarinnen ein, bat ihre Freundinnen, ihre nettesten Freundinnen mitzubringen, sie kontaktierte Menschen aus ihrer Vergangenheit. Am Anfang kam sie sich albern vor. Es war ihr peinlich, dass sie Menschen zu sich nach Hause einlud, die sie quasi nur vom Grüßen kannte und nett fand. Doch was sich letztlich aus diesem *Jahr der Freundinnen* alles

Dinner che Maria

entwickelte, hätte sie sich nie erträumen lassen. Das Jahr der Freundinnen war ein solcher Erfolg, dass es Marias Leben innerhalb von Monaten total veränderte. Und auch ihre Freundinnen profitieren davon. Neue Freundschaften wurden geschlossen, Ideen für gemeinsame Urlaube geschmiedet, Abenteuer initiiert und Arbeitsplätze feilgeboten. Für Maria bedeutet dies konkret, dass sie zusammen mit sieben Personen aus unterschiedlichen Branchen in einem ehemaligen Industriegebäude am Stadtrand von Lissabon ein 140 m² großes Büro anmietete, von dem aus sie fortan ihrer Tätigkeit als Beraterin nachging. Auch wurde sie eingeladen, in einer Freizeit-Reggae-Band als Trommlerin mitzuwirken. Ein Hobby, das Maria seit ihrer Jugend vernachlässigt hatte.

»Die wichtigste Erfahrung, die ich in diesem Jahr gewonnen habe, ist, dass die Dinge in meinem Leben wieder eine Dynamik bekommen haben. Je mehr Freundinnen und Bekannte sich auch untereinander kannten, umso lebendiger hat sich mein Leben wieder angefühlt. Ich kann das nur jedem weiterempfehlen, mal etwas zu wagen. In meinem Fall hat es sich mehr als gelohnt.«

Ist das nicht eine tolle Geschichte? Ich kriege immer gute Laune, wenn ich an Maria und ihr Jahr der Freundinnen denke, weshalb ich mich auch entschieden habe, sie an den Anfang dieses Buches zu stellen. Es ist einfach faszinierend zu sehen, wie dynamisch die Dinge plötzlich sein können, wenn man sein Leben in die Hand nimmt.

Es gibt jedoch noch einen anderen Grund, warum ich Ihnen von Maria gleich zu Beginn dieses Buches erzähle. Denn Maria und das Jahr der Freundinnen steht stellvertretend für die vielen Geschichten, die ich seit Beginn des Freundinnen-Projektes erzählt bekommen habe. Und so unterschiedlich diese Geschichten auch sein mögen (einige davon werde ich mit Ihnen im Laufe des Buches teilen können), in zwei Dingen sind sie sich alle ähnlich: Sie inspirieren a) zum Mitmachen, Weitermachen, Andersmachen und zeigen b), wie viel Spaß es machen kann, die Ideen, die ich in diesem Buch vorstelle, in die Tat umzusetzen.

Deshalb möchte ich Sie nun auch nicht länger auf die Folter spannen und Sie in diesem einführenden Kapitel mit den grundlegenden Annahmen des Freundinnen-Projekts vertraut machen.

Das Freundinnen-Projekt: Eine Antwort auf die Chancen und Herausforderungen unserer Zeit

»Die signifikanten Probleme, die sich uns stellen, können nicht mit dem gleichen Grad des Denkens gelöst werden, den wir hatten, als wir sie kreiert haben.«
ALBERT EINSTEIN

Jedes Zeitalter birgt für die Menschen, die in ihm leben, eine Reihe von ganz besonderen Chancen und Herausforderungen. Das war schon immer so. Und schon immer musste sich der Mensch wieder und wieder neu erfinden, sich seiner Umgebung neu anpassen, um sein Leben bestmöglich zu gestalten. Auch zu Beginn des 21. Jahrhunderts hat sich daran nichts geändert.

Eine Möglichkeit, den Bedingungen *unserer* Zeit gelassener und stärker gegenüberzutreten, zeigt das Freundinnen-Projekt mit seiner ihm zugrunde liegenden Philosophie der Kooperation und seinen zentralen Methoden der Freundinnen-Netzwerk-Aktion und dem Freundinnen-Coaching.

Ich bin der festen Überzeugung, dass der gesellschaftliche Wandel der letzten 50 Jahre explizit uns Frauen auffordert, kreativer als bisher miteinander zu kooperieren und zu kommunizieren. Unser Alltagsleben ist so viel schneller, komplexer und flexibler geworden, dass wir lernen müssen, uns auf eine leichtere und gleichzeitig intensivere Art zu unterstützen, die diesen neuen Bedingungen positiv Rechnung trägt.

Um sich für die Lebenssituation zu Beginn des 21. Jahrhunderts besser zu wappnen, müssen Frauen neue Wege gehen. Denn die großen Herausforderungen von heute und morgen lassen sich nicht auf dem Denk- und Handlungsniveau von gestern lösen. Gefragt ist eine Form der kreativen Unterstützung unter Freundinnen, welche sich hervortut durch eine Vielfältigkeit im Denken und Handeln. Viele von uns spüren es bereits, die Spatzen pfeifen es buchstäblich von den Dächern: Die Zeit ist reif für ein neues *Wir.*

Die einseitige Ausrichtung unserer Gesellschaft auf das Prinzip der Konkurrenz ist überholt. An allen Ecken und Enden stoßen wir an die Grenzen dieses Paradigmas. Die überkommene Vorstellung von Evolution als reinen Wettlauf und Kampf um Ressourcen weicht zumindest in Teilen der Gesellschaft der Erkenntnis, dass es ebenso sehr auf soziale Fähigkeiten und Kooperation ankommt wie auf Konkurrenzverhalten. So erinnert Jeremy Rifkin in seinem großartigen Buch *Die empathische Zivilisation* daran, dass Empathie (Mitgefühl) seit jeher prägend für das Schicksal der Zivilisationen war. Für unsere Zukunft, so seine These, der auch ich mich anschließen möchte, wird sie jedoch absolut entscheidend sein.[1]

Glücklicherweise setzt sich diese Erkenntnis auch immer stärker bei den Einzelnen durch. Das Thema Nachhaltigkeit scheint auf vielen Ebenen in der Mitte der Gesellschaft angekommen zu sein. Und das ist gut so! Es gibt wieder mehr Menschen, die sich für das Wohlergehen von anderen einsetzen, die sich nach etwas Echtem und Lebendigem sehnen (wie zum Beispiel dem kleinen Laden an der Ecke, Bio-Produkte vom waschechten Bauern, Öko-Mode aus Stoffen, die ethisch einwandfrei produziert wurden, Fair-Trade-Brands etc.) und bereit sind, sich dafür einzusetzen. Trendforscher zeigen eindrucksvoll, wie sich unsere gesellschaftlichen Werte verändern: Etwas Interessantes erleben, das Ausleben (eigener) kreativer Ideen, Teil einer sozialen Gemeinschaft zu sein – das sind die neuen Werte, nach denen wir mehr und mehr streben. Dass Geld alleine nicht glücklich macht, davon sind immer mehr Menschen überzeugt.

Wenn Sie sich das Freundinnen-Projekt in diesem Sinne als Philosophie und Lebenshaltung verinnerlichen, das weiter dazu beiträgt, unser empathisches Bewusstsein zu leben, und Sie diese Gedanken mit anderen teilen, dann kann Ihr Leben auf ungeahnte Weise bereichert werden. Denn wenn wir unter Freundinnen stärker miteinander in Kontakt treten, dann können wir eine gegenseitige Welle der Unterstützung erfahren, wie sie über Jahrhunderte in Großfamilien oder unter Nachbarinnen gepflegt wurde. Und so der zunehmenden Individualisierung der Gesellschaft – wo gewünscht – entgegentreten. Und genau diese Art der Solidarität brauchen die meisten Menschen, um sich wirklich zufrieden und glücklich zu fühlen und mit den Herausforderungen ihrer Zeit produktiv und positiv umzugehen.

Im Berufsleben gilt das gleichermaßen. In meinen Führungskräfte-Seminaren thematisieren wir mit großem Erfolg das Prinzip der (kreativen) Kooperation. Und vor allem Frauen scheinen oft erleichtert zu sein, wenn sie erkennen, dass sie nicht immer nur kämpfen müssen, um sich zu behaupten, sondern es vielmehr darauf ankommt, mit möglichst vielen Menschen erfolgreich zu kooperieren. So schaffen sie die Grundlage nicht nur für ihren beruflichen Erfolg, sondern auch für mehr Lebenszufriedenheit.

Wie können Sie diese schönen Ideen von Solidarität und Kooperation nun aber auf eine *neue* Art in der Praxis umsetzen? Um diese Frage zu beantworten, möchte ich Sie im Folgenden mit neuesten Erkenntnissen aus der sozialen Netzwerkforschung vertraut machen, die sich auch Maria im vorangegangenen Beispiel zunutze machte. Wenn Sie die zwei goldenen Netzwerkregeln des Freundinnen-Projektes in Ihrem Alltagsleben berücksichtigen, können auch Sie neuen Schwung in Ihr Leben bringen und mit vielen positiven Überraschungen rechnen.

Goldene Netzwerkregel 1: Bringen Sie die Menschen zusammen

Die goldene Netzwerkregel 1 besagt, dass Menschen mit einem hohen Vernetzungsgrad zufriedener sind und bessere Chancen haben, ihr Leben positiv zu gestalten. Das hängt jedoch nicht nur von der Zahl der Beziehungen ab, die sie zu anderen Menschen pflegen. Und auch nicht allein von der Qualität dieser Beziehungen. Ausschlaggebend ist, wie eng die Menschen, die sie kennen, *untereinander* miteinander befreundet, bekannt oder vernetzt sind.[2]

Das heißt im Klartext: Je mehr Beziehungen auch zwischen ihren Freundinnen und Freunden, Bekannten und Arbeitskolleginnen bestehen, desto stärker wird Ihr Netzwerk, desto stärker wird Ihr Gefühl, Teil einer Gemeinschaft zu sein, und desto mehr Chancen bieten sich Ihnen im Leben. Dies ist ein Gesetz, das sich eine Frau wie Maria mit Erfolg zu eigen gemacht hat.

Denn je näher Ihre Freundeskreise aneinanderrücken, je mehr Querverbindungen es innerhalb dieser Kreise gibt, umso größer ist Ihr wahrgenommener sozialer Reichtum. Denn ein Leben in-

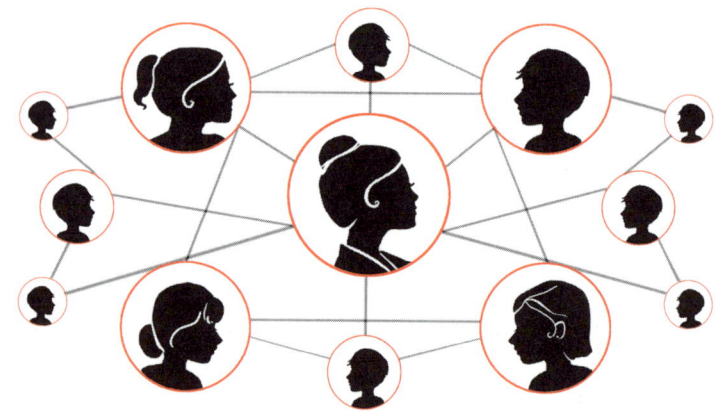

mitten eines sozialen Netzwerkes unterscheidet sich ganz erheblich von einem Leben am Rande eines solchen. In den meisten Fällen ist ein in ein soziales Netz eingebettetes Leben nicht nur das glücklichere, sondern auch das gesündere – dies konnte von der Wissenschaft vielfach und eindrücklich belegt werden.[3]

Das Schöne ist, dass Sie selber großen Einfluss auf das Entstehen Ihrer Netzwerke haben. Es liegt an Ihnen, ob sich Freundinnen untereinander kennenlernen oder ob Sie Ihre Bekannten miteinander in Kontakt bringen. Das Zusammenleben in Freundes- und Bekanntenkreisen ist ein Spiel aus Geben und Nehmen. Eine Freundin, die über einen großen Bekanntenkreis verfügt, wird Ihr Sozialleben höchstwahrscheinlich bei jeder Gelegenheit bereichern, wohingegen eine Freundin, die gerade erst zugezogen ist, dies nicht leisten kann. Letztere ist wiederum darauf angewiesen, von Ihnen in ein soziales Netzwerk aufgenommen zu werden. Das ist ein Einsatz, den Sie auf jeden Fall leisten sollten und der sich für Sie und für Ihre Freundin auszahlen wird.

Für das Freundinnen-Projekt bedeutet dies konkret: Fördern Sie die Querverbindungen in Ihrem Freundinnen-, Kolleginnen- und Bekanntenkreis. Sie werden staunen, wie Ihr Leben allein durch diese grundsätzliche Haltung in Bewegung kommt!

Goldene Netzwerkregel 2: Entdecken Sie die Möglichkeiten jenseits Ihres Spaghettitellers!

Lassen Sie uns nun zu einer weiteren zentralen Annahme des Freundinnen-Projektes kommen. Denken Sie hierfür für einen kleinen Moment an die Menschen, die in Ihrem Leben eine Rolle spielen. Und stellen Sie sich dann einen vollen Teller leckerer Spaghetti vor.

Die vielen Beziehungen, die Sie in Ihrem Leben zu anderen Menschen pflegen, liegen höchstwahrscheinlich im Prinzip ähnlich da wie die Spaghetti auf einem Teller: chaotisch durcheinander, mit Überschneidungen an verschiedenen Stellen. Die eine oder andere Nudel liegt vielleicht ganz abseits, andere wiederum sind sogar verknotet.[4] Entscheidend ist aber vor allem eins: Sie liegen alle auf einem Teller!

So ist es auch mit unseren persönlichen Beziehungen. Interessant ist, dass sich viele Menschen, zu denen wir Beziehungen pflegen, in Bezug auf grundlegende Werte und Glaubenssätze stärker ähneln, als uns das vielleicht bewusst ist. Das liegt daran, dass wir als Menschen das Bedürfnis haben, uns mit Gleichgesinnten zu umgeben. Auch wenn Sie im ersten Moment vielleicht denken, dass Ihre Freunde doch alle ganz unterschiedlich sind, werden Sie beim genaueren Hinsehen feststellen, dass es ein gewisses Muster gibt. Und das ist gut so. Denn das erfüllt unser menschliches Grundbedürfnis nach Sicherheit und gibt uns ein Gefühl von Geborgenheit. Neben diesem Grundbedürfnis nach Sicherheit beherbergen wir jedoch paradoxerweise auch ein weiteres menschliches Grundbedürfnis in uns: das Bedürfnis nach Unsicherheit, Abenteuer und Überraschungen. Es ist dieses Grundbedürfnis, das uns lebendig macht und unserem Leben Schwung und Dynamik gibt. Um dieses Grundbedürfnis zu erfüllen, müssen wir ab und zu über den Tellerrand unseres Netzwerkes hinausschauen.

Neues können wir nur erfahren, wenn wir eine Brücke zu neuen Netzwerken schlagen, in denen andere Werte gelten, anderes Wissen zirkuliert und ein anderes Miteinander das Leben bestimmt. Deshalb sollten wir, wenn wir zum Beispiel auf der Suche nach einem neuen Job sind, unbedingt auch Menschen kontaktieren, die sich außerhalb unseres eigenen Netzwerkes befinden. Denn unsere direkten Freundinnen können uns bei wichtigen Themen nicht immer weiterhelfen. Wir wissen nämlich vieles bereits, was sie wissen. Beziehungen jenseits des Tellerrandes hingegen sind sprudelnde Quellen für neue Informationen, auf die wir zugreifen sollten, wenn wir unsere Lebensumstände verändern möchten.

Deshalb möchte ich Sie in diesem Buch ermutigen: Machen Sie es wie Maria – wenden Sie die *Goldene Netzwerkregel 2* an – und entdecken Sie diese Möglichkeiten! Denn beim Dinner che Maria handelte es sich nicht um ein vermeintlich normales monatliches Date zu einem Abendessen. Erfolgreich wurde diese Aktion erst dadurch, dass Maria ihre Freundinnen und Freunde bat, ihrerseits wiederum Freundinnen, gute und ferne Bekannte zu diesem Treffen einzuladen. Sprich, es kamen auch Menschen, die sich vorher nicht kannten, die Maria noch nicht einmal persönlich kannte. Erst aus dieser Vielfalt ergaben sich die vielen Möglichkeiten für Marias neues Leben. Bitten Sie deshalb Ihre Freundinnen um Ihre Unterstützung und profitieren Sie alle davon.

Die Freundinnen-Netzwerkaktion

In meiner Arbeit als Managementberaterin stelle ich häufig fest, dass Frauen sich weniger stark vernetzen als Männer. Frauen scharen zwar enge Kontakte um sich herum, aber strecken ihre Fühler selten weit aus.[5] Dabei liegen die Chancen oft erst jenseits des Spaghettitellers. Ich behaupte, dass es uns Frauen sehr viel besser gehen würde, wenn der Zusammenhalt untereinander stärker wäre. Dabei muss nicht sofort eine tiefe Freundschaft besiegelt werden. Es sind zumeist die lockeren Beziehungen und Netzwerke, die unser Leben in ungeahnter Weise bereichern. Idealerweise betrachten wir dabei unsere sozialen Netzwerke wie einen Gemeindeforst: Wir profitieren stets davon, müssen aber auch unseren Beitrag dazu leisten, dass er gesund und stabil bleibt. Dazu gehört zum Beispiel auch, dass Frauen Konflikte und Meinungsverschiedenheiten – insbesondere im Job – nicht überbewerten. Während Männer durchaus mal unterschiedlicher Meinung sein können, ohne sich gleich über lange Zeit zu überwerfen, tragen Frauen oft länger nach.[6] Wenn man beruflich flexibel sein möchte, muss man auch mal fünf gerade sein lassen können. Das tut den Beziehungen gut und wird sich auszahlen.

Für Ihre Freundinnen-Netzwerkaktion gilt:

Nehmen Sie und geben Sie, halten Sie sich immer an die goldenen Netzwerkregeln. Das ist gelebte Empathie. Tun Sie was, um Querverbindungen in Ihrem Freundeskreis zu aktivieren. Geben Sie Tipps und Informationen weiter, die anderen nutzen können, auch wenn Sie Ihnen selbst gerade nichts bringen.

Laden Sie Freundinnen ein, denen es gerade vielleicht nicht so gut geht. Leben Sie den Freundinnen-Netzwerk-Gedanken aktiv aus und freuen Sie sich auf die Resultate. Tolle Netzwerkerinnen sind vor allem diejenigen, die es schaffen, andere Menschen miteinander in Kontakt zu bringen. Sie tun das selbstlos und profitieren doch davon.

Der Trick dabei ist, dass es keinen Trick gibt! Verknüpfen Sie Ihre Aktivitäten nicht mit einer konkreten Erwartungshaltung, sondern geben Sie aus dem Netzwerk-Gedanken heraus. Sie können gar nicht verhindern, dass diese Art des Gebens früher oder später wieder positiv auf Sie zurückfällt.

Das Prinzip der Kooperation ist in Bezug auf das Erstellen von Lebenszufriedenheit und Glück dem Prinzip der Konkurrenz haushoch überlegen!

Es ist ganz einfach: Wenn wir etwas für unsere Freundinnen, Bekannten und Kolleginnen tun, basteln wir dabei indirekt immer auch an unserem eigenen kleinen Glück, das in Form von vielerlei Überraschungen irgendwann wieder auf uns zurückkommt.

Wann immer Freundinnen in einer ähnlichen Lebenslage sind und ähnliche Interessen teilen, sollten sie entsprechende soziale Netzwerke um sich aufbauen. Besonders geeignet sind solche Freundinnen-Netzwerkaktionen zum Beispiel zu Beginn der Studienzeit, in der Schwangerschaft, im ersten Babyjahr oder wenn die Kinder groß und schon ausgezogen sind. Diese Zeiten können viele Frauen nicht wirklich genießen, weil sie sich allein, erschöpft und isoliert fühlen. Dabei könnte man vieles zusammen auf die Beine stellen und sich gegenseitig bereichern.

Im nächsten Abschnitt möchte ich Sie nun in das Freundinnen-Coaching – das eigentliche Herzstück des Buches – einführen. Hier handelt es sich um eine ganz besonders intensive Form der gegenseitigen Inspiration und Unterstützung unter Freundinnen.

Das Freundinnen-Coaching

» Was für den Vogel die Kraft der Schwingen ist,
das ist für den Menschen die Freundschaft:
Sie erhebt ihn über den Staub der Erde.«
ZENTA MAURINA

Die zentralen Methoden dieses Buches bauen auf den natürlichen Eigenschaften und Besonderheiten auf, die Freundschaften unter Frauen auszeichnet. Freundschaften unter Frauen haben im Leben von Frauen einen ganz besonderen Stellenwert. Frauen brauchen Frauen, um sich wohlzufühlen. Das gilt für Männer und ihre Männerfreundschaften natürlich auch. Schaut man jedoch genauer hin, kann man feststellen, dass Freundinnen untereinander einen ganz besonderen Umgang pflegen, der sich stark vom Umgang unserer männlichen Artgenossen unterscheidet. Frauen, die sich mögen, gehen sehr schnell tiefe und bedeutsame Verbindungen miteinander ein. Männer können da oft nur staunen, in welcher Geschwindigkeit Frauen echte Beziehungen zueinander knüpfen, die dann über Jahre Bestand haben können.

Das charakteristischste Element einer Freundschaft unter Frauen ist die besondere Art der Kommunikation. Freundinnen reden gerne, Freundinnen hören gerne zu, Freundinnen telefonieren mitunter stundenlang. In diesen Gesprächen geht es um die unterschiedlichsten Dinge des Alltags und auch um die ganz großen Themen des Lebens. Das Besondere ist eigentlich, dass wirklich gute Freundinnen immer bereit sind, sich im Leben gegenseitig zu unterstützen. Haben Frauen Probleme, greifen Sie fast automatisch zum Telefonhörer und rufen ihre Freundinnen an. Freundinnen geben einander Wärme, Sicherheit, Humor und fast immer eine gute Idee, wie es weitergehen soll.[7]

Auf genau diesen Stärken baut das Freundinnen-Coaching auf. Denn es geht hier vor allem darum, eben diese Stärken noch weiter zu intensivieren und ab und zu etwas anders als bisher zu nutzen.

Umfragen zeigen, dass viele Frauen an den unterschiedlichsten Stationen ihres Lebens mit dem Gedanken spielen, einen Coach zurate zu ziehen, dann aber oft vor dem Aufwand und den Kosten zurückschrecken. Zudem ist es ja auch gar nicht so einfach, einen Coach zu finden, der wirklich zu einem passt.

Unter Freundinnen ist das einfacher. Sie kennen sich gut, sie unterstützen sich in der Regel sowieso, also macht es auch Sinn, sich ab und zu für ein gezieltes Coaching zu verabreden. Angesichts der vielfältigen Herausforderungen, mit denen Sie in Ihrem Leben konfrontiert sind, kann eine solche Intervention genau zu der Klarheit führen, die im Trubel des Alltags so oft abhandenkommt.

- Wie können Sie beispielsweise ein Gefühl dafür entwickeln, ob Sie das attraktive Jobangebot in der weit entfernten Stadt wirklich annehmen wollen oder nicht?
- Oder: Wie bringen Sie Ihrem Chef bei, dass Sie nicht gewillt sind, 30 Prozent weniger zu verdienen als Ihre männlichen Kollegen?
- Oder: Wie können Sie Ihr Leben nach der Geburt Ihres Kindes so gestalten, dass es sowohl Ihnen als auch Ihrem / n Kind / ern gut geht?

Das Freundinnen- bzw. Kolleginnen-Coaching kann Ihnen bei diesen und ähnlichen Fragestellungen und Lebensthemen behilflich sein, genau die Antworten und Lösungsvorschläge zu entwickeln, die wirklich zu Ihnen passen und Ihnen langfristig guttun!

Darüber hinaus wäre es schlichtweg eine Verschwendung, würden Sie die in Ihnen schlummernden Coaching-Kompetenzen nicht sinnvoll einsetzen. Unsere (Ur-)Großmütter wären dazu in der Regel noch nicht fähig gewesen. Bis zum Beginn des 20. Jahrhunderts waren die Menschen psychologisch noch nicht so weit geschult, dass sie in therapeutischen Ansätzen hätten denken können. Sie waren selbst im hohen Erwachsenenalter oft nicht in der Lage, ihre eigenen Gefühle und Gedanken derart zu reflektieren, dass ihnen deutlich geworden wäre, welchen Einfluss emotionale Erlebnisse und Beziehungen auf die Selbstwahrnehmung und auf das Verhalten anderer gegenüber haben. Heute jedoch, 100 Jahre, nachdem die Psychologie den Kinderschuhen entwachsen ist, verfügen schon junge Leute über ein hoch entwickeltes therapeutisches Bewusstsein und erachten es als selbstverständlich, über ihre eigenen Gefühle und über die ihrer Freunde nachzudenken und sie zu analysieren.[8]

Das Fazit ist deshalb beinahe beruhigend: Zwar ist es aufgrund der immer komplexeren Anforderungen unserer Zeit mehr denn je sinnvoll, ein gutes Coaching wahrzunehmen. Aber wir sind aufgrund unserer psychologischen Entwicklung auch in der Lage, uns diese Art von Unterstützung auf hohem Niveau selbst zu gewähren. Im Freundinnen-Coaching geht es nun darum, diese Kompetenzen zu nutzen und sich gegenseitig auf eine ganz neue Art zu unterstützen, die Ihr Lebensgefühl auf ein neues Niveau heben wird.

Das Prinzip der kreativen Kooperation:
Tausche und teile!

»Kreatives Tauschen und Teilen wird unser Konsumverhalten revolutionieren.«

RACHEL BOTSMAN, TRENDFORSCHERIN

Wenn Frauen erkennen, dass ihr Leben maßgeblich von den sie umgebenden Netzwerken geprägt ist, wird es ihnen leichter fallen, diese Netzwerke bewusst zu stärken und zu pflegen. Dahinter steckt weniger eine Methode als vielmehr eine neue Lebenshaltung der *kreativen Kooperation*, die ihr alltägliches Handeln bestimmt und ihnen erlauben wird, den Lebensbedingungen im 21. Jahrhundert mit all seinen Chancen und Herausforderungen möglichst clever und erfolgreich zu begegnen.

Wie Sie dieses Prinzip der kreativen Kooperation mit Leben füllen, liegt an Ihnen. Eine von vielen denkbaren Möglichkeiten ist es, kleine Tauschbörsen unter Freundinnen einzurichten und sich so punktuell unabhängiger vom monetären System unserer Gesellschaft zu machen. In diesen Tauschbörsen können die unterschiedlichsten Gegenstände, Dienstleistungen und Kompetenzen getauscht werden. Hier können Sie kreativ werden. Sie haben mitunter mehr zu bieten, als Sie vielleicht annehmen!

Eine E-Mail, die mich nach einem Gespräch über das Freundinnen-Projekt erreichte, hatte folgende Betreff-Zeile: *Tausche Haarschnitt gegen Coaching*. Ich habe selbstverständlich angenommen und freute mich hinterher über einen interessanten Nachmittag, einen tollen Haarschnitt und ein Freundinnen-Coaching, das einfach nur Spaß gemacht hat. Eine andere Freundin, die von dieser Geschichte erfuhr, hat diese Idee aufgegriffen und eine befreundete Arbeitskollegin mit dem Angebot *Tausche Abendessen gegen Coaching* zu einem im positiven Sinne folgenschweren Treffen eingeladen: Sie hat wenige Monate später in genau die Abtei-

Teil 1 Das Freundinnen-Projekt

lung ihres Unternehmens wechseln können, wo Sie immer schon arbeiten wollte. Ihre Kollegin hat sich – ebenfalls motiviert von diesem Gespräch – endlich getraut, eine schon längst anstehende Gehaltserhöhung mit ihrem Chef auszuhandeln.

Aber auch in anderen Bereichen des Lebens lässt sich dieses Prinzip der kreativen Kooperation anwenden. Überlegen Sie, was Sie und Ihre Freundinnen anzubieten haben, das Sie gerne miteinander teilen möchten. Da kann es um Kompetenzen (zum Beispiel Sprach- oder Computerkenntnisse) gehen, um Zeit (zum Beispiel fürs Babysitten), um Gegenstände (selbst gemachter Schmuck, Bilder, Möbel, die Sie nicht mehr brauchen). Werden Sie kreativ und organisieren Sie Ihre persönlichen Tauschbörsen und Transaktionen. Diese machen Spaß und bringen die Menschen wieder näher zusammen. Denn das Prinzip der kreativen Kooperation war von jeher aktiv, wo Menschen dauerhaft zusammenwohnten, und fand in der Vergangenheit oft seinen Ausdruck im nachbarschaftlichen Engagement. Wenn Sie diese Idee näher interessiert, dann werfen Sie doch einmal einen Blick auf unsere deutsche Hauptstadt. In Berlin gibt es schon diverse Tauschbörsen, in denen viele Menschen kreativ ihr Angebot feilbieten und somit das alte Konzept der Nachbarschaftshilfe wieder aufleben lassen. Ohne Moos geht's los – so die Parole einer dieser sehr sympathisch wirkenden Internetbörsen.[9]

Das amerikanische Magazin *Time* hält dieses Phänomen der kreativen Kooperation für so bedeutend, dass es die »Collaborative Consumption« als einen der zehn Megatrends betrachtet, die unsere Welt verändern werden. Schon ist von der vierten industriellen Revolution die Rede. Die erste begann mit der Erfindung der Dampfmaschine, die zweite mit der Produktion am Fließband, die dritte mit dem Einzug der Computer. Und die vierte Phase wird von der Kreativität und Fantasie der Menschen bestimmt, sich miteinander zu vernetzen und gegenseitig durch das Prinzip des Tauschens und Teilens zu unterstützen.[10]

Das Freundinnen-Projekt im Internet

Zum Schluss möchte ich Sie ganz herzlich einladen, das Freundinnen-Projekt auch im Internet zu besuchen. Vergessen Sie nicht: Gute Ideen sind genauso ansteckend wie gute Laune! Deshalb wäre es schön, wenn Sie Ihre persönlichen Erlebnisse mit dem Freundinnen-Projekt auf dem *Tausche Abendessen gegen Coaching-Blog* (http:// freundinnencoaching.com) mit anderen Frauen teilen würden. So werden Ihre Erfolgserlebnisse und Ihre Ideen anderen zugutekommen und damit irgendwann auch wieder Ihnen selbst. Bedenken Sie: Soziale Netzwerke verstärken alles, was man in sie einspeist. Die Wissenschaftler Nicholas A. Christakis, Mediziner und Soziologe von der Harvard University, sowie James Fowler, Politikwissenschaftler von der University of California, San Diego, nennen dieses Phänomen das »Gesetz der drei Schritte«. Denn alles, was Menschen fühlen, tun und sagen, wird durch das Netzwerk weitergegeben und beeinflusst somit sowohl das Denken, Fühlen und Handeln ihrer Freundinnen (erster Schritt) als auch die Freundinnen ihrer Freundinnen (zweiter Schritt) als auch die Freundinnen der Freundinnen der Freundinnen (dritter Schritt).[11] Und genau das ist es, was Netzwerke so dynamisch und innovativ macht.

Werden Sie deshalb aktiv und machen Sie sich diese Eigenschaften von Ihren Netzwerken zunutze. Sie werden sich wundern, welch schöne und vor allem unvorhergesehen positive Erlebnisse Ihr Leben bereichern werden.

Auf den Punkt

In diesem Kapitel haben Sie Maria kennengelernt, die mit einer eindrucksvollen Freundinnen-Netzwerkaktion ihr Leben im Laufe eines Jahres buchstäblich umkrempelte. Um diese Erfolgsstory auch für Sie reproduzierbar zu machen, haben Sie darüber hinaus Einblicke in Erkenntnisse der modernen Netzwerkforschung erhalten und die *zwei goldenen Netzwerkregeln* kennengelernt.

Das Herzstück des Freundinnen-Projekts bildet das *Freundinnen-Coaching* als besonders kreative Form der Unterstützung unter Freundinnen. Die hohe Erfolgswahrscheinlichkeit des Freundinnen-Coachings liegt darin, dass es auf dem Grundbedürfnis von Freundinnen aufbaut, sich in guten, konstruktiven oder auch unterhaltsamen Gesprächen regelmäßig persönlich auszutauschen.

Besonders ans Herz legen möchte ich Ihnen darüber hinaus, das *Prinzip der kreativen Kooperation* sowohl zu verinnerlichen als auch aktiv zu leben. Wenn Sie den Gedanken der Kooperation in den Mittelpunkt Ihres Denkens und Handelns stellen, werden nicht nur Sie, sondern viele Menschen in Ihrem direkten und indirekten Umfeld davon profitieren. In diesem Sinne fordere ich Sie mit einem Augenzwinkern auf: *Freundinnen aller Länder, vereinigt euch!*

Kapitel 2

Das Freundinnen-Coaching

In diesem Kapitel werden Sie in die zentrale Methode dieses Buches und damit des Freundinnen-Projekts eingeführt. Es gibt mittlerweile eine Vielzahl von Ansätzen auf dem Büchermarkt, die uns helfen wollen, besser, leichter, langsamer, schneller oder genussvoller zu leben – je nach persönlichem Bedürfnis, Problem oder Anlass.

Das Freundinnen- bzw. Kolleginnen-Coaching (der Einfachheit halber wird ab jetzt in der Hauptsache der Begriff Freundinnen-Coaching verwendet) unterscheidet sich jedoch genau auf einer Ebene von all diesen Ansätzen grundlegend: Es ermutigt Sie dazu, positive Veränderungen in Ihrem Leben nicht allein, sondern zusammen mit einer Freundin, einer guten Bekannten oder Kollegin anzugehen. Im Freundinnen-Coaching kommt das Prinzip der kreativen Kooperation in seiner Reinform zur Anwendung und trägt so entscheidend dazu bei, dass Sie Ihre Wünsche und Träume *nachhaltig* in Ihr Leben integrieren können.

Freundinnen-Coaching – was ist das eigentlich?

»Das echte Gespräch bedeutet: aus dem Ich heraustreten und an die Tür des Du klopfen.«
ALBERT CAMUS

Beim Freundinnen-Coaching handelt es sich um eine Sonderform des Life-Coachings. Wörtlich aus dem Englischen übersetzt bedeutet Life-Coaching *Lebenstraining*. Anders als beim Sport- oder Business-Coaching geht es nicht in erster Linie um Leistungssteigerung in einem bestimmten Bereich, sondern allgemein um Themen und Anliegen, die Ihnen zu einem besseren, produktiveren Lebensgefühl verhelfen können. Die Themen, die man in diesem Kontext fokussieren kann, sind so vielfältig wie das Leben zu Beginn des 21. Jahrhunderts selbst:

- Wie können Sie Ihr Leben so gestalten, dass Sie zufriedener und ausgeglichener sind?
- Welche Möglichkeiten haben Sie, sich beruflich zu verwirklichen?
- Wie gehen Sie mit Konflikten im Büro um?
- Wie fördern Sie einen besseren und gesünderen Lifestyle? (Zum Beispiel: Wie motivieren Sie sich, gesünder zu essen, sich mehr zu bewegen und tiefer zu entspannen?)
- Wie schaffen Sie es, mehr Zeit mit Ihren Kindern zu verbringen und trotzdem Ihren Job nicht zu vernachlässigen?
- Wie bauen Sie einen guten Freundeskreis in der neuen Stadt auf?
- Etc., etc.

Der Begriff Freundinnen-Coaching wird in diesem Buch als Oberbegriff für verschiedene Methoden, Aktivitäten und Ideen (siehe Kapitel 11–14) verwandt, die Frauen nutzen können, um sich hinsichtlich dieser und ähnlicher Fragestellungen gegenseitig zu unterstützen. Die Mehrzahl dieser Ideen ist dafür gedacht, um Sie in einer Freundinnen-Session anzuwenden.

Die Freundinnen-Session ist im Kern nichts anderes als ein gutes Gespräch. Diese Gespräche sind zweckgerichtet und haben das Ziel, Sie zu inspirieren, um neue Erkenntnisse, größere Klarheit und einen starken Willen zur Umsetzung Ihrer Träume zu gewinnen.

Die oben genannten Themen werden natürlich auch in normalen Gesprächen thematisiert. Dennoch unterscheiden sich normale Gespräche in der Regel von der hier beschriebenen Gesprächsform in einigen Aspekten grundlegend. In der folgenden Tabelle sind diese Unterschiede einander gegenübergestellt.

Kleiner Tipp: Schauen Sie sich diese Tabelle mit einem Augenzwinkern an. Eine Portion Selbstironie ist ein nicht zu unterschätzender Bestandteil eines souveränen Lebensgefühls!

Freundinnen-Session	Freundinnen-Gespräch
Findet pointiert und zur vorher fest vereinbarten Zeit statt.	Kann sich jederzeit ergeben.
Asynchrone Gesprächsstruktur: Fokus richtet sich für einen verabredeten Zeitraum vollständig auf eine Person.	Themen beider Freundinnen stehen abwechselnd oder auch gleichzeitig im Mittelpunkt des Gesprächs.
Es wird gefragt.	Es gibt Ratschläge.
Es wird aktiv zugehört.	Die eine erzählt noch, während die andere schon in Wartestellung ist.
Der inhaltliche Fokus ist klar.	Themen werden angesprochen, aber oft nicht bis zum Ende diskutiert.
Ziele werden klar definiert.	Verlaufen nicht immer, aber oft absichtslos.
Bewährte Methoden prägen den Gesprächsverlauf.	Es gibt keine Gesprächsstruktur oder aber sie ist vorher nicht definiert worden.

Vom Buddy-Coaching zum Freundinnen-Coaching

Den Vorläufer für das Freundinnen-Coaching habe ich vor vielen Jahren in Form des *Buddy-Coachings* (Buddy kommt aus dem Englischen und wird in diesem Zusammenhang mit Kollege/in übersetzt) als Neuerung in meinen Führungskräfte-Workshops eingeführt. Zusätzlich zu den sonstigen Inhalten der Seminare wurden die Führungskräfte in kurzen Zeiteinheiten (zwischen zwei und sechs Stunden) zum *Buddy-Coach* ausgebildet. Konkret heißt das: Den Teilnehmern wurden die gleichen Inhalte zum Thema Coaching vermittelt wie Ihnen in Kapitel 2 und 3 dieses Buches. Ziel war es sie so auszubilden, dass sie sich nach Beendigung der Workshops weiterhin gegenseitig beim Erreichen ihrer persönlichen Ziele unterstützen konnten. Der Erfolg war enorm. Obwohl die Workshops sich vorerst nicht weiterverändert hatten, konnten die Teilnehmer ungleich mehr für sich selber erreichen. Auch waren diese Erfolge nachhaltiger, wie meine Nachforschungen eindrucksvoll gezeigt haben. Und: Diese *Coaching-Buddies* haben sich zum Teil noch über Jahre (zum Beispiel in Abstand von drei bis vier Monaten) für Gespräche verabredet und sich gegenseitig unterstützt.

Im Folgenden sollen die Elemente, die den Kern eines Freundinnen-Coachings ausmachen, näher vorgestellt werden.

Bestimmen Sie den richtigen Zeitpunkt:
Wann? Wie oft? Wie lange?

Das Freundinnen-Coaching sollte grundsätzlich bewusst und pointiert eingesetzt werden, um ab und zu die Weichen des Lebens in die richtige Richtung zu lenken. Es soll Schwung geben, wenn uns der Schwung einmal verloren gegangen ist.

Aber: Machen Sie bitte nicht den Fehler, ab sofort alle Ihre zukünftigen Gespräche mit Frauen unter das Banner eines Coachings zu stellen. *Normale* Gespräche, in welcher Form auch immer, sollten die Regel sein, um unserem Leben und unseren Beziehungen nicht die Natürlichkeit zu nehmen. Mir gefällt es in meinem persönlichen Umfeld gar nicht, wenn mich Kolleginnen und Kollegen ungebeten »psychologisieren« wollen. Natürlich ist es schön, wenn einem zugehört wird oder wenn jemand kluge Fragen stellt. Aber: Bitte kein unerbetenes Coaching zwischendurch! Das kann einem, mit Verlaub gesagt, den Nerv rauben. Auch ist es eine Frage des Respekts, die eigene »psychologische Hobbythek« erst dann hervorzuholen, wenn es auch erwünscht ist.

Planen Sie Ihr Freundinnen-Gespräch

Wie oft Sie sich zu einer Session verabreden, liegt ganz an Ihnen. Ich verabrede mich mit einer sehr guten Freundin beispielsweise einmal im Jahr im Januar für ein komplettes Wochenende. An diesem Wochenende machen wir mithilfe der Circles of Life (die Sie im zweiten Teil dieses Buches näher kennenlernen werden) eine Art Lebens-Inventur und fokussieren anschließend unsere Hauptziele und Wünsche für das kommende Jahr. Zusätzlich verabreden wir uns spontan alle vier bis sechs Wochen zu einem kleinen Telefon-Coaching, und im Sommer gibt es die Option auf ein weiteres Treffen. Diese Wochenenden machen wirklich sehr viel Spaß. Obwohl wir sie zeitlich etwas vorstrukturieren, kommt es uns nicht wie Arbeit vor. Auch haben diese Wochenenden nicht pseudopsychologischen Charakter, den man vielleicht vermuten könnte. Wir lachen viel, wir reden viel, wir denken viel nach, wir gehen viel spazieren und am Ende sind wir klarer und entspannter als vorher.

Sicherlich sind auch monatliche Treffen denkbar. Höher würde ich in der Frequenz der Treffen aber nicht gehen, weil auf das Reden, Reflektieren und Planen immer auch eine Phase des Umsetzens folgen sollte. Viele praktische Tipps zur Umsetzung und Vorbereitung dieser Treffen finden Sie in Kapitel 10 dieses Buches.

Asynchrone Gesprächsstruktur:
Nicht alle durcheinander, bitte!

»Einer der Gründe, warum man in der Konversation so selten verständige Partner findet, ist, dass es kaum jemanden gibt, der nicht lieber an das dächte, was er sagen will, als genau auf das zu antworten, was man zu ihm sagt.«
FRANÇOIS DE LA ROCHEFOUCAULD

Als ich dieses Zitat zum ersten Mal las, musste ich innerlich lachen und fühlte mich sofort ertappt. Geht es Ihnen auch so? Ich glaube, dass es eine allzu menschliche Eigenschaft ist, dass wir manchmal im Geiste schon unsere eigenen Überlegungen zum Besten geben, anstatt wirklich auf das zu hören, was uns gerade erzählt wird.

Ob uns unsere Gesprächspartnerin vom Urlaub, von einem tollen Essen oder von einem Erlebnis bei der Arbeit erzählt: Oft brennen wir noch während ihrer Erzählung darauf, endlich unsere eigenen Anekdoten anbringen zu können. Oder denken Sie an einen geselligen Abend unter Freunden. Fängt jemand von einem besonderen Thema an zu erzählen, zum Beispiel von etwas Ekeligem oder extrem Abenteuerlichem, dann sitzen immer schon gleich zwei, drei weitere Leute in den Startlöchern, um ihre eigene, ähnliche Geschichte beizusteuern. Und das ist in gewisser Weise auch gut so, schließlich zeigt es, dass alle aktiv am Geschehen beteiligt sind.

In einer Freundinnen-Session ist diese Art von Kommunikationsverhalten jedoch kontraproduktiv. Ein zentrales Prinzip ist hier, dass sich beide Gesprächsteilnehmerinnen für einen bestimmten, vorher verabredeten Zeitraum darauf fokussieren, das Anliegen *einer* Person zu besprechen und zu bearbeiten. Während dieser Zeit steht nur diese eine Person im Mittelpunkt des Interesses. Deshalb sprechen wir auch von einer asynchronen Gesprächsstruktur.

Die Person, deren Themen nicht besprochen werden, konzentriert sich darauf, zuzuhören, kluge Fragen zu stellen und ihr ganzes Sein (ihre Empathie, ihre Intelligenz und ihre Erfahrung) in den Dienst der anderen zu stellen. Darin liegt schon ein großer Teil der Zauberwirkung dieser Gesprächsform begründet. Genau das passiert im Alltag nämlich viel zu selten. Hier werden verschiedene Themen parallel angesprochen, kurz angeschnitten und nur unvollständig bearbeitet, was dazu führt, dass optimale Lösungswege nicht immer herauskristallisiert werden können.

Falls Sie ein Coaching zu dritt durchführen möchten, können Sie das gerne tun. Beachten Sie aber, dass dabei die gleichen Regeln gelten. Während einer Session sollte nur *eine* Person im Mittelpunkt stehen!

Fragen statt (Rat-)Schlagen

»Ob ein Mensch klug ist, erkennt man viel besser
an seinen Fragen als an seinen Antworten.«
FRANÇOIS-GASTON DE LÉVIS

Eines der Hauptanliegen in der Freundinnen-Session ist es, sich weg von gut gemeinten Ratschlägen und hin zu den von der Gesprächspartnerin selbst entwickelten Erkenntnissen und Ideen zu bewegen. Jede Einsicht, jede Lösung und jede Entscheidung, die selbst entwickelt wurde, ist um ein Vielfaches wertvoller als der beste Ratschlag von außen und führt zu mehr eigenverantwortlichem Handeln.

Warum ist das so?

Um das zu beantworten, möchte ich Sie bitten, kurz über folgende Fragen nachzudenken:

1. Wer kennt Sie und Ihre Lebenssituation am besten?
2. Wer weiß, wie Sie ticken, was Ihnen Spaß macht, wo Ihre gefühlten Stärken liegen, Ihre Interessen und Ihre Leidenschaften?

3. Wer weiß, wo Sie sich stark und wo Sie sich schwach fühlen?

4. Wer kann also am besten entscheiden und einsehen, was wirklich gut für Sie ist?

Die Antwort liegt auf der Hand. Natürlich SIE selber. Und deshalb müssen die fundamentalen Antworten, die Antworten, die wirklich in Ihrem Innersten andocken und die somit Ihr Leben bestimmen dürfen, aus Ihnen selbst kommen. Natürlich können andere Sie beim Suchen dieser Antworten unterstützen. Und andere können Ihnen auch zusätzliche Ideen und Inspiration geben. Suchen Sie jedoch echte Hilfe bei zentralen Themen Ihres Lebens, dann suchen Sie jemanden, der vor allem eins kann: Ihnen die richtigen Fragen stellen! Denn kluge Fragen zur richtigen Zeit können wahre Wunder bewirken und zu großen persönlichen Aha-Erlebnissen führen.

Kommen wir zurück zu dem Zitat, das ich für den Anfang dieses kleinen Exkurses über das Fragestellen ausgewählt habe. Da hieß es, ob ein Mensch klug sei, erkenne man viel besser an seinen Fragen als an seinen Antworten. Damit möchte ich Sie nicht verschrecken. Wer weiß, vielleicht hat Ihnen das Antworten bisher stets besser gefallen als das Fragen? Das macht nichts. Sie befinden sich in guter Gesellschaft! Schon in der Schule werden wir für unsere Antworten und nicht für unsere Fragen belohnt und dies setzt sich in vielen nachfolgenden Positionen, die wir im späteren Leben einnehmen, fort. Das sokratische »Ich weiß, dass ich nichts weiß« kommt in unserer Gesellschaft einfach nicht gut an. Obwohl unser Wissen auf fast allen Ebenen begrenzt ist, sind viele von uns bestrebt, kontinuierlich das Gegenteil zu beweisen. Kurzum: Wir haben das (Hinter-)Fragen nicht wirklich gelernt.

Im Umfeld meiner Arbeit mit Führungskräften aus der Wirtschaft habe ich aber auch viele charismatische Persönlichkeiten getroffen, die sich ein Zweifeln, ein Fragen erlaubt haben. Reife Persönlichkeiten, denen klar ist, dass es notwendig ist, nicht immer alles schon wissen zu müssen, wenn es darum geht, Menschen und Unternehmen zu führen; die gewusst haben, dass man Wahrheiten berücksichtigen muss, die nicht die eigenen sind, wenn man für andere Menschen Verantwortung übernehmen will.

Wer Fragen stellt, kann Neues schaffen, kann seine Umwelt begreifen. Nur wer Fragen stellt, kann auf tieferen Ebenen zu seinem Gegenüber vordringen und kluge, sozialverträgliche Entscheidungen für sich und andere treffen.

Das Momo-Prinzip: Von der Kunst des Zuhörens

»Sie sollten bedenken, dass (…) die Kunst, gut zuzuhören und treffend zu antworten, die allerhöchste ist, die man im Gespräch zeigen kann.«
FRANÇOIS DE LA ROCHEFOUCAULD

Kommen wir nun zum zweiten Stiefkind vieler Gespräche: dem *echten* Zuhören. Unter Experten unangefochten anerkannt als eines der wichtigsten Elemente guter Kommunikation überhaupt, in der Praxis jedoch oft vermisst.

Echtes Zuhören kommt im Unternehmensalltag so gut wie gar nicht vor, in persönlichen Gesprächen schon eher, aber wir werden damit auch dort nicht verwöhnt. Die Tatsache, dass wir einer anderen Person gegenübersitzen, dass wir sie akustisch hören, während sie erzählt, und dass wir sie nicht unterbrechen, während sie redet, heißt noch lange nicht, dass wir ihr wirklich zuhören. Ob wir verstehen, was sie uns sagen will, ist durch die beschriebene Präsenz noch nicht bewiesen.

Ein kleines Mädchen namens Momo, das in dem gleichnamigen Buch berühmt wurde, beherrscht diese Kunst auf wunderbare Weise: Momo »konnte so zuhören, dass ratlose oder unentschlossene Leute auf einmal ganz genau wussten, was sie wollten. Oder dass Schüchterne sich plötzlich frei und mutig fühlten. Oder dass Unglückliche und Bedrückte zuversichtlich und froh wurden.«[12]

Genau darum geht es grundsätzlich auch im Freundinnen-Coaching: Echtes Zuhören kann zu vielen klugen Einsichten und Ideen führen. Oft bewirkt das Zuhören alleine schon, dass wir innerlich klarer werden, dass Lösungsansätze vor unseren Augen auftauchen und wir uns besser fühlen. Denn wenn uns zugehört wird, heißt das ja auch, dass wir ernst genommen werden und dass uns jemand für eine gewisse Zeit *sein oder ihr Gehör schenkt*. Zudem ist gutes Zuhören auch der Boden, auf dem kluge Fragen wachsen. Denn Zuhören liefert viele nützliche Informationen, an die man nie kommen würde, wenn man nur selbst redet. *Ohne Zuhören keine kluge Fragen, das ist fast so etwas wie ein Naturgesetz.* Leider stellen wir oft die Fragen, die wir sowieso schon im Kopf hatten oder die uns beruflich vorgegeben sind.

Möglichkeiten, das echte Zuhören zu verbessern, gibt es viele. Grundsätzlich gilt, dass Sie dies im Grunde überall tun können, wann immer Sie mit anderen Menschen in Kontakt treten. Um Ihnen dies zu erleichtern, möchte ich hier auf ein paar Aspekte des aktiven Zuhörens hinweisen:

- **Empathie:** Empathie bedeutet, sich in die Situation der anderen hineinzuversetzen und zu versuchen, deren emotionales Erleben zu erahnen und zu verstehen.
- **Körpersprache:** Man kann zeigen, dass man aktiv zuhört, indem man sich leicht nach vorne neigt und der Sprecherin oder dem Sprecher die meiste Zeit direkt ins Gesicht bzw. in die Augen sieht.
- **Zusammenfassen:** Man kann auch das Gehörte überprüfen, indem man von Zeit zu Zeit zusammenfasst. (Zum Beispiel: »Wenn ich dich richtig verstehe, kannst du deine Arbeit nicht genießen, weil du Probleme mit deinem Vorgesetzten hast?«)

- **Fortsetzungsgeräusche** wie zum Beispiel ›mhm‹: Vielleicht finden Sie das jetzt etwas zu banal, aber ich möchte diesen Punkt dennoch der Vollständigkeit halber anbringen. Um der Gesprächspartnerin zu zeigen, dass man wirklich zuhört, ist es gut, dies auch verbal zu äußern, insbesondere am Telefon, wenn visuelle Signale nicht möglich sind.

Falls Sie der Meinung sind, dass Sie von Natur aus eher eine Vielrednerin sind, dann lassen Sie sich versichern, dass das grundsätzlich nicht verwerflich ist. Sie sind vielleicht eher der extrovertierte Typ, der gerne und viel lacht und munter ist. Viele Menschen reden gerne.

Wenn Sie jedoch einer anderen Person besonderen Respekt erweisen wollen, dann üben Sie sich ab und zu intensiv im echten Zuhören. Echtes Zuhören ist gelebte Empathie!

Achten Sie doch einmal selber darauf: Wird Ihnen wirklich zugehört, können Sie sich entspannen, wodurch Sie wiederum klarer denken und sich besser artikulieren können. Nutzen Sie also diese Möglichkeit, eine positive Grundstimmung für Ihre Gespräche zu schaffen!

Ziele im Leben sind wie Tore
auf dem Fußballplatz

»Was braucht ein Rasen, damit er zum Fußballfeld wird?
Zwei Tore. Was braucht ein Gespräch, damit es
zum Coaching wird? Vereinbarte Ziele.«
MARTIN WEHRLE, KARRIERECOACH

Auch wenn Sie trotz der Fußball-Weltmeisterschaft der Frauen 2011 in Deutschland nicht zum Fußball-Fan geworden sind: Schöner und präziser kann man nicht beschreiben, worum es beim Coaching geht.

Es geht um Klarheit im Gespräch. Darum, dass Sie sich gemeinsam erarbeiten, was Sie sich vom Leben wünschen oder erreichen wollen, und darum, dass Sie Strategien formulieren, um diese Wunschvorstellungen in die Tat umzusetzen. Ohne Klarheit, sprich ohne Ziele oder konkrete Wünsche können wir uns nur treiben lassen. Natürlich hat auch dieses Treibenlassen seine Berechtigung – insbesondere, wenn es Ihnen gut geht und Sie gerade

nach nichts streben. Doch wenn Sie etwas Konkretes erreichen wollen, können Sie es sich meist nicht leisten, sich nur treiben zu lassen.

Das Freundinnen-Coaching ist für alle, die sich gerade gezielt auf etwas Neues hinbewegen wollen. Es ist nicht wichtig, dass Sie jetzt schon wissen, wie das, was Sie erreichen wollen, konkret aussieht. Sie können diese Gespräche auch nutzen, Ihre Träume und Wünsche klar zu beschreiben und im Kern zu erfassen. Oft sind die Anliegen noch relativ vage und müssen erst gemeinsam herausgefunden werden.

Es ist deshalb sehr wichtig, dass Sie sich genügend Zeit zur Klärung der Ziele nehmen – zumal ein präzise formuliertes Ziel oft schon Lösungsansätze beinhalten kann. Ziele, die einmal in der Tiefe und aller Ausführlichkeit mit einer kompetenten Partnerin besprochen wurden, lassen sich viel leichter in die Tat umsetzen, als die Vorhaben, die man nur für sich alleine im Kopf formuliert.

Um es noch einmal auf den Punkt zu bringen: Eine Freundinnen-Session ohne Ziel ist wie ein Urlaub ohne Zeit. Und wer will das schon?

Wie wähle ich die richtige Freundin / Bekannte / Kollegin aus?

»Niemand ist weiter von der Wahrheit entfernt als derjenige, der alle Antworten weiß.«
ZHUANGZI

Die Auswahl der passenden Freundin ist eine Vertrauenssache. Ohne das Gefühl, eine kompetente und diskrete Reflexionspartnerin gefunden zu haben, ist ein echtes Gespräch im hier beschriebenen Sinne nicht möglich. Sie sollten sich gegenseitig respektieren und eine gewisse Anerkennung für die emotionalen und kognitiven Kompetenzen Ihrer Gesprächspartnerin empfinden. Sie müssen sich sicher sein können, dass sie die Gesprächsinhalte nicht an eine dritte Person weitergibt. Und suchen Sie sich keine Gesprächspartnerin, die schon auf jede gestellte und nicht gestellte Frage im Leben eine Antwort hat. Das ist immer verdächtig!

Auch sollte die Auswahl der passenden Gesprächspartnerin gegebenenfalls themengebunden sein. So würde ich vermuten, dass Sie mit Ihren besten Freundinnen viele unterschiedliche Themen aus verschiedenen Bereichen Ihres Lebens besprechen, wohingegen Sie sich mit einer guten Kollegin eher auf die arbeitsbezogenen Themen konzentrieren würden.

Was das Freundinnen-Coaching nicht ist

So sinnvoll und konstruktiv sich das Freundinnen-Coaching auch einsetzen lässt, so wichtig ist es auch, sich darüber im Klaren zu sein, was es nicht leisten kann und wann Sie es nicht einsetzen sollten.

Ein Freundinnen-Coaching ist keine Therapie. In der Freundinnen-Session gehen Sie von der Gegenwart aus und entwerfen daraus positive und realistische Zukunftsszenarien, die praktisch umsetzbar sind. Dabei finden kurzfristige Ziele ebenso ihren Platz wie mittel- oder langfristige. Es geht darum, Lösungsansätze zu finden und ein gutes Bauchgefühl zu entwickeln, um Lust und Motivation für den weiteren Weg zu wecken. Es geht nicht darum, alte Traumata, tiefere psychologische Probleme oder Persönlichkeitsstörungen zu beheben. In diesen Fällen sollte auf jeden Fall professioneller Rat eingeholt bzw. eine Psychologin oder Therapeutin aufgesucht werden.

Ein Freundinnen-Coaching heilt keinen akuten emotionalen Kummer. Wenn sich eine Freundin zum Beispiel gerade von ihrem Partner getrennt hat und unter Trennungsschmerz oder Liebeskummer leidet, hat das in einem Freundinnen-Coaching nichts zu suchen. Hier ist erst einmal Zuhören und Dasein angesagt. Wenn allerdings die Trennung zunehmend emotional verarbeitet ist, kann ein Coaching hervorragend dabei helfen, neue Möglichkeiten für die Zukunft zu suchen und zu gestalten.

Auf den Punkt

In diesem Kapitel wurden Sie in die grundlegendsten Elemente des Freundinnen-Coachings eingeführt. Wenn Sie die hier vorgestellten Prinzipien (Asynchrone Gesprächsstruktur, Fragen statt (Rat-)Schlagen, Echtes Zuhören, Ziele vereinbaren) berücksichtigen und sich absichtsvoll mit einer Freundin zu einem Gespräch verabreden, können Sie schon jetzt loslegen. Im nächsten Kapitel zeige ich Ihnen an einem realen Freundinnen-Coaching, das vor einigen Jahren stattgefunden hat, wie so ein Gespräch verlaufen kann. Seitdem hat Anna, die Hauptperson in diesem Gespräch, ihre berufliche Zufriedenheit nicht nur verdoppelt, sondern sogar verdreifacht – und das Gleiche ist mit ihrem Gehalt passiert!

Kapitel 3

Fragen für Profi-Freundinnen

In Kapitel 2 haben Sie die wichtigsten Grundlagen für ein erfolgreiches Freundinnen-Coaching kennengelernt. Das reicht im Prinzip schon aus, um sich mit einer Freundin für ein Gespräch zu verabreden. Trotzdem: Ich lade Sie ein, noch tiefer in ausgewählte Bereiche guter Kommunikation einzusteigen.

Dieses Kapitel heißt nicht umsonst »Fragen für Profi-Freundinnen«. Denn genau darum geht es: um gute Fragen. Um Profi-Fragen. Um intelligente Fragen, aufmerksame Fragen, überraschende Fragen. Um Fragen, die Ihr Leben verändern werden (und nicht nur Ihres). Zu diesem Zweck werden Sie jetzt gleich Bekanntschaft mit dem GROW-Modell[13] machen. Beim GROW-Modell handelt es sich um eines der praktischsten Kommunikationsmodelle, die mir in meinem beruflichen Dasein begegnet sind. Und praktisch meine ich hier im wahrsten Sinne des Wortes: relevant für die Praxis – und sogar mehr als das. Alle, denen ich es jemals nähergebracht habe – dieser Personenkreis befindet sich immerhin im vierstelligen Bereich –, waren begeistert, haben es schnell verstanden und gewinnbringend einsetzen können. Das GROW-Modell besticht durch seine Klarheit. Wenn Sie es einmal beherrschen, werden Sie es in vielen Lebenslagen anwenden können. Das Besondere ist, dass es ohne spezielles Training angewandt werden kann. Es eignet sich deshalb besonders für unsere Zwecke und kann in jedem zielgerichteten Gespräch zum Einsatz kommen. Auch für das Selbst-Coaching eignet es sich hervorragend und hilft Ihnen, Ihre Gedanken zu strukturieren und somit zu guten Entscheidungen zu gelangen.

Das GROW-Modell: Die richtigen Fragen zur richtigen Zeit

Zur erfolgreichen Kommunikation im Coaching gehören nicht nur das aufmerksame Zuhören, gute Fragen und eine asynchrone Gesprächsstruktur (siehe Kapitel 2), sondern auch das Wissen um das *Wie* erfolgreicher Gesprächsführung.

Das GROW-Modell ist eine Methode, um bestimmte Gespräche oder Gedankenprozesse eleganter und gekonnter zu führen. Und zwar solche Gespräche, die dem Gegenüber helfen sollen, a) Klarheit über die eigene Situation zu erlangen, b) Entscheidungen zu treffen, c) Handlungsmöglichkeiten zu erkennen und d) die Motivation zu finden, das Anvisierte auch in die Tat umzusetzen. Natürlich kann jeder, der über einen gesunden Menschenverstand verfügt, ein gutes und konstruktives Gespräch führen. Wenn es um gute Kommunikation geht, lernen wir jedoch nicht aus. Und mit kleinen Tipps und Tricks kann die Gesprächsführung zu einem Terrain werden, auf dem wir uns so sicher bewegen wie in unserem eigenen Wohnzimmer.

Im Umfeld von Führungskräfte-Trainings und -Coachings ist das GROW-Modell sehr bekannt. Sollten Sie in Ihrem Job Führungsverantwortung tragen, können Sie dieses Wissen auch wunderbar für die unterschiedlichsten Mitarbeitergespräche anwenden. Entwickelt und verbreitet hat das Modell John Whitmore, ein englischer Management-Coach.

John Whitmore – Designer des GROW-Modells

John Whitmore ist ein ehemaliger Formel-1-Rennfahrer, der nach einer erfolgreichen Sportlerkarriere und nach Jahren im Management eine Sportschule (Ski, Tennis und Golf) nach den Prinzipien der »Inner Games« gründete. Diese Prinzipien sind heute noch zentral für seinen Coaching-Ansatz. Mit dem GROW-Modell gilt Whitmore weltweit als einer der Erfinder moderner Coaching-Techniken. Seine Philosophie umschreibt er selber folgendermaßen: »Coaching ist eine Art zu managen, eine Art Menschen zu behandeln, eine Art des Denkens, eine Art des Lebens.« Zu seinen Referenzen gehören unter anderem das Topmanagement von Lloyds Bank, British Airways, Novo Nordisk, AstraZeneca, Rolls-Royce, McLaren F1 u.v.m.[14]

To grow bedeutet im Englischen *wachsen* und steht bei Whitmore für vier Gesprächsphasen im Ablauf eines typischen Coaching-Treffens. Schauen Sie sich die folgende Tabelle an, die diese Gesprächsabschnitte bildlich darstellt:

G	R	O	W
Goal / Gain	Reality	Options	What? When? Who? Will?
A) Thema B) Wunschziel C) Gewinn	Realitäts-Check zur Klärung der aktuellen Situation	Optionen / Lösungen für die Zukunft sammeln	Was werden Sie tun? Wann? Mit wem? Wie motiviert sind Sie?
1. Gesprächsphase	2. Gesprächsphase	3. Gesprächsphase	4. Gesprächsphase

Die vier Gesprächsphasen für Ihre Freundinnen-Session

Der eigentliche Clou am GROW-Modell ist, dass es einen Rahmen bietet, innerhalb dessen Sie lernen können, die *richtigen* Fragen zum *richtigen* Zeitpunkt zu stellen. Das *Wann* ist entscheidend. Es ist wie an so vielen Stellen des Lebens nicht nur wichtig, das Richtige zu tun, sondern auch, es zur *richtigen Zeit* zu tun. Nur dann kommen die Dinge wirklich in Bewegung und nehmen Schwung auf, um uns in die Richtung von Lebensqualität, Zufriedenheit und Erfolg zu lenken.

Im Folgenden möchte ich Ihnen die vier Gesprächsphasen im GROW-Modell erläutern und Ihnen die Fragen vorstellen, die sich für die verschiedenen Gesprächsabschnitte am erfolgversprechendsten einsetzen lassen.

Vorher noch ein Hinweis: Für analytisch denkende Menschen wird es wahrscheinlich einfach sein, sich zu motivieren, die folgenden Ausführungen über gute Kommunikation zu lesen. Diejenigen unter uns, die einen kreativeren, emotionaleren oder vielleicht auch praktischeren Denkansatz im Alltag bevorzugen, sollten die folgenden Ausführungen zumindest kurz überfliegen, sodass sie die Grundzüge des Modells verstehen. Sie werden dafür belohnt: Jeweils im Anschluss an die Erläuterungen der vier Gesprächsphasen gibt es ein ganz konkretes Beispiel aus dem echten Leben. In diesem Zusammenhang werden Sie – wie schon angedeutet – Anna kennenlernen, die vor drei Jahren durch diese Art von zielgerichteten Gesprächen eine positive berufliche Veränderung einleiten konnte. Auch wird sich zeigen, dass sich das GROW-Modell auf ganz natürliche Art in Coaching-Gesprächen unter Freundinnen unterbringen lässt, ohne dass es künstlich wirkt.

Damit Sie dem Gespräch mit Anna auch im späteren Verlauf folgen können, möchte ich Ihnen zuerst ihre Lebenssituation vorstellen. Bevor Annas erste Freundinnen-Session begann, stellte sich ihr Leben folgendermaßen dar:

Annas Lebenssituation im Dezember 2010

Anna ist 37 Jahre alt, wohnt in einer deutschen Großstadt und hat eine Tochter Fine (4) und einen Sohn Tim (8). Vor drei Jahren brach sie ihr Referendariat als Lehrerin ab, als sie mit Fine schwanger wurde. Nach fünfeinhalb Jahren Ausbildung gestand sie sich endlich ein: Für das Arbeiten und Unterrichten an Schulen war sie nicht geschaffen.

Sie hatte sich nach dem Abitur für ein Sport- und Spanisch-Studium entschieden, weil das ihre Lieblingsfächer in der Schule waren und sie in beiden Fächern sowohl über Talent als auch über Interesse verfügte. Erste Zweifel an der Entscheidung, auf Lehramt zu studieren, kamen ihr bereits im zweiten Studienjahr. Doch mangels alternativer Ideen und aus Angst vor ihrer eigenen Entscheidung konnte sie sich nicht dazu durchringen, ihr Studium abzubrechen.

Nach der Geburt von Fine entschied sie sich, eine Ausbildung zur Yoga- und Pilates-Lehrerin zu machen, und zog diese mit Begeisterung durch. Anna erkannte für sich, dass sie gerne mit Erwachsenen in ruhiger und entspannter Atmosphäre arbeiten wollte. Im Referendariat musste sie schließlich feststellen, dass sie die alltägliche Auseinandersetzung mit mehreren hundert Schülerinnen und Schülern nervlich überforderte. Allein der Lärmpegel stresste sie derart, dass sie jegliche Freude an der Tätigkeit als Lehrerin verlor.

Zu Beginn des Freundinnen-Coachings arbeitete Anna als Angestellte in dem Gesundheits- und Fitnesscenter, das ihr die Ausbildungen zur Pilates- und Yoga-Lehrerin finanziert hat, und kümmerte sich darüber hinaus liebevoll um ihre beiden Kinder.

Gesprächsphase 1:
Thema / Wunschziel / Gewinn beschreiben

In der ersten Gesprächsphase werden vor allem drei Aspekte berücksichtigt, die dem Gespräch Klarheit und Fokus geben sollen:

1. Zunächst ist es wichtig, das Thema, um das es in der Session gehen soll, klar zu umschreiben: Was ist das Problem oder die Herausforderung, mit dem Sie sich konfrontieren möchten? Es kann sich hierbei um eine Herausforderung im Alltag, in Ihrer Beziehung, in Ihrem Job, einen Wunsch zur Weiterentwicklung, einen Konflikt mit einem Arbeitskollegen oder die Verwirklichung eines Traumes handeln. Im Grunde um jedes Thema, das Sie bewegt. Jeder Bereich, für den Sie sich Entwicklung und Verbesserung erhoffen, kann fokussiert werden. Es ist egal, ob es ein *Luxusthema* ist (sprich: Ihnen geht es bereits gut, Sie möchten diese gute Situation einfach noch ausbauen) oder ein *existenzielles Problem* mit weitreichenden Folgen (Beispiel: Sie haben sich getrennt und wollen / müssen sich neu orientieren).

2. Zudem sollte das Wunschziel für das Gespräch klar formuliert werden: Wo möchte die Freundin nach dem Gespräch stehen? Was will sie innerhalb des Gesprächs erreichen? Typische Gesprächsziele sind zum Beispiel:
   - Sie möchten einen Konflikt, den Sie mit einer anderen Person haben, besser verstehen und Möglichkeiten erkennen, wie Sie ihn lösen können.
   - Sie wollen gesünder und sportlicher leben und herausfinden, was Sie tun können, um dieses Ziel zu erreichen.
   - Sie sind immer unter Zeitdruck und gestresst und suchen nach einer Möglichkeit, Ihren Alltag neu zu strukturieren.
   - Sie möchten wissen, welche Möglichkeiten Sie haben, sich beruflich weiterzuentwickeln.

3. Darüber hinaus ist es wichtig, den Gewinn an Lebensqualität durch die Zielerreichung zu visualisieren. Was wird es Ihnen einbringen: mehr Lebensqualität, mehr Geld, mehr Zeit, mehr Freunde, mehr Entspannung, einen gesünderen Körper, mehr Energie? Wie wird sich das anfühlen? Nur wenn der potenzielle Gewinn groß genug ist und Sie diesen Gewinn auch visualisieren können, haben Sie die Chance, eine echte Veränderung im Leben einzuleiten.

Im Folgenden finden Sie beispielhafte Fragen, mit denen Sie ein Freundinnen-Coaching einleiten können.

Mit diesen oder ähnlichen Fragen schaffen Sie einen inhaltlichen Fokus, von dem der Erfolg des weiteren Gesprächs in großen Teilen abhängen wird.

Mögliche Fragen für die erste Gesprächsphase

- Was ist das Thema, um das es in dem Gespräch gehen soll?
- Was möchtest du in diesem Gespräch erreichen?
- Was wäre ein schönes Ergebnis am Ende dieses Gesprächs, mit dem du weiterarbeiten kannst?
- Wie würde es dir gehen, wenn du dein Langzeitziel erreicht hast?
- Wie würdest du dich fühlen, wenn du dieses Problem aus dem Weg räumen könntest?

Das Gespräch mit Anna, das ich in verdichteten Ausschnitten wiedergebe, fand vor drei Jahren statt.

Freundin: Dann erzähl doch mal. Worüber möchtest du heute gerne sprechen?

Anna: Du weißt ja, ich bin absolut davon überzeugt, dass die Yoga- und Pilates-Ausbildung genau das Richtige für mich war. Aber trotzdem bin ich so unzufrieden. Wenn ich mir überlege, was eine Grundschul-Lehrerin verdient und was ich pro Stunde verdiene, dann stell ich manchmal doch wieder alles infrage. Ach, vielleicht hätte ich doch das Referendariat zu Ende machen sollen. Ich frage mich, ob ich mich jemals beruflich so richtig, richtig finden werde, so wie du.

Freundin: Anna, das hoffe ich, und ehrlich gesagt, glaube ich das auch. Einfach weil ich dir viel zutraue und weil ich weiß, dass du in dem, was du jetzt machst, gut bist. Bei mir war es doch auch lange Zeit nicht klar, was und wie ich mich genau beruflich entwickle. Erinnere dich doch, wie viele Fragen ich noch vor wenigen Jahren hatte und wie unzufrieden ich war. Lass uns doch einfach mal anfangen! Was würdest du gerne heute erreichen? Was wäre ein gutes Ergebnis für unser heutiges Gespräch?

Anna: Dass ich genau weiß, was ich will. Wahrscheinlich würde es mir helfen, wenn wir darüber reden könnten, wie und ob ich meine berufliche Situation so verändern könnte, dass ich zufriedener bin. Du weißt, ich wäre gerne selbstständig als Yoga- und Pilates-Lehrerin. Ich möchte wissen, ob das ein realistisches Ziel für mich ist. (*Freundin schreibt mit und fasst das Gesagte noch einmal zusammen.*)

Freundin: Dein Wunschziel für die Session ist es zu prüfen, ob und wie du dich als Yoga- und Pilates-Lehrerin selbstständig machen könntest, richtig?

Anna: Ja, sozusagen. Ich möchte wissen, welche Möglichkeiten ich habe, mich selbstständig zu machen, bzw. was meine nächsten Schritte sein könnten. Und ich möchte wissen, ob dieser Wunsch unrealistisch ist und ich lieber zehn Jahre warten sollte, bis Fine und Tim unabhängiger sind. Und ich möchte ein für alle Mal wissen, ob ich dieses schwachsinnige Referendariat noch an den Start bringe oder nicht! Ich finde es so hoch deprimierend, mich mit ein und demselben Gedanken in meinem vielleicht besten Jahrzehnt des Lebens rumzuschlagen. (*Freundin schreibt mit.*)

Freundin: Gut, ich habe das alles aufgeschrieben. Schau mal. (*Anna liest die Notizen.*)

Damit Anna wirklich Feuer fängt und in einen entsprechend positiven »Vielleicht geht's ja doch«-Modus kommt, sollte man sie jetzt bitten, darüber nachzudenken, was sie sich durch eine Selbstständigkeit erhofft.

Freundin: Was würdest du dir denn davon versprechen, selbstständig zu sein?

Anna: Mehr Freiheit. Ich würde gerne meine Kreativität und Ideen in mein berufliches Tun einbringen. Mein derzeitiger Chef erstickt jede gute Idee buchstäblich im Keim. Auch habe ich das Gefühl, dass die Bezahlung nicht stimmt.

Freundin: Würdest du denn als Selbstständige mehr verdienen?

Anna: Grundsätzlich auf jeden Fall. Käme halt drauf an, auf welche Art ich selbstständig werde.

Freundin: Gut, ich notiere: Mehr Geld! Und was noch?

Anna: Reicht das nicht?

Freundin: Doch, schon, aber stell es dir doch einfach mal vor: Du bist selbstständig. Gibt es noch andere Vorteile, andere Aspekte, die dich glücklich machen würden? (*Anna denkt nach.*)

Anna: Na ja, der Gedanke, mit alldem noch zehn Jahre zu warten, ist deprimierend. Es ist ja meine Lebenszeit, die da abläuft. Ich will auf jeden Fall Fine und Tim eine gute Mutter sein. Aber meine Unzufriedenheit belastet im Grunde jetzt schon sowohl meinen Mann als auch indirekt meine Kinder. Die bekommen unsere Auseinandersetzungen über dieses Thema ja doch irgendwie mit. (*Anna geht weiter in sich.*) Außerdem fände ich es schön, stolz darauf sein zu können, was Eigenes zu schaffen. Mich das zu trauen. Das gäbe mir ein gutes Gefühl. Seit ich das Referendariat abgebrochen habe, fehlt mir irgendwie dieser Schwung und mein altes Selbstvertrauen.

Freundin: Das stimmt, das ist mir auch aufgefallen. Davor hast du dich mehr getraut und warst irgendwie draufgängerischer.

Anna: Stimmt. Und weißt du, das hat auch mehr Spaß gemacht. Also mein »Vor-dem-Abbruch-Ich«. Ja, die Frage ist: Gibt es das eigentlich noch?

Lassen Sie uns nun zum Ende dieser ersten Gesprächsphase zusammenfassen, was Anna und ihre Freundin bisher festhalten konnten:

- **Thema:** Anna liebt zwar ihre Tätigkeit als Yoga- und Pilates-Lehrerin, ist aber unzufrieden mit den Bedingungen ihrer derzeitigen beruflichen Situation: zu wenig Geld, schlechtes Verhältnis zum Chef, zu wenig Entwicklungspotenzial, zu wenig Entscheidungsbefugnis!
- **Wunschziel für das Gespräch:** Anna möchte wissen, welche Möglichkeiten sie hat, sich selbstständig zu machen. Außerdem hätte sie gerne eine Vorstellung davon, welche ersten Schritte sie in Richtung Selbstständigkeit unternehmen könnte.
- **Gewinn:** Mehr Selbstbestimmung, auf Dauer bessere Bezahlung, Selbstbewusstsein, dynamischeres Lebensgefühl und damit auch eine bessere Chance, die Beziehung zu ihrem Mann wieder positiver zu gestalten.

Gesprächsphase 2: Realitäts-Check

In der zweiten Gesprächsphase geht es darum, die Situation der gecoachten Freundin näher zu beleuchten, um eine gute Grundlage für das spätere Optionen-Brainstorming zu haben. Ziel dieser Phase ist es herauszufinden, wie Annas Situation tatsächlich aussieht: Wo liegen ihre echten Begrenzungen und Möglichkeiten? Welche von diesen Begrenzungen sind vielleicht nur eingebildet? Oft gibt es mindestens so viele innere wie tatsächlich existierende äußere Begrenzungen.

Im Folgenden finden Sie eine Auswahl an Fragen, die sich in dieser Gesprächsphase Erfolgversprechend einsetzen lassen.

Mögliche Fragen für die zweite Gesprächsphase

- Was hast du bisher dafür getan, dein Ziel zu erreichen?
- Was ist dabei herausgekommen?
- Was passiert jetzt? Was tust du jetzt?
- Was hindert dich daran, vorwärtszukommen?
- Wer hat dir bisher geholfen?
- Welche Ressourcen hast du bisher in Anspruch genommen?

Achtung: Diese Fragen werden in vielen Alltagssituationen nicht an dieser Stelle im Gespräch gestellt. Im Alltag passiert meist Folgendes:

1. Die eher problemorientierten Menschen konzentrieren sich darauf, das Problem in allen Facetten zu analysieren.
2. Die eher Lösungsorientierten unter uns zaubern nach kurzem Hinhören allerlei Lösungsvorschläge aus dem Hut oder beginnen nach ebensolchen Vorschlägen zu fragen.

Beide Ansätze sind jedoch nicht optimal. Die alleinige Konzentration auf das Problem raubt unnötigerweise Energien und bringt uns nicht voran.

Das Brainstormen von Lösungen wäre an dieser Stelle verfrüht, da erst mal der Kontext des Themas oder Problems beleuchtet werden muss.

So hat sich das Gespräch mit Anna in dieser zweiten Gesprächsphase weiterentwickelt:

Freundin: Erzähl mal, was konkret hast du denn schon getan, um einen Schritt in die Richtung Selbstständigkeit zu machen? Und was ist dabei herausgekommen?

Anna: Hm ... ganz im Ernst? Daran scheitert es schon. Eigentlich nämlich noch gar nicht so viel. Komisch eigentlich! Aber, wie gesagt, ich habe auch keine Zeit dazu.

Freundin: Was hindert dich denn daran, etwas zu unternehmen? Du scheinst dir doch sicher zu sein, dass du etwas verändern möchtest.

Anna: Ich weiß es auch nicht. Mir fehlt irgendwie die Energie und die Zeit. Ich habe eigentlich immer nur das Gefühl, total beschäftigt zu sein. Ich meine, ich habe einen Halbtagsjob und zwei Kinder! *(Anna holt aus ...)* Ich bin irgendwie immer mit Fine beschäftigt. Gebe meine Stunden im Fitnesscenter, renne von A nach B, koche Mittag, hole Fine von der Schule ab, bringe sie zu ihren Verabredungen, helfe Tim bei den Hausaufgaben und dann ist es Abend und mein gestresster Ehemann kommt nach Hause. Das ist ja überhaupt das Highlight des Tages! Abend für Abend habe ich die Hoffnung, dass ich bei ihm entweder Hilfe oder zumindest ein offenes Ohr finde, aber das läuft überhaupt nicht. Am liebsten würde der dann nur abschalten oder Sport machen. Irgendwie verstehe ich das ja auch. Das ist alles so vertrackt. Im Grunde ist da gar kein Platz, über irgendetwas gescheit nachzudenken, geschweige denn, was zu tun.

Freundin: Das wäre dann ja vielleicht schon einmal der allererste Schritt, das zu ändern. Weil: Wenn du tatsächlich gar keine Zeit hast, dann kannst du dich ja auch nicht selbstständig machen. Sollen wir mal zusammen schauen, ob da nicht doch kleine Zeit-Oasen in deinem Alltag zu finden sind?

Anna: Zeit-Oasen? Das klingt gut. Lass uns darüber einmal nachdenken.

Im Folgenden durchleuchten Anna und ihre Freundin Annas Alltag auf der Suche nach Zeit-Oasen, sprich nach Zeiträumen, die Anna nutzen könnte, um sich Gedanken um ihre berufliche Ausrichtung zu machen. Es stellt sich heraus, dass Anna im Grunde zwei Vormittage zur Verfügung hätte, die sie nutzen könnte, was sie aber nicht tut.

Freundin: Und warum funktioniert das nicht? Warum nutzt du diese Zeit nicht?

Anna: Ich weiß auch nicht. Weißt du, nachdem ich Fine zum Kindergarten gebracht habe, fahre ich immer gleich noch zum Einkaufen bzw. mache verschiedene Erledigungen. Du weißt ja, Thomas hat dazu schlichtweg keine Zeit. Und selbst wenn ich morgens noch Elan verspürt habe, dann ist der nach dem Einkauf verpufft. Wenn ich dann nach Hause komme, dann ist es schon halb elf und dann mache ich dies und jenes und ruck, zuck ist es schon wieder Zeit, für Fine und Tim das Essen zu machen, sie wieder abzuholen etc.

Freundin: Das verstehe ich. Bei mir ist das so: Entweder ich erledige die Arbeiten, die Konzentration erfordern, morgens oder ich bin den ganzen Tag zerfasert und unzufrieden. Wie wäre es, wenn du an diesen beiden Vormittagen, wo du theoretisch Zeit für dich hättest, direkt nach Hause düst, dir einen Kaffee zubereitest und dich dann an den Schreibtisch setzt?

Anna: Ja, das stimmt. Die Frage ist, wann kaufe ich dann ein?

Freundin: Ja, das ist die Frage!

Anna: Verstehe. Also gut. Wann kaufe ich dann ein? (*Anna denkt nach.*) Na gut, wenn du mich so fragst, da gibt es schon andere Zeiten. Ich könnte es nachmittags mit Fine zusammen erledigen. Und Getränke kaufen könnte man wahrscheinlich sowieso effizienter organisieren. Wir haben ja genug Platz im Keller … Wenn ich Thomas bitten würde, das einmal im Monat an einem Samstag zu machen, wäre das sicherlich kein Problem.

Lassen Sie uns nun wieder zusammenfassen, welche Ergebnisse Anna und ihre Freundin in dieser zweiten Gesprächsphase erzielen konnten:

- Anna hat die Einsicht, dass sie bisher zwar sehr viel über ihre berufliche Unzufriedenheit *nachgedacht* und auch viele Gespräche zu diesem Thema mit ihrem Mann geführt hat, bisher aber wenig bis gar nichts *getan* hat, die Situation zu ändern!
- Anna identifiziert zwei Vormittage, die ihr potenziell für ihre berufliche Entwicklung zur Verfügung stünden. Mit der entsprechenden Vorbereitung ergäben sich so zweimal drei Stunden pro Woche, in denen sie konzentriert arbeiten kann.

Gesprächsphase 3:
Optionen / Handlungsstrategien

Während es in der zweiten Gesprächsphase um das Verstehen des Themas und das Erfragen und Hinterfragen der Lebensrealität der gecoachten Person in Bezug auf die Zielsetzung geht, rücken in der dritten Gesprächsphase mögliche Lösungsansätze in den Mittelpunkt. Um diese zu erreichen, also die Gedanken der Freundin und Ihre eigenen in Richtung Ressourcen und Möglichkeiten zu lenken, biete ich Ihnen im Folgenden einige Fragen an, die sich in der Praxis für diese Gesprächsphase bewährt haben.

Tipp: Diese Phase sollte unbedingt im Charakter eines Brainstormings durchgeführt werden. Nach dem Motto: Alles ist erlaubt! Vieles davon sollte schriftlich festgehalten werden, zum Beispiel auf einem großen Zeichenblock, der vor Ihnen liegt und auf den Sie beide zur gleichen Zeit schauen können. Oft ergeben sich Lösungen daraus, dass man zwei oder mehrere noch unrealistisch erscheinende Ideen kombiniert. Damit dies möglich ist, muss man die Ideen buchstäblich vor sich liegen haben.

»Connecting the dots« nennt der 2011 verstorbene Steve Jobs, Visionär, Apple-Mitgründer und Erfinder des iPods, diesen Vorgang. Er betont, dass Kreativität eigentlich nichts anderes sei, als zwei oder mehrere Punkte so zu verbinden, wie sie zuvor noch nie verknüpft wurden. Das gilt nicht nur für komplexe technische Geräte, sondern ganz allgemein für Innovationen in den unterschiedlichsten Bereichen.[15]

Genau diese Vorgehensweise hat mir dazu verholfen, auf die Idee für dieses Buch zu stoßen. Jetzt halten Sie es in den Händen. Natürlich weiß ich nicht, ob Sie dieses Buch für gut befinden, aber ich weiß, dass zuvor kein vergleichbares Buch für Freundinnen existierte. Und das war genau mein Ansinnen: Ich wollte ein Buch schreiben, das meine Erfahrung aus meiner Arbeit mit Führungskräften für den Alltag von Freundinnen aufbereitet und das es in dieser Form noch nicht gibt. Und als die Idee zum Buch konkreter wurde und ich die ersten »Praxis-Versuchsrunden« mit meinen Freundinnen gestartet habe (alle mit Spaß und großem Erfolg), wurde mir klar, welch positive Kraft von diesem neuen Ansatz ausgeht.

Mein Traum ist es, mit dem Freundinnen-Projekt dazu beizutragen, eine Solidarität unter Freundinnen zu schüren, die nicht die Verhaltensweisen der sogenannten »Old boy networks«[16] kopiert, sondern eine Form des Zusammenhaltens vorstellt, die sich ganz eng an dem Verhalten orientiert, welches von jeher Freundschaften unter Frauen ausgezeichnet hat. Genau *das* ist es, worum es in diesem Projekt geht, und *das* ist es, was ich mithilfe von Zeichenblöcken, Freundinnen, die mir zugehört und kluge Fragen gestellt haben, die mit mir ein Experiment gewagt und mich zu jeder Menge »connecting the dots-Überlegungen« herausgefordert haben, entdeckt habe. Es war ganz einfach! Tun Sie es auch.

Lassen Sie uns noch einmal zu dem Gespräch zurückkommen, in dem Anna und ihre Freundin in der dritten Gesprächsphase detailliert nach Lösungswegen suchen. Es geht darum, Anna zweimal in der Woche einen dreistündigen Zeitraum zu verschaffen, den sie für sich und ihre berufliche Weiterentwicklung nutzen kann. Zum Beispiel überlegt Anna ganz konkret, wie sie schon am Vorabend dieser beiden Vormittage die Weichen stellt, damit ihr Vorhaben auch gelingt. Hier geht es um praktische, eigentlich fast banale Dinge: das Arbeitszimmer aufräumen, die Pilates-Matte bereitlegen, das Mittagessen für die Kinder bereits am Vorabend entscheiden und Ähnliches.

Nachdem Anna sich ein paar Notizen gemacht hat, benutzen die beiden Freundinnen die folgenden 30 Minuten dazu, Zukunftsszenarien für Anna zu entwerfen. Natürlich in Form eines Brainstormings: Alles ist erlaubt!

Im Folgenden sehen Sie das Ergebnis dieses Brainstormings auf einen Blick.

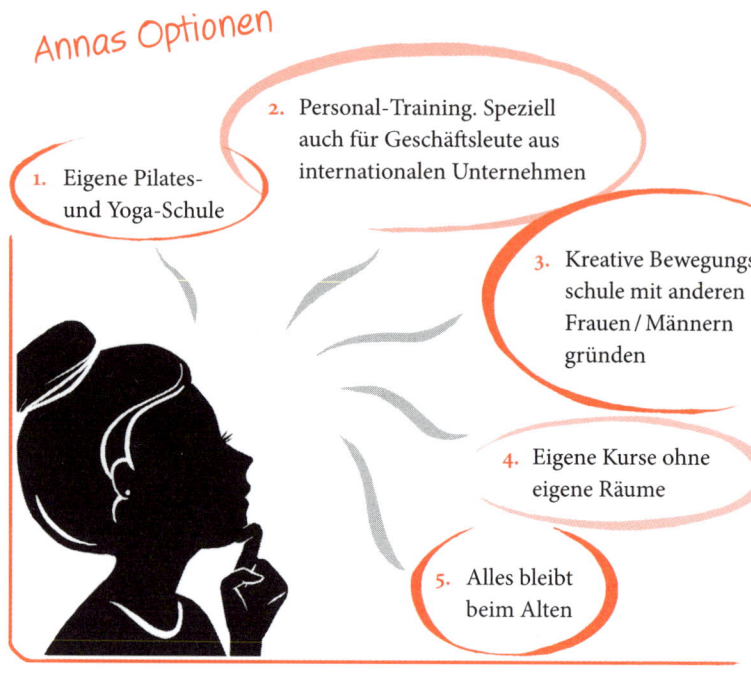

Annas Optionen

1. Eigene Pilates- und Yoga-Schule

2. Personal-Training. Speziell auch für Geschäftsleute aus internationalen Unternehmen

3. Kreative Bewegungsschule mit anderen Frauen / Männern gründen

4. Eigene Kurse ohne eigene Räume

5. Alles bleibt beim Alten

Im Anschluss an das Brainstorming diskutieren die Freundinnen, mit welchem Nutzen und welchen Kosten die jeweiligen Optionen für Anna verbunden wären.

Optionen	Nutzen / Chancen	Kosten / Risiken
Option 1: Eigene Pilates- und Yoga-Schule mit eigenen Räumen	Anna verwirklicht ihren Traum. Sie ist Chefin im eigenen Laden und kann ihre eigenen Ideen umsetzen.	Relativ hohe Fixkosten (ca. 1 000 Euro Miete im Monat für eigene Räume); variable Kosten: Marketingkosten, Administrationskosten. Könnte Anna im Moment zu sehr unter Druck setzen.

Optionen	Nutzen / Chancen	Kosten / Risiken
Option 2: Personal-Training. Speziell auch für Geschäftsleute aus internationalen Unternehmen. Spanisch- oder englischsprachig.	Anna könnte Ihre Spanisch- und Englischkenntnisse gewinnbringend einsetzen.	Eigentlich keine echten Risiken. Kosten für einen Flyer, eine Webseite und Marketing. Zeit für Akquise.
Option 3: Kreative Bewegungsschule mit anderen gründen	Das Risiko (monatliche Miete) wäre geteilt. Spaß in der Zusammenarbeit. Austausch mit anderen.	Konfliktpotenzial zwischen den Geschäftsführern. Anna hat Angst, dass sie nicht die Kraft hat, sich mit anderen Menschen in der geforderten Intensität auseinanderzusetzen.
Option 4: Anna beginnt parallel zu ihrer Arbeit im Fitnesscenter Joy Kurse in stundenweise angemieteten Räumen zu geben.	Könnte eigene Kurse geben, eigene Ideen einbringen, Selbstständigkeit testen.	Risiko gering, da Miete nur stundenweise gezahlt werden muss. Materialkosten für Yoga-Matten etc. Eventuell Auseinandersetzung mit ihrem Chef.
Option 5: Alles bleibt beim Alten	Anna grämt sich weitere zehn Jahre über ihre verpassten beruflichen Chancen im Leben. Auch ein Lebensinhalt! *(Ja, Anna hat einen Sinn für Ironie!)*	Anna ist unzufrieden und kann dadurch auch die Zeit mit ihren Kindern nicht wirklich genießen. Diese Option ist keine Option!

Was haben Anna und ihre Freundin in dieser dritten Gesprächsphase erreicht?

- Anna hat die *genauen* Bedingungen geklärt, wie sie sich zweimal pro Woche einen dreistündigen Freiraum schaffen wird.
- Anna hat verschiedene Möglichkeiten der beruflichen Weiterentwicklung gesammelt und festgestellt, dass es mehr Möglichkeiten gibt, als sie bisher gedacht hätte. Sie hat zudem begonnen, die Handlungsoptionen unter den wichtigsten Aspekten zu bewerten (Nutzen / Chancen, Kosten / Risiken).
- Anna hat all das schriftlich und bildlich festgehalten. Es wird ihr in den kommenden Wochen und Monaten von großer Hilfe sein, um ihre Gedanken zu strukturieren.

Gesprächsphase 4: Was werden Sie tun?

In der vierten Gesprächsphase wird die mögliche Vielfalt an Optionen zugespitzt, bis am Ende einige wenige Entschlüsse übrig bleiben, die den größten Fortschritt versprechen.

Mögliche Fragen für die vierte Gesprächsphase

- Was wirst du tun?
- Wann wirst du es tun?
- Wird die Handlung zum gewünschten Ziel führen?
- Auf welche Hindernisse könntest du stoßen?
- Wer muss davon Kenntnis haben?
- Welche Unterstützung benötigst du?
- Welche anderen Überlegungen hast du?

Lassen Sie uns noch ein letztes Mal zum Gespräch zwischen Anna und ihrer Freundin zurückkehren.

Freundin: Also jetzt lass uns doch einmal zusammenfassen! Was genau wirst du tun?

Anna: Na ja, das mit den drei Stunden pro Woche haben wir ja jetzt hinlänglich besprochen. Ich werde gleich am Dienstag meine erste dreistündige Arbeitseinheit durchführen.

Freundin: Wirst du mit Thomas darüber sprechen?

Anna: Ja, stimmt, das sollte ich tun. Darauf freue ich mich eigentlich schon. Er wird froh sein zu hören, dass ich nun endlich was gegen meine Unzufriedenheit tun möchte, anstatt mehrmals die Woche nur mit ihm darüber zu reden.

Freundin: Das glaube ich auch! Okay, dann kommen wir noch einmal zu den Optionen zurück. Eine hast du ja schon ausgeschlossen?

Anna: Ja, allerdings: Option 5! Was mich am meisten anspricht, ist Option 2 und Option 4. Personal-Training, daran habe ich schon lange immer mal wieder gedacht. Meine Spanisch- und Englischkenntnisse wieder einsetzen zu können, das wäre für mich das Größte! Vor allem hätte ich dann auch endlich nicht mehr das Gefühl, diese Sprachen nicht ganz umsonst so vertieft zu haben. Witzig, dass ich vorher noch nie an eine solche Möglichkeit gedacht habe. Aber du hast völlig Recht, es gibt ja mittlerweile sogar schon eine kleine Unternehmenskette, die Wohnen in WGs für Business-Leute möglich macht. Deren Webseite sollte ich mir sicher auch mal anschauen.

Anna denkt weiter nach und fängt an, sich Notizen zu machen:

In den folgenden vier Wochen möchte ich während der besagten Vormittagstermine folgende Punkte abarbeiten bzw. recherchieren:

Zum Thema Personal-Training (Option 2):
- *Webseiten von Personaltrainern im Internet checken.*
- *Eine Liste von Freundinnen und Bekannten erstellen, die in internationalen Unternehmen arbeiten und mit ihnen über dieses Thema sprechen.*
- *Mir jeweils ein Pilates- und ein Yoga-Buch in spanischer Sprache bestellen.*

Zum Thema Yoga- und Pilates-Kurse ohne eigene Räume (Option 4):
- *Preise für Trainingsmaterial auskundschaften.*
- *Drei Bewegungsschulen in meiner Umgebung aufsuchen, um dort nach Möglichkeiten zu fragen, einen eigenen Kurs anzubieten.*
- *Gespräch mit Jutta über ihre Erfahrung führen.*
- *Gespräch mit Jan initiieren (Kosten für eigene Website checken).*

Zum Ende des Gesprächs sollten Sie Ihre Freundin unbedingt fragen, wie sicher sie ist, die Entscheidungen auch umzusetzen. Zum Beispiel können Sie sie dazu auffordern, ihre Motivation auf einer Skala von 1 bis 10 einzuschätzen. Bei Werten unter 7 bis 8 ist die Erfolgswahrscheinlichkeit eher gering. Anna schätzt ihre Motivation zwischen 9 und 10 ein und ist darüber selber hocherfreut.

Freundin: Das ist ja super. Ich denke, dir wird während deiner Verabredungen mit dir selbst nicht langweilig werden. Was meinst du, sollen wir es erst mal dabei belassen? Wir haben ja jetzt wirklich viel besprochen.

Anna: Ja, absolut. Ich bin echt happy. Ich habe jetzt eine ganz andere Motivation und auch Klarheit, das Ganze anzugehen. Ich kann es gar nicht abwarten, damit anzufangen. Das war wirklich ein supertolles Gespräch – danke schön!

Anna ist in sehr guter Stimmung! Ganz anders als zu Beginn des Gesprächs hat sie das Gefühl, doch etwas bewegen zu können und dem Chaos ihres Lebens ein paar Stunden abringen zu können, die sie für sich nutzen will. Sie ist entschlossen, etwas zu tun. Sie weiß, dass sie es tun wird, und ist hochmotiviert.

Auf den Punkt

In diesem Kapitel haben Sie Anna kennengelernt, die mithilfe des Freundinnen-Coachings einen beruflichen Neustart initialisiert hat. Sie haben gesehen, wie sich das GROW-Model eignet, um ein Gespräch phasenweise etwas stärker zu strukturieren. Das GROW-Model kann sowohl als Gesprächsrahmen dienen als auch im Selbst-Coaching als Gedankenstütze eingesetzt werden, um zu größerer innerer Klarheit und damit zu entschlosseneren Handlungen zu gelangen.

Teil 2

Erfolgsstrategien
für Ihr Leben

Kapitel 4

Circles of Life: Die Zutaten für Ihr neues Leben

Im zweiten Teil des Buches möchte ich Sie nun dazu einladen, Ihr Augenmerk auf die wichtigsten Bereiche Ihres Lebens richten. Hierzu werden Sie Bekanntschaft mit den *Circles of Life* und den *drei Erfolgsprinzipien für mehr Lebenszufriedenheit* machen, die sich anschließend wie ein roter Faden durch die Kapitel ziehen werden.

Das Circles-of-Life-Tool ist das ideale Instrument, um systematisch und energiegeladen über Ihr Leben nachzudenken. Denn wenn Sie an Ihrer aktuellen Lebenssituation etwas verändern wollen, kommen Sie um eine kritische Selbstreflexion nicht herum – und genau dabei kann Ihnen dieses Coaching-Instrument behilflich sein. Diese Selbstreflexion ist gleichzeitig die ideale Vorbereitung für Ihr Freundinnen- bzw. Kolleginnen-Coaching. Das Circles-of-Life-Tool kann Ihnen dabei helfen, *die* relevanten Themen und Herausforderungen Ihres Alltags zu identifizieren, die Sie anschließend gemeinsam besprechen können.

Eine Weisheit besagt: Das höchste anzustrebende Gut im Leben ist die Zufriedenheit. Aber wie strebt man Zufriedenheit an? Was hat welchen Wert? Ist das abgeschlossene Studium schon ein Garant für Zufriedenheit? Oder ein ausgefülltes Berufsleben? Brauche ich Geld? Glück in der Liebe? Gesundheit und einen schönen Körper? Muss es alles sein oder reicht nur ein Teil davon?

Was längst bewiesen ist – und was uns mit unserem gesunden Menschenverstand auch nicht weiter erstaunt:

Lebenszufriedenheit hängt von vielen Faktoren ab. Dazu zählen zum Beispiel intrapersonale Faktoren wie die Persönlichkeitsstruktur, biophysikalische Vorausetzungen (Ihre ganz eigene körperliche Grundausstattung) oder Ihre individuelle Wertehierarchie. Aber auch extrapersonale Faktoren wie zum Beispiel die persönlichen Lebensumstände spielen eine wichtige Rolle.

Das Streben nach Lebenszufriedenheit ist also kein objektiv vergleichbarer Wert, sondern eine im höchsten Maße subjektive und individuelle Angelegenheit.

Eine Studie, die für viel Aufsehen gesorgt hat, stammt vom Gallup-Institut. In ihr wurden zehntausende Menschen unterschiedlichster Milieus und kultureller Herkunft zu den Themen Gesundheit, Wohlstand, Beziehungen, Beruf und Lebenszufriedenheit befragt.[17] Die Ergebnisse dieser Studien zeigen, dass es trotz aller Individualität durchaus Universalfaktoren gibt, die zu mehr Lebenszufriedenheit führen.

Diese Ergebnisse und meine eigenen Forschungsarbeiten zusammenfassend, vertrete ich die Annahme, dass unsere Lebenszufriedenheit im Wesentlichen mit diesen vier Lebensbereichen zusammenhängt:

1. dem Lebensbereich Familie und Beziehungen,
2. dem Lebensbereich Gesundheit und körperliche Fitness,
3. dem Lebensbereich Arbeit und Finanzen,
4. dem Lebensbereich Abenteuer, Träume und Lebensmotive (dieser vierte Lebensbereich ist individuellen Lebensmotiven, zum Beispiel Spiritualität und Glauben, vorbehalten, die nicht generalisierbar sind, sondern sich aus ganz persönlichen Bedürfnissen, Wünschen oder Wertschätzungen nähren).

Die gefühlte Zufriedenheit in diesen vier Lebensbereichen bestimmt mehr als andere Faktoren, wie zufrieden Sie insgesamt mit Ihrem Leben sind, auch wenn natürlich noch andere Bereiche im Leben eine Rolle spielen mögen. Wenn Sie diese Bereiche vernachlässigen, gerät Ihr gesamtes Lebensgerüst ins Wanken. Und andersherum: Wenn Sie sich darauf konzentrieren, diese Bereiche in einer Balance zu halten, werden Sie den positiven Effekt in allen anderen Bereiche spüren.

Die Circles of Life: Das Coaching-Tool für mehr Handlungsfähigkeit

Aufbauend auf den oben beschriebenen Erkenntnissen habe ich das Coaching-Tool *Circles of Life* entwickelt. Mittlerweile dient es als Grundlage unzähliger Führungskräfte-Coachings und ist für mich und für eine Vielzahl meiner Kundinnen die zentrale Methode, um herauszufinden, wie es um das eigene Leben wirklich bestellt ist.

Natürlich ist das Leben als solches komplexer, als es die Circles of Life suggerieren. Trotzdem möchte ich Sie einladen, Ihr Leben einmal durch die Brille der Circles of Life zu betrachten. Sie werden staunen, wie die daraus resultierende Klarheit Ihr Leben verändern wird.

So können Sie mithilfe der Circles of Life im Handumdrehen eine Art Lebensinventur durchführen. Das Tool ermutigt Sie, konstruktiv über die wesentlichen Bereiche Ihres Lebens nachzudenken, sich vor Augen zu halten, wo Sie zufrieden sind und wo es vielleicht Entwicklungspotenzial gibt. Sie werden lernen – und das ist ein entscheidender Punkt –, ein noch besseres Gefühl für sich und Ihr Leben zu entwickeln. Die Circles of Life eignen sich hervorragend, um ab und zu systematischer über das Leben nachzudenken, als Sie es normalerweise tun. In konkreten Situationen werden sie Ihnen helfen, Impulse zu bekommen, um die eigenen Ressourcen zu aktivieren und Ihr Leben positiv zu gestalten. Mithilfe der Circles of Life wird es Ihnen möglich, die guten Seiten Ihres Lebens stärker zu fokussieren und somit die etwas unangenehmeren besser zu ertragen.

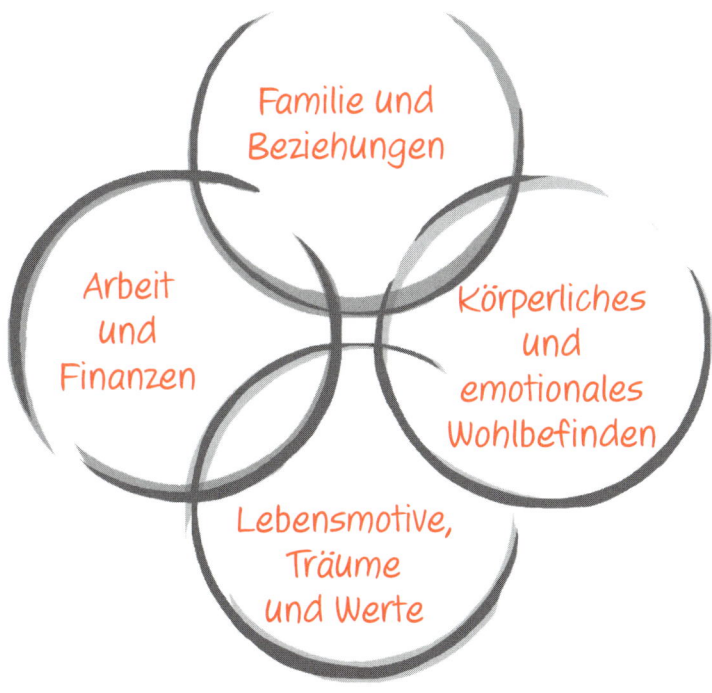

Circles of Life: Ihre vier Lebensbereiche

Die drei Erfolgsprinzipien für mehr Lebenszufriedenheit

1. Konzentration auf das Wesentliche

»Ich sehe mit Freude, wie viele Dinge es gibt,
die ich nicht benötige.«
SOKRATES

Im Gegensatz zu unserer Elterngeneration genießen Frauen heutzutage eine bessere Ausbildung – sowohl in der Schule als auch an Universitäten. Sie haben bessere Jobs als vor 50 Jahren, sind besser bezahlt und können öfter in den Urlaub fahren. Sie leben zum großen Teil in gleichberechtigten Beziehungen und gestalten ihr Leben selbst. Man sollte meinen, dass sie damit allen Grund hätten, sich glücklicher zu fühlen als ihre Mütter. Dem ist aber nicht so. Im Gegenteil:

Wissenschaftlich fundierte Umfragen zeigen, dass Frauen im 21. Jahrhundert weniger glücklich sind als ihre Vorgängerinnen vor 50 Jahren. Sie fühlen sich öfter gestresst und schätzen ihre Lebensqualität weniger hoch ein.[18]

Eine Ursache für diese abnehmende Lebenszufriedenheit (neben anderen gesellschaftlich bedingten Ursachen) ist mit Sicherheit dem Umstand geschuldet, dass viele von uns manchmal den Blick für das Wesentliche im Leben verlieren. Aufgrund eines immens hohen Angebots an Möglichkeiten und Anforderungen setzen sich viele Frauen zu sehr unter Druck: ehrgeizige berufliche *und* private Ziele, ein ausgeprägtes Bewusstsein für gutes Aussehen, allgemein hohe Erwartungen an sich selbst und an das Leben. Da bleibt kein Platz für Gelassenheit. Dabei geht es doch vor allem darum: die Möglichkeiten der Gegenwart, den Moment zu nutzen! Das ist das Einzige, was Sie tun können, um sich nicht in einem zu hohen Anspruch an Ihre Zukunft zu verstricken.

Die gute Nachricht ist: Sie müssen nicht alles haben, um wirklich zufrieden sein zu können. Sie müssen nur Ihren Blickwinkel verändern und lernen, sich mehr für das Wesentliche, also für sich selber und die Menschen, die Ihnen lieb sind, zu interessieren. Seien Sie dankbar für das, was Sie haben, und werden Sie sich klar darüber, was Sie tun wollen und können, um Ihr Leben weiterhin positiv zu beeinflussen.

2. Das Prinzip der inneren Klarheit

Die Grundidee der Circles of Life lautet: Halten Sie Ihre drei plus eins Lebensbereiche immer im Blick. Es sind die zentralen Bereiche Ihres Lebens, die immer ein Mindestmaß an Zufriedenheit aufweisen sollten, damit Ihre Lebensqualität nicht kippt. Ohne ein gutes körperliches Wohlbefinden können Sie Ihr Leben nicht genießen. Ohne ein schönes Familienleben und / oder einen funktionierenden Freundeskreis macht das Leben keinen Spaß. Und ohne einen produktiven Alltag werden Sie sich nicht erfüllt fühlen. Dabei ist es nicht entscheidend, ob Sie an einer Karriere basteln oder andere Ambitionen haben. Es geht darum, dass Sie Ihr Können, Ihre Kraft und Ihre Intelligenz oder Ihr Know-how in den Dienst bestimmter Aufgaben stellen. Das kann als hoch bezahlte Managerin, als Teilzeit-Jobberin, als Künstlerin oder als Familien-Managerin (früher Hausfrau) sein – das entscheiden Sie!

Wenn Sie die drei Bereiche Arbeit, Beziehungen und Gesundheit auf einer Quick-Test-Skala von 1 bis 10 betrachten (wobei 1 für sehr unzufrieden und 10 für hochzufrieden steht), sollten Sie perspektivisch mindestens jeweils bei 7 stehen.

Rutschen Sie auch nur in einem dieser drei Bereiche unter die 7, können Sie insgesamt schnell aus dem Gleichgewicht kommen.

Übrigens: Dem »plus-eins«-Lebensbereich »Lebensmotive, Träume und Werte« werden wir wegen seiner Sonderstellung im Gesamtgefüge der Circles of Life separat behandeln. Was natürlich nicht heißt, dass er weniger Aufmerksamkeit verdient. Für diesen Bereich gibt es aber keine Quick-Test-Skala.

Im Sinne Ihrer inneren Klarheit sollten Sie die Circles of Life als Ihren inneren Kompass betrachten. Er kann Ihr Handeln lenken, Sie müssen diesem Kompass nur folgen. Wichtig ist, dass Sie sich nicht zu viel auf einmal vornehmen und sich eigene Erfolgsregeln für die verschiedenen Bereiche Ihres Lebens schaffen.

Setzen Sie sich nicht mehr als zwei bis drei Ziele gleichzeitig. Hinterfragen Sie sich außerdem immer wieder: Was bringt Ihnen das Erreichen eines Ziels in Bezug auf mehr gefühlte Lebensqualität? Fragen Sie sich nicht nur, *was* Sie erreichen wollen, sondern vor allem, *warum* – fragen Sie sich nach dem Sinn dahinter! Das ist gerade in der Rushhour des Lebens[19] (vorwiegend in den Jahren zwischen Ende 20 und 40) von großer Bedeutung! Denn in der Mitte Ihres Lebens stehen Sie vielfältigen Anforderungen gegenüber: Beruf, Familie (und eventuell erste körperliche Einschränkungen) nehmen Sie stark in Anspruch. In dieser Lebensphase können Sie es sich buchstäblich nicht leisten, sich mit Zielen und Vorhaben zu beschäftigen, die Sie in Sachen Lebensqualität nicht weiterbringen.

3. Die Entdeckung der Einfachheit

»Weisheit und Einfachheit gesellen sich gern.«
LEBENSWEISHEIT AUS RUSSLAND

»Weisheit und Einfachheit gesellen sich gern ...«, »...«, aber nicht immer!«, hätte ich gerne dem oben angeführten Sprichwort hinzufügt. Denn es gibt tatsächlich zwei Arten der Einfachheit: eine, die an Genialität grenzt, und eine, die wir an den viel besagten

Stammtischen wiederfinden und die als »Stammtischniveau« in unseren Sprachgebrauch eingegangen ist. Die Einfachheit der zweiten Sorte kennen wir hinlänglich, sie ist der Nährboden für Vorurteile und Diskriminierungen und bedarf keiner weiteren Aufmerksamkeit. Die Einfachheit der ersten Sorte hingegen erlaubt es uns, in komplexen Lebenssituationen kluge Entscheidungen zu treffen. Dieser Art der Einfachheit geht oft eine Phase langen Recherchierens, Nachdenkens und Erforschens voraus. Manchmal entspringt sie wiederum einem Gefühl, einer Intuition.

In meinem beruflichen Kontext werde ich entweder als *Business Coach*, *Business Consultant* oder als *Facilitator* eingestellt. Der dritte Titel, *Facilitator,* beschreibt am treffendsten, was ich mir zum Leitmotiv meines professionellen Handelns erkoren habe. *Facilitare res* kommt aus dem Lateinischen und bedeutet, *die Dinge zu vereinfachen*, *zu erleichtern.* Unabhängig von den Rahmenbedingungen oder dem Inhalt eines Auftrages sehe ich meine Rolle vor allem darin, die Dinge und den Alltag für meine Kundinnen zu vereinfachen und nicht weiter zu verkomplizieren. Und genau dazu möchte ich Sie auch ermutigen: Werden Sie für sich und andere zum *Facilitator,* zu einer Person, die hilft, die Dinge zu vereinfachen, anstatt Sie unnötig zu verkomplizieren. Versuchen Sie sich auf die positiven Energien in Ihrem Leben zu konzentrieren und investieren Sie Ihre Kraft und Zeit, diese ungehindert fließen zu lassen!

Die Struktur der Circles-of-Life-Kapitel

Alle Circles-of-Life-Kapitel sind so aufgebaut, dass Sie nach der Einleitung in den jeweiligen Lebensbereich zu einem Quick-Test eingeladen werden, in dem Sie intuitiv, ohne lange zu überlegen, Ihre Zufriedenheit mit diesem Lebensbereich auf einer Skala von 1 bis 10 einordnen. Anschließend finden Sie eine besondere Auswahl an Strategien, Ideen und Handlungsoptionen, mit denen Sie

Ihre Zufriedenheit mit diesem Lebensbereich weiter steigern können. Diese können Sie zum Um- und Weiterdenken und schließlich auch zum Handeln motivieren. In Kapitel 9 haben Sie dann noch die Gelegenheit, tiefer gehend mithilfe des großen Circles-of-Life-Test über Ihr *Zufriedenheits-Management* in den jeweiligen Lebensbereichen nachzudenken.

Grundsätzlich gilt:

- Alle vier Circles-of-Life-Kapitel können Sie sowohl für Ihr *Selbst-Coaching* als auch als mentale Vorbereitung für Ihr *Freundinnen-Coaching* nutzen.
- Bei allen dargebotenen Ideen, Konzepten und Strategien in den Circles-of-Life-Kapiteln handelt es sich um ein Angebot. Es geht nicht darum, *alles,* was in diesem Buch steht, anzuwenden. Suchen Sie sich aus, was zu Ihnen passt, im Hier und Jetzt. Zu einem späteren Zeitpunkt mögen Sie sich dann für die Nutzung weiterer Ideen entscheiden.

Auf den Punkt

In diesem Kapitel haben Sie das *Circles-of-Life-Tool* in seinen Grundzügen kennengelernt. Zusammen mit den drei Prinzipien für mehr Lebenszufriedenheit wird es Ihnen helfen, sich auf das Wesentliche im Leben zu konzentrieren, einen höheren Grad innerer Klarheit zu erreichen und die Dinge in Ihrem Leben auf hohem Niveau zu vereinfachen, anstatt sich das Leben unnötig schwer zu machen. Das Circles-of-Life-Tool ist das erfolgversprechendste Tool, um sich auf großartige Gespräche mit Ihren Freundinnen einzulassen. Da Sie jetzt wissen, wie die folgenden Kapitel aufgebaut sind, wünsche ich Ihnen viel Spaß beim Erkunden von neuen (und vielleicht zum Teil auch schon bekannten) Ideen.

Kapitel 5

Erfolgsstrategien für Ihre Karriere

Der Bereich Arbeit, Karriere und finanzielles Wohlergehen spielt beim Erreichen von echter Lebenszufriedenheit eine große Rolle. Zum einen schaffen Sie mit diesem Bereich die ökonomische Grundlage Ihres Lebens. Zum anderen verbringen Sie den allergrößten Teil Ihrer *wachen Zeit* in den Jahren zwischen 25 und 65 bei oder mit Ihrer Arbeit. Bei den meisten von uns handelt es sich dabei um sechs bis zehn Stunden täglich. Es liegt deshalb auf der Hand, dass Arbeitszufriedenheit im höchsten Maße unsere Gesamt-Lebensqualität mitbestimmt.

Um diesen Bereich Ihres Lebens möglichst positiv zu gestalten, finden Sie in diesem Kapitel ausgewählte Strategien, die sich in meiner Coaching- und Trainings-Praxis besonders bewährt haben. Je nach Bedarf können Sie diese Strategien in den Mittelpunkt Ihres *Freundinnen- oder Selbst-Coachings* stellen. Mit dem sogenannten *Stärkenansatz* aus der Positiven Psychologie lernen Sie einen Denk- und Handlungsansatz kennen, mit dessen Hilfe Sie Ihr Arbeitsleben in eine vielversprechende Zukunft lenken können. Natürlich bieten sich die hier präsentierten Strategien auch besonders für das *Kolleginnen-Coaching* an.

Und noch einmal zur Erinnerung: Dieses Buch zeigt Ihnen lediglich ein *Angebot* an Ideen, Methoden und Strategien auf. Welche davon Sie für sich als sinnvoll erachten, das obliegt allein Ihrer

Einschätzung. Sie sollten deshalb auf keinen Fall alle vorgestellten Strategien auf einmal aufgreifen, sondern nur die, die Ihnen in diesem Moment beim Erreichen einer höheren Lebenszufriedenheit nützlich erscheinen.

Bevor Sie nun weiter in die Thematik dieses Kapitels einsteigen, möchte ich Sie zu einem kleinen Quick-Test einladen, bei dem Sie spontan Ihre Zufriedenheit in dem Lebensbereich Arbeit einschätzen können.

Quick-Test

Auf die vergangenen sechs Monate zurückblickend, wie hoch würden Sie Ihre berufliche Zufriedenheit mit dem Lebensbereich Arbeit und Karriere einschätzen?

1 = sehr unzufrieden – Sie wissen nicht mehr ein noch aus, so unzufrieden sind Sie.

10 = hochzufrieden – es könnte nicht besser sein.

Auf die vergangenen sechs Monate zurückblickend, wie hoch würden Sie Ihr finanzielles Wohlbefinden einschätzen?

1 = sehr unzufrieden – Sie wissen nicht mehr ein noch aus, so unzufrieden sind Sie.

10 = hochzufrieden – es könnte nicht besser sein.

Auswertung

Wo stehen Sie in Sachen Arbeit, Karriere und finanzielles Wohlbefinden?

Werte von 7+ bis 10: Grundsätzlich gilt: Werte zwischen 7+ und 10 sind hervorragend. Ihnen geht es sehr gut mit Ihrer Tätigkeit / Ihren Finanzen. Bewusst oder unbewusst bedienen Sie sich der entscheidenden Strategien, um ein hohes Wohlbefinden in diesen Lebensbereichen zu erlangen. Natürlich sind Sie trotzdem eingeladen, in diesem Kapitel nach Ideen zu suchen, positive Veränderungen in diesem Lebensbereich vorzunehmen. Gerade wenn es Ihnen bereits gut geht, können diese kleinen Schritte leicht vollzogen werden und trotzdem eine große Wirkung erzielen.

Werte von 6 bis 7: Ihre Zufriedenheit mit dem Bereich Arbeit und Karriere / finanzielles Wohlbefinden ist gut. Um Ihre Lebensqualität noch weiter zu steigern, sollten Sie jedoch in sich gehen und nach Verbesserungsmöglichkeiten Ausschau halten. Wichtig ist, dass Sie zwischen Ihrer Tätigkeit als solcher und den Bedingungen Ihrer Arbeit unterscheiden. Macht Ihnen Ihre Tätigkeit Spaß? Gibt Sie Ihnen Energie? Und wie sieht es mit Ihren Arbeitsbedingungen aus? Wie hoch schätzen Sie Ihr finanzielles Wohlergehen ein? In diesem Kapitel finden Sie eine feine Auswahl an Strategien und Ideen, die Ihnen helfen kann, sich in den Bereich 7+ zu katapultieren.

Werte von 1 bis 5: Mit einem Wert von 5 und weniger beginnt der rote Gefahrenbereich. Hier sollten alle Alarmglocken läuten. Wenn Sie Ihre Zufriedenheit in diesem Lebensbereich so gering einschätzen, dann müssen Sie jetzt wirklich aktiv werden. Dieser Mangel an Arbeitszufriedenheit und / oder finanziellem Wohlbefinden führt mit aller Wahrscheinlichkeit zu einer Gesamt-Lebenszufriedenheit unter 7. Sollten Sie Ihr finanzielles Wohlergehen derart niedrig einschätzen, wird Ihnen das wahrscheinlich sehr viele Sorgen bereiten. Für diesen Fall empfehle ich Ihnen gegebenenfalls ein professionelles Coaching.

Rushhour: Verpassen Sie nicht die vielleicht beste Zeit Ihres Lebens!

»Genau genommen leben sehr wenige Menschen in der Gegenwart, die meisten bereiten sich gerade darauf vor, demnächst zu leben.«
JONATHAN SWIFT

Mit dem echten Leben anfangen zu wollen, wenn man es »geschafft« hat, ist ein großer Fehler. John Lennon hat es treffend gesagt: »Life is what happens to you, while you are busy making other plans.« Erst »später« ein anderes, besseres Leben beginnen zu wollen, ist riskant. Vielleicht findet es auf diese Art dann niemals statt. Vielleicht spielt dann die Gesundheit nicht (mehr) mit oder Sie fangen an zu bedauern, was Sie in der Vergangenheit verpasst haben. Trotzdem tun viele es immer wieder: Sie nehmen die Zukunft wichtiger als die Gegenwart und gehen damit ein hohes Risiko in Sachen Lebenszufriedenheit ein.

Der kanadische Autor Douglas Coupland, der die Generation X (bei uns auch »Generation Golf« genannt) beschrieben hat, spricht in diesem Zusammenhang vom »Now Denial« der Jahrgänge zwischen 1960 und 1980. Aus irgendeinem Grund glauben viele Angehörige dieser Generation lange, dass erst die Zukunft und im weiteren Verlauf des Lebens die Vergangenheit die eigentlich beste Zeit sei, um *zu leben*.[20] Natürlich ist das paradox. Machen Sie doch einfach mal das Gegenteil: Versuchen Sie die Gegenwart zu genießen, mit und trotz all dem, das gerade nicht so läuft, wie Sie es sich erträumen. Bedenken Sie einfach, dass Sie keine Garantie haben, dass es je besser wird. Vielleicht sind Sie gerade auf dem Höhepunkt Ihres Lebens. Verpassen Sie ihn nicht!

Machen Sie sich deshalb bewusst: Sie müssen nicht alles in der Rushhour des Lebens erledigen. Das Haus kann gegebenenfalls auch noch später gebaut werden, das eine oder andere berufliche Ziel nach hinten verschoben werden. Vielleicht werden diese Ziele dann nicht mehr realisiert. Das stimmt. Wenn das Erreichen dieser Ziele jedoch dazu beiträgt, dass Sie eines der schönsten Jahrzehnte in Ihrem Leben im Dauer-Stress verbringen, dann stellt sich die Frage nach der Sinnhaftigkeit eben dieser Ziele.

Sind Ihre Ziele wirklich *Ihre* Ziele?

»Kaum verloren wir das Ziel aus den Augen,
verdoppelten wir unsere Anstrengungen.«
MARK TWAIN

Einer der wichtigsten und ersten Schritte auf dem Weg zu mehr Zufriedenheit mit dem Lebensbereich Arbeit und Karriere besteht darin, sich die richtigen Ziele zu setzen. In meiner Praxis als Coach erlebe ich es oft, dass Menschen über Jahre die für sie falschen Ziele verfolgen. Ziele, die eigentlich nicht ihre eigenen sind. Ziele, dessen Erreichen sie nicht glücklich stimmen, sondern lediglich herausfordern, noch weiter, schneller, höher zu gehen – ohne wirklich zur Gesamt-Lebenszufriedenheit beizutragen. Es setzt dann eine irreführende Dynamik ein, die sich in Mark Twains Zitat wiederfindet: Wenn Menschen nicht mehr wissen, wie ihr übergeordnetes Ziel lautet oder was es ihnen bringt, erhöhen Sie oft quasi planlos ihre Anstrengungen – mit dem Ergebnis, dass Sie ganz ausgelaugt an Orten ihres Lebens ankommen, wo sie gar nicht hin wollten.

So erging es zum Beispiel Anne-Marie (42), die ich 2008 bei einem Self-Leadership-Workshop in Paris kennenlernte. Anne-Marie hatte über zehn Jahre lang eine erfolgreiche Karriere im Marketing eines international agierenden Konzerns angestrebt. Dieses Ziel wurde mit 38 Jahren von Erfolg gekrönt: Ihr Jobtitel »Head of International Marketing« beeindruckte sowohl sie selbst als auch ihren Freundeskreis. Ihr Gehalt konnte sich sehen lassen und ihre teure Kleidung auch. Nur konnte Anne-Marie den Höhepunkt ihrer Karriere gar nicht genießen. Sie hinterfragte die Sinnhaftigkeit ihres beruflichen Daseins und stand zudem vor den Scherben ihrer Beziehung, die sie inzwischen langjährig vernachlässigt hatte. An dem Punkt war sie, als wir uns trafen.

Die darauffolgenden zwei Jahre, in denen ich ihr als Coach zur Seite stand, strukturierte sie ihr Leben um. Sie verließ den Konzern und übernahm in einem landesweit agierenden buddhistischen Zentrum die Leitung des Marketings. Ein Job, den sie sowohl als sinnhaft als auch herausfordernd, aber nicht überfordernd empfand. Zudem fokussierte sie sich ganz bewusst darauf, ihr emotionales und gesundheitliches Wohlergehen zu steigern. Ihre Lebensqualität nahm in dem Moment zu, als sie erkannte, dass sie einen Job brauchte, der ihren eigentlichen Stärken, Werten und Lebensmotiven (siehe Kapitel 8) besser entsprach.

Deshalb rate ich Ihnen dringend, Erfolg nach Ihren eigenen Maßstäben zu definieren. Gehen Sie in sich und fragen Sie sich, was Ihnen – und nur Ihnen – im Leben wirklich wichtig ist. Wie am Beispiel von Anne-Marie deutlich wird, hängt beruflicher und finanzieller Erfolg nicht unbedingt mit Lebenserfolg zusammen. Wenn die Ziele nicht zu Ihren Stärken, Ihren Werten und Ihrer Gesamt-Lebenssituation passen, funktionieren sie nicht. Deshalb sollten Sie ganz sorgfältig abwägen, ob die Ziele, die Sie derzeit verfolgen, wirklich *Ihre* Ziele sind. Sind es Ziele, die Ihnen bei Erreichen ein Mehr an Lebensqualität bringen? Sind es Ziele, die Sie insgesamt in Ihrem Leben weiterbringen, oder gehen die Ziele auf Kosten der Zufriedenheit in anderen Lebensbereichen?

Für das Freundinnen-Coaching gilt: Thematisieren Sie diese und ähnliche Fragen in Ihren Gesprächen mit Ihrer Freundin, wann immer Sie ein neues, größeres Ziel ansteuern. Oftmals erkennen Freundinnen unsere eingefahrenen Verhaltensmuster, falsche Ambitionen oder ungute Ziel treffsicherer, als wir das selbst können.

Willkommen in der Gegenwart:
Stärkenorientiert arbeiten und leben

»Man muss sich durch die kleinen Gedanken, die einen ärgern,
immer wieder hindurchfinden zu den großen Gedanken,
die einen stärken.«
DIETRICH BONHOEFFER

Die sozialwissenschaftliche Forschung hat herausgefunden, dass Menschen, die sowohl erfolgreich als auch glücklich sind, eine Sache gemeinsam haben: Sie *genießen*, was sie tun, um erfolgreich zu sein. Der *Stärkenansatz*, der seit einigen Jahren in der Positiven Psychologie vermehrt diskutiert wird, beinhaltet dieses Denken. Er ermutigt Menschen, sich mehr mit den eigenen Stärken auseinanderzusetzen, anstatt sich darauf zu konzentrieren, die Schwächen auszubügeln. Dieser Ansatz wurde schon in vielen Unternehmen Erfolg versprechend eingesetzt. Global Player wie zum Beispiel Coca Cola, Yahoo und Microsoft haben feststellen können, dass stärkenorientierte Weiterbildungsangebote zu höherem Mitarbeiterengagement, geringeren Kündigungsraten und einer gestärkten Profitabilität dieser Unternehmen beitragen. Sprich: Der Stärkenansatz lohnt sich sowohl aus immaterieller als auch aus finanzieller Sicht für die Unternehmen.[21]

Das trifft auch auf individueller Ebene zu. Wenn Sie Ihre Stärken kennen, können Sie diese nutzen und gewinnbringend einsetzen. Und was mindestens genauso wichtig ist: Wenn Sie Ihre Stärken einsetzen, brauchen Sie sich um das Verpassen der Gegenwart keine Sorgen mehr zu machen. Wenn Sie einen Großteil Ihrer Arbeitszeit damit verbringen, Ihre Stärken anzuwenden, dann genießen Sie Ihr Leben und verfügen aller Wahrscheinlichkeit nach über eine hervorragende Arbeitszufriedenheit!

Wie Sie Ihre Stärken erkennen

Das amerikanische Gallup-Institut (das sich über einen Zeitraum von sechs Jahrzehnten mit dem Stärkenansatz beschäftigt hat) betont, dass es sich beim Einsetzen von individuellen Stärken um die Tätigkeiten handelt, in denen wir nicht nur *gut sind,* sondern die uns gleichzeitig besonders *guttun,* während wir sie ausüben.

So stellte Xenia (28), die nach Ihrem BWL-Studium in der Finanzabteilung eines mittelständigen Unternehmens arbeitete, durch eine Stärkenanalyse fest, dass sie zwar durchaus kompetent und geeignet für den Umgang mit Zahlen und Daten ist (ihr Vater ist Mathematik-Professor), ihre eigentliche Stärke und Leidenschaft jedoch im Umgang mit Menschen liegt. Nach diversen Gesprächen mit verschiedenen Leuten aus ihrem Netzwerk wechselte sie schließlich in die Personalabteilung eines größeren Unternehmens, wo sie seitdem ihre echten Stärken und Kompetenzen nutzen kann.

Ob Sie Ihre Stärken und Talente anwenden, merken Sie an den folgenden drei Anzeichen:

1. Sie haben Spaß bei der Aktivität. Sie fällt Ihnen leicht und lädt Sie energetisch auf.
2. Sie können es kaum abwarten, weiterzumachen oder es noch einmal zu tun.
3. Sie werden schnell besser bei dem, was Sie tun. Das Lernen und Sich-Weiterentwickeln fällt Ihnen leicht.[22]

Warum es so wichtig ist, die eigenen Stärken zu identifizieren, möchte ich Ihnen mit einem kleinen Ausflug in die Neurowissenschaften (Hirnforschung) verdeutlichen.

Ein Exkurs in die Hirnforschung

Neueste Ergebnisse aus der Hirnforschung belegen eindrucksvoll, dass unsere Persönlichkeit weitaus stabiler ist, als uns lieb sein mag. Viele unserer Denk-, Verhaltens- und Wahrnehmungsmuster bleiben im Grunde unser ganzes Leben lang gleich. Mit den Stärken, Talenten und Begabungen eines Menschen verhält es sich ebenso. Wir ändern uns im Laufe unseres Lebens nur in begrenztem Maße. Zwar empfinden wir es so, als würden wir uns ständig weiterentwickeln – und das trifft glücklicherweise ja irgendwie auch zu: Wir gewinnen an Lebenserfahrung, Bildung und erweitern unsere Handlungsmöglichkeiten. Im Kern unserer Persönlichkeit finden wir jedoch eine Reihe von nachhaltigen Mustern, die unser ganzes Leben lang stabil bleiben. So konnten Hirnforscher zeigen, dass unsere grundsätzlichsten Verhaltens-, Denk- und Wahrnehmungsmuster durch im Gehirn gewachsene Verbindungen bestimmt werden. Diese Verbindungen nennt man Synapsen und sie versetzen die Gehirnzellen (Neuronen) in die Lage, miteinander zu kommunizieren.

Interessant ist, dass das Gehirn nach unserer Geburt regelrecht rückwärts zu wachsen scheint. In den ersten Jahren baut es Milliarden von synaptischen Verbindungen auf, um diese dann bis zum 16. Lebensjahr zu halbieren. Sobald dies geschehen ist, können wir die Grobstruktur unserer Verhaltens- und Denkweisen, wenn überhaupt, nur noch mit sehr viel Aufwand verändern. Die synaptischen Verknüpfungen zu verlieren ist also ein Ziel des zerebralen Reifungsprozesses. Ihre Intelligenz, Ihre Persönlichkeit und Ihre Leistungsfähigkeit hängen davon ab, wie gekonnt Sie Ihre stärksten synaptischen Verbindungen nutzen. Und ist auch unser Gehirn in gewisser Hinsicht lebenslang formbar, so ändert sich an den stärksten synaptischen Verbindungen nach dem 16. Geburtstag nur noch wenig.[23]

Bauen Sie Ihr Leben auf Ihren natürlichen Stärken auf

Ich möchte Sie ermutigen, über Ihr persönliches Stärkenprofil nachzudenken, um dieses mehr und mehr in den Mittelpunkt Ihres Lebens zu rücken. In Kapitel 11 finden Sie ausgewählte Coaching-Tools, mit deren Hilfe Sie Ihr persönliches *Stärkenportfolio* erstellen können. Diese Tools eignen sich hervorragend für das Freundinnen- und Kolleginnen-Coaching. Helfen Sie sich gegenseitig, Ihre Stärken zu erkennen. Suchen Sie zusammen nach Möglichkeiten, diese stärker in Ihrem Alltag einzusetzen. Das Erstellen des Stärkenportfolios ist der erste Schritt zu einer gegenwartsbezogenen Lebensführung.

Falls Sie bei Ihrer Stärkenanalyse feststellen, dass Sie Ihre Stärken in Ihrem derzeitigen Job wenig anwenden, muss das übrigens nicht immer dazu führen, dass Sie Ihren Job oder Ihren Arbeitsbereich wechseln müssen, wie Anne-Marie es getan hat. Es gibt verschiedene Möglichkeiten mit so einem »Befund« umzugehen.

Rücken Sie Ihre Stärken in den
Mittelpunkt Ihres Lebens

Empfehlen kann ich zum Beispiel die *Strategie der kleinen Schritte*. Stellen Sie fest, dass Sie Ihre Stärken beispielsweise nur während 20 Prozent Ihrer Arbeitszeit anbringen können, dann führen Sie zusammen mit Ihrer Freundin, Ihrer Kollegin oder Ihrer Chefin ein Brainstorming durch, wie Sie diesen Zeitraum auf 30 oder 40 Prozent Ihrer Arbeitszeit ausweiten können. So eine Veränderung kann schon sehr viel zur Steigerung Ihres Wohlbefindens beitragen.

Das konnte auch Britta (24), Erzieherin in einem kirchlichen Kindergarten, feststellen. Auch wenn ihr die Arbeit mit Kindern sehr viel Spaß machte, vermisste sie die Möglichkeit, ihr musikalisches Talent in ihrem Job anzuwenden. Zusammen mit der Kindergartenleitung überlegte sie sich eine Strategie, wie man der Einrichtung eine stärkere musikalische Ausrichtung verleihen könnte. Am Ende profitierten alle: der Kindergarten, die anderen Erzieherinnen, die Kinder und Britta selbst!

Eine weitere Möglichkeit, mehr aus den eigenen Stärken herauszuholen, ist, sich bewusst zu entscheiden, die Freizeit so zu gestalten, dass sie dem eigenen Stärkenprofil entspricht. Das hat zum Beispiel die Zahnärztin Eva (47) getan, die sich entschied, ihrem Talent zum ganzheitlichen Heilen in ihrer privaten Zeit nachzugehen. Oder Jule (29), deren Stärke unter anderem im öffentlichen Präsentieren und Geschichtenerzählen liegt. Leider bietet ihre derzeitige Anstellung wenig Möglichkeit, diese Stärken anzubringen. Da sie an ihrer Arbeit erst einmal festhalten möchte (sie gibt ihr sehr viel Sicherheit im Leben), hat sie sich in ihrer Freizeit einer Stand-up-Laienspiel-Gruppe angeschlossen. Aus diesem Hobby zieht sie sehr viel Kraft. Zudem hat sie die innere Gewissheit, dass die hier erworbenen Fähigkeiten ihr irgendwann auch beruflich nutzen werden.

Zeitsouveränität und Pareto-Prinzip

»Gegenüber der Fähigkeit, die Arbeit eines einzigen Tages sinnvoll zu ordnen, ist alles andere im Leben ein Kinderspiel.«
JOHANN WOLFGANG VON GOETHE

Der richtige Umgang mit Ihrer Zeit ist eine der wichtigsten und verantwortungsvollsten Aufgaben in Ihrem Leben.

Im Folgenden möchte ich Ihnen das *Pareto-Prinzip* vorstellen, das Ihnen helfen kann, Ihren Arbeitsablauf von jetzt an noch effektiver und sinnvoller zu strukturieren. Das Konzept ist bei der Hausarbeit ebenso anwendbar wie bei komplexen Management-Aufgaben im Unternehmen. Es eignet sich immer dann, wenn eine Vielzahl von unterschiedlichen Aufgaben innerhalb eines begrenzten Zeitraumes erledigt werden muss.

Das Pareto-Prinzip besagt, dass in einer beliebigen Menge X eine relativ kleine Anzahl von Elementen sehr viel zum Gesamtwert der Menge beitragen kann. Im Allgemeinen wird diese Gesetzmäßigkeit als Pareto-Prinzip oder als 80/20-Regel bezeichnet. Das mag sehr mathematisch und theoretisch klingen. Wenn Sie jedoch einmal darüber nachdenken, können Sie diese Gesetzmäßigkeit sicherlich auch in Ihrem Leben identifizieren. Machen Sie sich einmal mit den folgenden Beispielen aus dem Alltagsleben vertraut, die von Sozialwissenschaftlern beobachtet und wissenschaftlich belegt wurden:

- Bei der Schreibtischarbeit werden mit 20 Prozent der Zeit 80 Prozent der Aufgaben bewältigt.
- 80 Prozent unserer Kleidung bleiben im Kleiderschrank hängen. Nur 20 Prozent werden im Alltag getragen.
- Im Versandhandel werden 80 Prozent der Kunden mit einem Arbeitsaufwand von 20 Prozent bedient. Die meiste Arbeit verursachen die 20 Prozent Kunden, die sich beschweren und Lieferungen beanstanden.

- Im Verkauf werden in der Regel 80 Prozent des Umsatzes von 20 Prozent der Verkäuferinnen gemacht.
- Bei Besprechungen kommt es in 20 Prozent der Zeit zu 80 Prozent der Entscheidungen.[24]

Was können Sie vom Pareto-Prinzip für Ihren Alltag lernen? Sie können eine grundlegende Erkenntnis aus dieser 80/20-Regel ziehen: *Es ist möglich, mit sehr wenig Aufwand ein sehr gutes Ergebnis zu erzielen.* 20 Prozent Ihres Einsatzes sind sehr oft für 80 Prozent Ihrer Ergebnisse verantwortlich.

Interessant ist in diesem Zusammenhang die Geschichte eines schwedischen Top-Managers, den ich vor einigen Jahren auf einem Training für junge Talente in einem internationalen Konzern kennenlernte. In einer sehr persönlichen Rede erzählte er, wie er aufgrund einer schweren Krankheit über einen Zeitraum von zehn Jahren große Schwierigkeiten hatte, sich mehr als drei bis vier Stunden am Tag zu konzentrieren und seiner Arbeit nachzugehen. Da er seinen Job nicht verlieren wollte, sortierte er jeden Tag seine Aufgaben vor Arbeitsbeginn gewissenhaft nach ihrer Wichtigkeit.

Die wichtigsten Aufgaben führte er immer sofort aus. Allerdings fiel ihm auf, dass diverse Aufgaben auf seinem Schreibtisch landeten, die für das Erreichen des Gesamtzieles wenig Bedeutung hatten. Im Laufe der Zeit wurde er im Priorisieren von Aufgaben so gut, dass er schließlich sein Arbeitsvolumen in der halben Arbeitszeit schaffte. Bis heute profitiert er von dieser Kunst, das Wichtige vom weniger Wichtigen unterscheiden zu können und danach zu handeln.

Tipp für das Freundinnen- und Kolleginnen-Coaching: Das Pareto-Prinzip anzuwenden bedeutet auch, mehr Zeit für das Wesentliche im Leben zu haben. Helfen Sie sich gegenseitig durch gezieltes Hinterfragen, Ihre Tage besser zu strukturieren und sie mit den Aufgaben zu füllen, die Ihnen wirklich helfen, Ihre Ziele zu verwirklichen.

Finanzielles Wohlergehen und Ihr Umgang mit Geld

»Wenn ein Mensch behauptet, mit Geld ließe sich alles erreichen, darf man sicher sein, dass er nie welches gehabt hat.«
ARISTOTELES ONASSIS

Finanzielles Wohlbefinden stellt sich ein, wenn wir das Gefühl haben, unsere Finanzen im Griff zu haben. Interessanterweise ist finanzielles Wohlbefinden nahezu unabhängig von der Höhe des Einkommens. Wenn es um das Erlangen von finanziellem Wohlergehen geht, haben Sozialwissenschaftler und insbesondere die Vertreter der Glücksökonomie folgende Beobachtung gemacht: Ab einem mittleren Einkommensniveau steigt das subjektive finanzielle Wohlempfinden nicht mehr proportional zum tatsächlichen Einkommensniveau. Nur wenn Menschen weniger als ein mittleres Einkommen haben, ist der Zusammenhang von gefühlter Zufriedenheit und dem Einkommensniveau nachweisbar.[25] Nach Erkenntnissen der modernen sozialwissenschaftlichen Forschung sind bestimmte Persönlichkeitsfaktoren – kombiniert mit bestimmten Verhaltensweisen – ausschlaggebend dafür, ob wir in diesem Lebensbereich Zufriedenheit erlangen oder nicht. Im Wesentlichen sind es drei Verhaltensweisen im Umgang mit Geld, die Menschen zu einem hohen finanziellen Wohlbefinden führen.

1. Geben Sie nicht mehr aus, als Sie verdienen

Es ist das einfachste ökonomische Prinzip der Welt. Menschen, die sich in finanzieller Hinsicht wohlfühlen, gehen bewusst mit ihrem Geld um. Das gilt für Privatpersonen gleichermaßen wie für Unternehmen. Der Lifestyle muss an unser Budget angepasst werden, nicht umgekehrt. Denn jeder geborgte Cent – ob privat geliehen oder bei der Bank – äußert sich unmittelbar in schlechterem Schlaf und ähnlichen Stresssymptomen. Eine große Wohnung, das neue Sofa oder ein Schrank voller Klamotten: All das kann die Sorgen nicht kompensieren, die wir uns aufladen, wenn wir mehr Geld ausgeben, als uns eigentlich zur Verfügung steht.[26]

2. Der LQ-Faktor: Prüfen Sie die Qualität Ihrer Ausgaben

Treffen Sie schlaue Entscheidungen hinsichtlich der Qualität Ihrer Ausgaben! Mit anderen Worten: Denken Sie an den LQ-Faktor. LQ steht für Lebensqualität und sollte bei jedem Cent, den Sie investieren, in Ihrem Hinterkopf bedacht werden. Wird die Ausgabe Ihre Lebensqualität dauerhaft steigern? Dann ist es wahrscheinlich eine sinnvolle Investition. Wird die Freude über den Kauf hingegen nur von kurzer Dauer sein, ist der LQ-Faktor zu gering, als dass sich die Ausgabe lohnt.

Ein sehr gutes Beispiel für eine Investition mit niedrigem LQ-Faktor ist der Kauf eines Neuwagens. Wenn Sie Ihr Geld nicht buchstäblich aus dem Fenster werfen wollen, stellen Sie sich folgende Frage: Hat ein nagelneues Auto wirklich eine bessere Wirkung auf Ihr Wohlergehen als zum Beispiel ein drei Jahre altes Auto? Vermutlich nicht! Im Gegenteil: Drei Jahre weiter betrachtet ist Ihr brandneues Auto nur noch die Hälfte wert, wohingegen Sie für den Gebrauchtwagen schon jetzt nur etwa die Hälfte zahlen müssen im Vergleich zu seinem Neupreis.[27]

Stellen Sie sich deshalb in Zukunft bei jeder relevanten Geldausgabe die Frage, ob Sie der neu erworbene Gegenstand oder die erstandene Dienstleistung wirklich nachhaltig glücklich machen wird. Ist der erwartete Anstieg Ihres emotionalen Wohlbefindens nur von kurzer Dauer, dann sollten Sie die Finger davon lassen – oder nur zugreifen, wenn es Ihre finanzielle Situation ausdrücklich erlaubt.

3. Investieren Sie in Erlebnisse, nicht in Materielles

Die Empfehlung vonseiten der Glücksökonomie ist hier ganz eindeutig: Streben Sie danach Erfahrungen zu *sammeln,* anstatt Gegenstände zu *horten.* Es ist erwiesen, dass Menschen mit einem hohen finanziellen Wohlergehen ihr Geld lieber für einen Abend im Restaurant, im Theater oder für das Kino ausgeben als für materielle Dinge.[28] Wenn man ein gutes Leben als eine Aneinanderreihung guter und sinnvoller Momente ansieht, macht diese Verhaltensweise auf jeden Fall Sinn. Finden Sie nicht auch?

Schlussendlich noch ein Hinweis für Ihr Freundinnen- und Selbst-Coaching: Fokussieren Sie sich nicht zu stark auf diesen Bereich Ihres Lebens. Nahezu alle sozialwissenschaftlichen Forschungen belegen, dass Geld einen geringeren Einfluss auf unser Wohlergehen hat, als wir allgemein annehmen. Auch wenn Sie sich in diesem Bereich wirklich verbessern möchten (was natürlich ein guter und legitimer Wunsch ist), stellen Sie zunächst sicher, dass Sie Ihr körperliches und soziales Wohlergehen auf Vordermann bringen, bevor Sie das Thema Finanzen in den Mittelpunkt Ihres Daseins rücken.

Entscheidungen nach dem
Drei-plus-eins-Prinzip fällen

»Wer etwas Großes will, der muss sich zu beschränken wissen;
wer dagegen alles will, der will in der Tat nichts.«
GEORG WILHELM FRIEDRICH HEGEL

Zu einem stabilen Leben gehört, dass Sie immer wieder intelligente Entscheidungen treffen. Sie kennen Ihre Ziele? Sehr gut! Das ist ein wichtiger Schritt hin zu einem guten Leben. Um diese Ziele zu erreichen, werden Sie jedoch immer wieder kleine und größere Entscheidungen treffen müssen, die Ihr Leben und Ihren Alltag bestimmen. Damit diese Entscheidungen richtig ausfallen und Sie auf Ihrem Weg zu mehr Lebenszufriedenheit vorankommen, empfehle ich Ihnen, die Circles of Life wie einen Kompass zu benutzen.

Jede Ihrer Entscheidungen muss vor dem Hintergrund Ihrer drei plus eins Lebensbereiche Sinn machen: Natürlich liegt es an Ihnen, ob Sie für sich feststellen, dass Ihre Karriere für einen gewissen Zeitraum wichtiger ist als alles andere. Sie können auch ganz bewusst mal in Sachen Beziehungen oder Vitalität ins Minus gehen. Tun Sie das jedoch zu lange, werden Sie dafür zahlen müssen. Ihre allgemeine Lebenszufriedenheit wird stark abnehmen. Wenn es Ihnen am Ende nicht wie Anne-Marie gehen soll, die einen prestigereichen Job hatte, deren Energie und Lebenslust aber im Keller waren, dann sollten Sie jetzt beherzigen, dass Geld und Karriere allein nicht der Weg zu mehr Glück und Lebenserfolg sind.

Auf den Punkt

In diesem Kapitel haben Sie ausgewählte Strategien kennengelernt, mit denen Sie Ihr Wohlbefinden im Lebensbereich Arbeit, Karriere und finanzielles Wohlbefinden innerhalb von sechs Monaten deutlich anheben können. In Kapitel 9 finden Sie außerdem einen ausführlichen Test, der Ihnen helfen kann, Ihr Zufriedenheits-Management für diesen Lebensbereich einzuschätzen.

Praxisrelevante Tipps und Werkzeuge für Ihr *Freundinnen-, Kolleginnen- und Selbst-Coaching,* um diese Einsichten in die Tat umsetzen zu können, stelle ich Ihnen im Kapitel 11 vor. Hier können Sie sich mit Ihrer Freundin aus vielen Anregungen bedienen und Ihre Freundinnen-Session beleben. Gerne können Sie diese Tools auch für Gespräche mit Ihrem Partner oder Ihrer Partnerin nutzen.

Kapitel 6

Erfolgsstrategien für Ihre Gesundheit

*»Die Gesundheit überwiegt alle äußeren Güter so sehr,
dass wahrscheinlich ein gesunder Bettler glücklicher ist
als ein kranker König.«*

ARTHUR SCHOPENHAUER

Dieses Kapitel behandelt ein Thema, das jeden Aspekt Ihres Lebens beeinflusst: Ihr alltägliches körperliches Wohlbefinden, Ihre gefühlte Lebensenergie. Unabhängig davon, ob Sie nach Glück in der Liebe, Erfolg im Job oder nach beiden auf einmal streben: Die Ihnen zur Verfügung stehende Lebensenergie ist stark ausschlaggebend dafür, ob und wie sehr Sie das Erreichte genießen können.

Vorgestellt wird Ihnen daher in diesem Kapitel eine Auswahl an Handlungsoptionen, mit deren Hilfe Sie Ihr körperliches und damit auch Ihr emotionales Wohlbefinden deutlich steigern können. Es handelt sich dabei um genau die Strategien, die ich den Teilnehmerinnen meiner Führungskräfte-Seminare in einem oft nur zweistündigen Mini-Workshop nahebringe. Mithilfe dieses Wissens und dem anschließenden Buddy-Coaching (für Sie: Freundinnen-Coaching!) schaffen diese Menschen es innerhalb von acht Wochen, Ihre gefühlte Lebensenergie auf der Quick-Test-Skala von 1 bis 10 um bis zu vier Punkte zu verbessern.

Angesprochen werden in diesem Kapitel die Themenbereiche Ernährung, Bewegung und Humor. Entwickelt wurden die hier vorgestellten Strategien auf der Basis aktueller ernährungs- und sportmedizinischer Erkenntnisse. Verfeinert wurden Sie über Jahre in der Praxis. Denn wenn mir auch die wissenschaftliche Fundierung der Methoden, die ich meinen Kundinnen anbiete, gerade für diesen Themenbereich sehr wichtig ist, zählt letztendlich beim Zusammenstellen meines Methodenkoffers vor allem: Was für meine Kundinnen und mich funktioniert, bleibt drin, was nicht funktioniert, wird nach sorgfältigem Abwegen wieder aussortiert.

Bevor Sie weiter inhaltlich in dieses Kapitel einsteigen, möchte ich Sie zu einem kleinen Quick-Test einladen, mit dem Sie Ihr aktuelles körperliches Wohlbefinden (ihre gefühlte Lebensenergie und Vitalität) selbst einschätzen können.

Quick-Test

Wenn Sie an die vergangenen vier Wochen denken:

Wie würden Sie auf einer Skala von 1 bis 10 Ihre Zufriedenheit mit dem Lebensbereich Gesundheit, Vitalität und körperliches Wohlbefinden einschätzen? Wie haben Sie sich körperlich gefühlt?

Wählen Sie auf einer Skala von 1 bis 10 den Durchschnittswert, den Sie Ihrer gefühlten Lebensenergie geben.

1 = ausgepowert, ausgebrannt (Burnout), müde und erschöpft

10 = kraftvoll, energiegeladen, das »Ich könnte Bäume ausreißen«-Gefühl

Auswertung

Wo stehen Sie in Sachen Vitalität, körperliches Wohlbefinden und Lebensenergie?

Werte von 7+ bis 10: Wie geht es Ihnen, wenn Sie morgens aufwachen? Blendend? Fühlen Sie sich energiegeladen und fit für den Tag? Wie geht es Ihnen im weiteren Verlauf des Tages? Sehr gut? Sie empfinden keine oder wenige Tagesmüdigkeit und können sich mit Elan und Kraft Ihrem Tagewerk widmen? Dann befinden Sie sich in der sehr guten Zone 7+. Die Zone, in der Sie Ihr Leben wirklich genießen können. Sie fühlen sich buchstäblich wohl in Ihrer Haut.

Werte von 6 bis 7: Wenn Sie sich selbst eher bei 6 sehen, weist das darauf hin, dass Sie Ihr Potenzial an Lebensqualität längst nicht ausschöpfen, sich aber dennoch gut genug fühlen, um die Aufgaben des Alltags zu erledigen. Sie befinden sich also in der neutralen Zone und können zufrieden sein. Allerdings sollten Sie trotzdem ein paar ausgewählte Maßnahmen einleiten, um auf der Wohlfühlskala ein paar Stufen nach oben zu klettern.

Werte von 1 bis 5: Den roten Bereich betreten Sie ab einem Wert von 5 und weniger. Hier sollten alle Alarmglocken läuten. Wenn Sie Ihr körperliches Wohlergehen derart gering einschätzen, müssen Sie aktiv werden. Und zwar jetzt! Wer sich auf diesem Niveau einordnet, ist in der Regel durch mangelnde Energie auch in allen anderen Bereichen des Lebens blockiert.

Janes Geschichte

Lassen Sie mich dieses Themengebiet mit einer Geschichte einführen, die sich vor einigen Jahren in London zugetragen hat. Es war im Frühling und ich, die ich wenige Monate zuvor meinen neuen Job in einer skandinavischen, sehr innovativen Unternehmensberatung begonnen hatte, war zu Fuß auf dem Weg zu meinem ersten Coaching-Auftrag. Der Himmel war zwar bewölkt, aber ab und zu blinzelte die Sonne durch, ein Wetter, bei dem London geradezu magisch wirken kann. Während ich die Sehenswürdigkeiten von London bewunderte (ich spazierte vom Covent Garden vorbei an Trafalgar Square in Richtung Themse), versuchte ich mich innerlich schon auf meine Coaching-Kundin vorzubereiten: Jane (37) wurde mir beschrieben als eine kluge, interessante Person, der kurz zuvor die Leitung der britischen Geschäftseinheit einer internationalen Firma übertragen worden war. Meine Aufgabe sollte es sein, ihr dabei in Führungs- und Mitarbeiterfragen mit guten Coaching-Gesprächen zur Seite zu stehen. Im Kopf ging ich diverse Ideen, Konzepte und Modelle durch, die ich Ihr im Laufe des Coachings anbieten könnte (Genaueres würde sich ja erst aus dem Coaching ergeben). Ich war etwas nervös und hatte mich deshalb gut vorbereitet. Eine Vorbereitung, die ich mir hätte schenken können, denn die wichtigste Erkenntnis, die ich aus diesem ersten Treffen zog, war, dass Jane am meisten von unserer Arbeit profitieren könnte, wenn wir uns nicht nur auf das reine Business-Coaching beschränkten, sondern ich ihr auch Hilfestellung im Bereich Gesundheit, Ernährung und Fitness offerierte.

Bis zu diesem Coaching-Auftrag mit Jane hatte ich meinen persönlichen Methodenkoffer nie voll ausgenutzt: Trotz eines fünfjährigen sport- und gesundheitswissenschaftlichen Studiums und meiner eigenen mehrjährigen Forschungsarbeiten zum Thema Führung und Gesundheit hatte ich mich innerhalb meiner Coaching- und Trainingsaufträge weitestgehend auf meine Kenntnisse im Bereich Management verlassen. Was natürlich auch daran lag, dass die Aufgabenbeschreibung im Business-Coaching sich normalerweise immer auf die eine oder andere Art um das Thema Unternehmens- und Mitarbeiterführung dreht.

Und dabei lag es auf der Hand: Um Janes Herausforderungen anzugehen, brauchte es neben dem Business-Coaching eine gehörige Portion Gesundheits- und Fitness-Coaching. Denn Jane ging im wahrsten Sinne des Wortes auf dem Zahnfleisch. Die ersten sechs Monate ihrer neuen Führungstätigkeit hatten Sie völlig ausgelaugt und Sie hatte sich ein paar sehr ungesunde Gewohnheiten zugelegt, die ihr Übriges taten, sie langsam, aber sicher in Richtung Burnout zu lenken. Natürlich hatte dies auch Auswirkungen auf ihren Führungsstil. Wie stark Stress und Müdigkeit sowohl unsere emotionalen als auch kognitiven Fähigkeiten mindern und damit unsere Interaktion mit unserer Umwelt beeinflussen, ist wissenschaftlich längst bewiesen. Ganz zu schweigen davon, dass Janes Zustand sich negativ auf ihre Lebensqualität auswirkte und sie sich als weniger glücklich beschrieb als vor Antritt ihrer neuen Führungsaufgabe.

In den folgenden drei Jahren trafen Jane und ich uns im Abstand von vier Monaten für eine dreistündige Coaching-Session und Jane etablierte sich in dieser Zeit auf eine *gesunde* Art und Weise in ihrer neuen Position, die sie schließlich mit Selbstbewusstsein, viel Herz und der nötigen Portion Gelassenheit ausfüllte. Denn anders als Anne-Marie war Jane sowohl im richtigen Job als auch im richtigen Unternehmen. Sie brauchte lediglich ein wenig Hilfestellung, um sich in dieser neuen Rolle zurechtzufinden.

Strategien für mehr Wohlbefinden

»Die besten Ärzte der Welt sind Dr. Essen,
Dr. Bewegung und Dr. Fröhlich.«
JONATHAN SWIFT

In diesem Kapitel möchte ich Ihnen die Strategien zur Steigerung Ihres körperlichen Wohlbefindens darstellen, die sich für Jane und für viele meiner Kunden und Kundinnen in den letzten Jahren besonders bewährt haben. Zusammen mit einer guten Freundin können Sie sie anschließend mithilfe der Coaching-Tools in Kapitel 12 sofort in der Praxis umsetzen!

Dr. Essen – mehr Lebensenergie durch die richtige Ernährung

Als Erstes möchte ich Sie mit Dr. Essen bekannt machen. Dieser Arzt gehört zu den besten der Welt und könnte, in jedem von uns praktizieren, wenn wir dies nur zuließen. Leider ist dies nicht immer der Fall. Sollten Sie sich auf der körperlichen Wohlfühl-Skala von 1 bis 10 (siehe Quick-Test zu Beginn des Kapitels) einen Wert unterhalb von 7+ zuordnen, möchte ich Sie bitten, den folgenden Abschnitt über Ernährung sehr aufmerksam zu lesen. Denn das Thema Ernährung hat beim Herstellen von gefühlter Lebensenergie für viele von uns eine echte Hebelwirkung und wird deshalb auch den größten Teil dieses Kapitels einnehmen.

Oft wird falsche Ernährung mit Übergewicht und mit in der Zukunft lauernden Krankheiten in Zusammenhang gebracht. Mir geht es jedoch in der Hauptsache darum, den Zusammenhang zwischen Ihrer *täglichen* Ernährung und Ihrem *täglichen* Wohlbefinden herzustellen. Denn was Sie heute essen, bestimmt, wie Sie sich heute und morgen fühlen. Sprich: Wenn Sie sich *heute* entscheiden, Ihre Ernährung umzustellen, können Sie sich schon in kurzer Zeit an einem größeren körperlichen und seelischen Wohlbefinden erfreuen.

Anmerkung: Natürlich ist klar, dass ein so heiß diskutiertes Thema wie die Ernährung ganze Bücher füllen könnte. Warum sollte ich also für dieses Thema mit ein paar Seiten auskommen? Ganz einfach: Ich möchte Ihren Appetit auf mehr Information anregen und in Ihnen das Bedürfnis wecken, Ihre vielleicht schon bestehenden guten Vorsätze jetzt endlich auch mithilfe des *Freundinnen-Coachings* in die Tat umzusetzen.

Size Zero möchte ich Ihnen dabei nicht versprechen, wenn Sie sich die fünf Ernährungsstrategien zu eigen machen, die Ihnen in diesem Abschnitt vorgestellt werden. Wenn Sie aber nach einem körperlichen Wohlfühlgewicht streben, mit dem Sie buchstäblich Bäume ausreißen können, dann sind Sie hier genau richtig. Denn auch wenn das Thema Gewichtsreduktion nicht im Mittelpunkt meiner Arbeit steht, hat diese Ernährungsumstellung einen Nebeneffekt: Die meisten meiner Kundinnen nehmen innerhalb von wenigen Monaten ab. Und zwar, ohne Hunger zu verspüren. Hungern ist verboten!

Die Western Diet und Ihre schwergewichtigen Folgen

Unsere Ernährungsweise in Europa und Nordamerika hat sich in den letzten 50 Jahren dramatisch verändert. Im Zuge von Globalisierung und wirtschaftlicher Entwicklung wurden traditionelle Ernährungsmuster durch einen urban-industriellen Ernährungsstil abgelöst. In Fachkreisen wird diese Ernährungsweise als *Western Diet* bezeichnet.[29] Um die Western Diet und ihre fatalen Folgen für unser Wohlbefinden in den Grundzügen zu verstehen, lohnt es sich, unser Grundwissen in Sachen Ernährung aufzufrischen. Denn es sind wahrscheinlich genau diese Einsichten, die Sie dazu bewegen werden, in Sachen Ernährung umzudenken.

Ohne dieses Wissen stellt sich bei den meisten Ernährungsumstellungen und Diäten nicht der gewünschte Erfolg ein. Kein Wunder, wir sind ja keine Roboter, die blind Anweisungen diverser Ernährungsexperten folgen möchten.

Erinnern wir uns deshalb: Dem Menschen stehen grundsätzlich drei unterschiedliche Energiequellen zur Verfügung, mit denen er seinen täglichen Kalorienbedarf sichern kann. Namentlich handelt es sich dabei um *Kohlenhydrate* (vorwiegend zum Beispiel in Getreide, Gemüse, Obst), *Fette* (vorwiegend in Öl, Butter, fettem Fleisch etc.) und *Eiweiß* (vorwiegend zum Beispiel in Eiern, Fleisch, Milch etc.). Idealerweise sollte sich Ihre tägliche Kalorienzufuhr wie folgt aus diesen drei Energiequellen zusammensetzen:[30]

30–40 % Kohlenhydrate

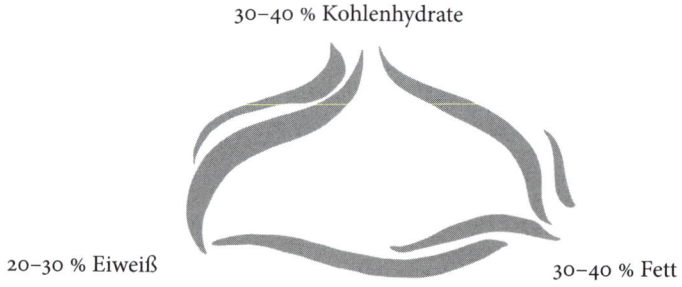

20–30 % Eiweiß   30–40 % Fett

Das ist die Ernährung, für die wir als Menschen ursprünglich ausgerichtet sind. Das ist die Ernährung, die uns guttun würde. Denn unser genetisches Design ist auf diese Art Ernährung ausgerichtet.

In der Realität sieht das allerdings anders aus: Die durchschnittliche Ernährung der meisten Europäer und US-Amerikaner enthält bis zu 80 Prozent Kohlenhydrate! Doch es kommt noch schlimmer. Denn leider setzen sich diese 80 Prozent Kohlenhydrate vorwiegend aus den *schlechten*, industriell hergestellten *einfachen* Kohlenhydraten (zum Beispiel Weißmehl, Zucker, Stärke) und nicht aus den *guten*, in der Natur vorkommenden und für den Körper gesunden *komplexen* Kohlenhydraten (zum Beispiel Vollkornprodukte, Gemüse und Obst) zusammen.[31] So konsumiert der Bundesbürger im Durchschnitt 33 Würfelzucker pro Tag.[32] Das kann nicht sein? Dann prüfen Sie einmal die Zutatenlisten der von Ihnen gekauften Lebensmittel. Zucker versteckt sich in quasi *jedem* industriell hergestellten Lebensmittel!

Und genau dieser Umstand ist es – da sind sich führende Experten weltweit einig –, der uns Menschen in jeder Weise (sowohl physisch als auch psychisch) aus dem Gleichgewicht bringt. Das Berliner Robert Koch-Institut berichtet beispielsweise, dass 67 Prozent der Männer und 53 Prozent der Frauen in Deutschland übergewichtig sind. Die Folge sind oft ernährungsbedingte Krankheiten wie Erschöpfungszustände, chronische Rückenschmerzen, Diabetes und Herz-Kreislauf-Erkrankungen. Auch das vermehrte Auftreten von Krebs wird mit unserer Ernährung in Zusammenhang gebracht, eine Krankheit, die vor der Western Diet kaum verbreitet war. Alarmierend ist zudem, dass die sogenannte Altersdiabetes (Diabetes Typ 2) immer öfter schon im Kindesalter diagnostiziert wird. Von diesem Diabetes-Typ sind schon ca. sechs Million Menschen betroffen.[33] Das heißt: Wir essen nicht nur viel zu viele Kohlenhydrate, was alleine schon schlimm genug wäre, sondern darüber hinaus auch noch die falschen und ungesunden Kohlenhydrate, die dazu führen, dass wir anfällig für Krankheiten werden und uns müde und schlapp fühlen.

Warum tun wir das? Aufklärung bringt der folgende Abschnitt.

Die Zuckerfalle und der Insulin-Effekt

Zucker und einfache Kohlenhydrate erfüllen laut neuester Erkenntnisse alle Kriterien, um wie Tabak und Alkohol als Suchtmittel eingestuft zu werden. Deshalb sprechen wir hier auch von der Zuckerfalle. Dahinter steckt unter anderem der sogenannte Insulin-Effekt, der im Folgenden erklärt werden soll.[34]

Die einfachen Kohlenhydrate haben eine gemeine Eigenschaft: Sie machen (anders als die guten Kohlenhydrate, Eiweiß oder Fett) immer wieder Appetit auf mehr.

Schauen Sie sich bitte für einen Moment die folgende Abbildung an, die Ihnen verdeutlichen wird, was immer dann in Ihrem Körper passiert, wenn Sie *einfache* Kohlenhydrate in Form von Zucker, Weißmehl und Stärke zu sich nehmen.

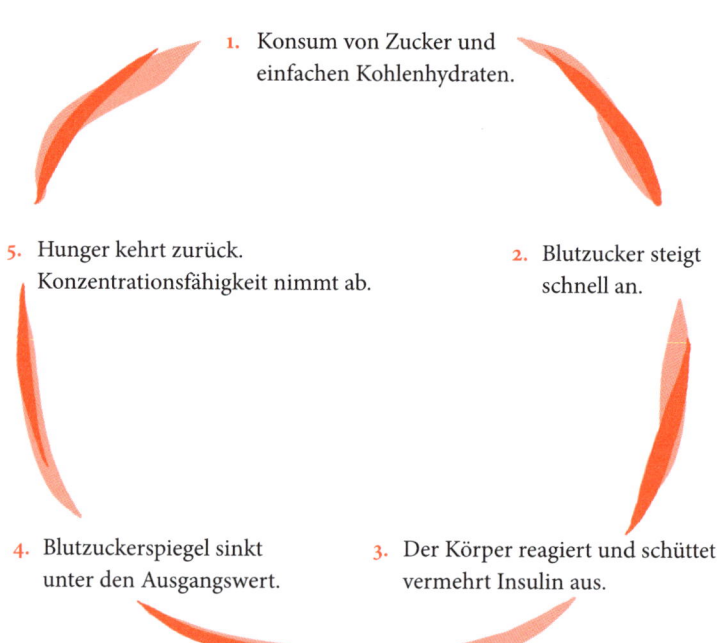

1. Konsum von Zucker und einfachen Kohlenhydraten.

5. Hunger kehrt zurück. Konzentrationsfähigkeit nimmt ab.

2. Blutzucker steigt schnell an.

4. Blutzuckerspiegel sinkt unter den Ausgangswert.

3. Der Körper reagiert und schüttet vermehrt Insulin aus.

1. Je mehr *einfache* Kohlenhydrate (zum Beispiel Zucker, Weißmehl, Stärke) Sie essen, umso mehr Insulin muss Ihr Körper produzieren, um den angehobenen Blutzuckerspiegel wieder zu senken. Im Gegensatz zu den *guten* (natürlichen) Kohlenhydraten gelangt Zucker ohne Umwege direkt in den Darm und von dort aus sofort ins Blut.

2. Ihr Blutzuckerspiegel steigt schnell und unnatürlich hoch. In Ihrem Blut herrscht ein Ausnahmezustand, der vom Körper schnell behoben werden muss. Denn zu viel Zucker im Blut ist Gift für Ihre Blutgefäße und Ihr Nervensystem.

3. Um auf diese Ausnahmesituation adäquat zu reagieren, schüttet die Bauchspeicheldrüse Insulin aus. Mithilfe dieses Hormons wird der Zucker abtransportiert und zur Weiterverwendung zum Beispiel zu Ihren Muskelzellen gebracht. Wenn dieser dort nicht gebraucht wird, wird er als Fett gespeichert.

4. Innerhalb von zwei Stunden sinkt der Blutzuckerspiegel jedoch als Folge der umfangreichen Insulin-Ausschüttungen rapide ab und landet schließlich unter dem Ausgangsniveau.

5. Unser Gehirn meldet die Unterzuckerung: Der (Heiß-)Hunger kehrt zurück! Ein unguter Zyklus nimmt seinen Lauf.

Achtung: Wenn Sie diesem ungesunden Kreislauf mehrfach am Tag unterliegen, hat auch der Sport keine Chance, Ihnen zu Ihrer maximalen Leistungsfähigkeit zu verhelfen. Denn jedes Mal, wenn sich Ihr Blutzuckerspiegel wieder auf dem Sinkflug befindet, fühlen Sie sich gestresst und müde und können sich schlechter konzentrieren. Ihre Gedächtnisleistung ist auf dem Tiefpunkt, noch bevor der Hunger zurückgekehrt ist.

Auch Jane hatte mit den Folgen dieser Ernährungsweise zu kämpfen. Selbst wenn sie weder stark übergewichtig noch im eigentlichen Sinne krank war (denn natürlich ermutigte ich Jane dazu, sich auch von einem Arzt durchchecken zu lassen), so fühlte sie sich doch körperlich unwohl. Sie war ständig müde, energielos und oft hungrig.

Deshalb ermutigte ich sie schon während der ersten Coaching-Sitzung, über ihre typischen Ernährungsmuster nachzudenken.

Schnell wurde klar, dass auch ihre tägliche Ernährung sich seit Antritt des neuen Jobs einseitig aus *einfachen* Kohlenhydraten zusammensetzte (belegtes Brötchen auf dem Weg zur Arbeit, Pizza oder Fischbrötchen zum Mittag, Obst und Süßes zwischendurch und abends oft ein Fertiggericht aus der Kühltruhe).

Das Verhalten von Jane ist typisch: Umso mehr die Menschen unter Zeitdruck geraten, umso schlechter werden ihre Essgewohnheiten. Denn in einem immer komplexer werdenden Alltag ist Verfügbarkeit von Essen ein entscheidender Faktor, der die tägliche Ernährung bestimmt. Kohlenhydratreiches Essen wie belegte Brötchen, Pommes frites, Pizza & Co. gibt es an jeder Straßenecke und zu jeder Zeit.

Als Jane den Insulin-Effekt und seinen süchtig machenden Mechanismus verstand und wirklich zu Herzen nahm, fiel es ihr im Folgenden viel leichter, den unguten Kreislauf zu durchbrechen und ihre Ernährung umzustellen. Tun Sie das auch! Um Ihnen dabei behilflich zu sein, habe ich für Sie die folgenden fünf goldenen Ernährungs-Strategien zusammengestellt, die Sie unbedingt auch in den Mittelpunkt Ihres Freundinnen-Coachings und Ihrer Freundinnen- und Kolleginnen-Netzwerk-Aktionen stellen sollten (konkrete Ideen hierfür finden Sie in Kapitel 12).

Viele meiner Kunden haben diese Ideen bereits begeistert und vor allem mit viel Erfolg in die Tat umgesetzt. Wenn ich diese Manager und Managerinnen acht Wochen nach meinen Seminaren wiedersehe, ist ihnen die Veränderung oft schon buchstäblich ins Gesicht geschrieben. Zumal viele von ihnen (ohne es zu intendieren) deutlich abnehmen.

Auch würde ich Ihnen unbedingt empfehlen, dieses Kapitel mit Ihrem Partner / Ihrer Partnerin zu teilen. Vergessen Sie nicht: Essen ist vor allem auch ein soziales Ereignis. Umso mehr Menschen Sie in Ihrem Netzwerk mit Ihrem neuen »Gesundheitstick« anstecken können, umso besser werden Sie sich alle fühlen. Werden Sie dabei allerdings nicht zur Missionarin, die allen auf die Nerven geht!

Fünf Ernährungs-Strategien für Ihr tägliches Wohlbefinden

»Der Magen eines gebildeten Menschen hat die besten Eigen-schaften eines edlen Herzens: Sensibilität und Dankbarkeit.«
ALEXANDER PUSCHKIN

Die *fünf goldenen Ernährungs-Strategien* sind für alle gedacht, die den Verdacht hegen, dass sie ihr Wohlfühlpotenzial nicht aus-schöpfen, und die daran etwas ändern wollen. Denn durch eine ausgeglichene Ernährung (und damit einen stabileren Blutzucker-spiegel und Hormonhaushalt) schaffen es die meisten, sich inner-halb von wenigen Wochen deutlich besser zu fühlen. Vor allem werden Sie feststellen, dass Sie weniger Leistungsschwankungen im Verlauf eines Tages unterliegen. Ihr körperliches Wohlbefinden stabilisiert sich, Sie fühlen sich psychisch besser und sind deutlich stressresistenter. Bedenken Sie jedoch, dass es ein paar Tage (in ei-nigen Fällen auch Wochen und Monate) dauern kann, bis sich Ihr Stoffwechsel auf die neue Ernährung eingestellt hat und Sie der Zucker-/Kohlenhydratfalle entkommen sind. In dieser Über-gangszeit wäre es sinnvoll, sich durch ein gutes Freundinnen-Coa-ching Unterstützung zu organisieren.

Ernährungs-Strategie Nr. 1

Unterscheiden Sie zwischen guten und schlechten Kohlenhy-draten und streichen Sie alle schlechten Kohlenhydrate aus Ihrer Ernährung.

Tipp: Erlauben Sie sich einen Joker-Tag pro Woche, an dem Aus-nahmen erlaubt sind! Das erhöht die Wahrscheinlichkeit, dass Sie sich auf Dauer eine neue, gesunde Ernährungsweise aneignen.

Gute (komplexe) Kohlenhydrate	Schlechte (einfache) Kohlenhydrate
• *Vollkornprodukte:* Vollkornmehl, Vollkornreis, Vollkornnudeln, Vollkornbrot etc.	• ~~*Raffinierte Kohlenhydrate:* Weißmehlprodukte (Brot, Kuchen, Kekse, Baguette, Brötchen etc.), weiße Pasta und weißer Reis.~~
• *Gemüse*	
• *Obst*	• ~~*Zucker und alle zuckerhaltigen Produkte:* (Softdrinks, Süßigkeiten etc.)~~
• *Ausnahmen:* Kartoffeln, Trauben und Bananen bitte nur in kleinen Mengen verzehren!	• ~~*Bier, Alkohol*~~
• *Hinweis zum Vollkornbrot:* Testen Sie, welches Vollkornbrot Sie gut vertragen, und konsumieren Sie es in kleineren Mengen als Graubrot!	

Was bedeutet das für Ihre tägliche Ernährung? Ein süßes Frühstück ist leider ein schlechter Start für einen energiegeladenen Tag. Ein Brötchen mit Marmelade, ein Nutella-Brot oder eine Schüssel mit süßen Cornflakes, dazu noch ein gezuckerter Milchkaffee: Ihr Energieloch und Heißhungerattacken sind vorprogrammiert. Im späteren Verlauf des Tages wird es nicht besser, wenn Sie sich großzügig dem Genuss von Nudeln, Bratkartoffeln oder Reis hingeben. Oder den Abend mit ein paar Bieren ausklingen lassen.

Resümee: Es geht nicht darum, auf Kohlenhydrate gänzlich zu verzichten. Im Gegenteil, Sie brauchen die *guten* Kohlenhydrate für Ihre ausgewogene Ernährung! Bedenken Sie jedoch: Eine Ernährungsweise bzw. eine Diät, die nicht zwischen guten (natürlichen) und schlechten (industriell hergestellten) Kohlenhydraten unterscheidet, ist aus gesundheitswissenschaftlicher und gesundheitspsychologischer Perspektive blanker Unsinn!

Sitzen Sie schon in der Zuckerfalle?

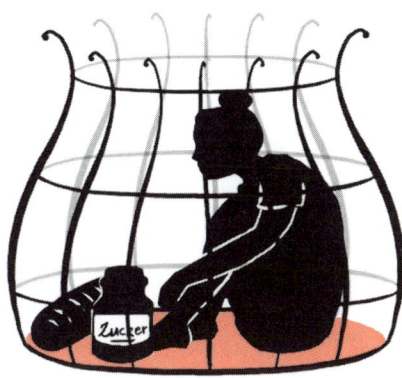

Ernährungs-Strategie Nr. 2

Versuchen Sie, Ihren täglichen Kalorienbedarf aus 30–40 Prozent (guten) Kohlenhydraten, 30–40 Prozent Fett und 20–30 Prozent Eiweiß zu decken.

Zu Ihrer Information finden Sie in der folgenden Tabelle einen Überblick über ausgesuchte Fett- und Eiweißquellen:

Fettquellen	Eiweißquellen
• Öle (Olivenöl, Walnussöl, Leinöl etc.)	• Fisch
• fetter Fisch (Lachs)	• Hülsenfrüchte, Bohnen und Linsen
• Avocado	• Milch (in Maßen)
• Nüsse (in Maßen)	• Sojaprodukte (in Maßen)
• Sahne, Butter	• Nüsse (in Maßen)
	• Geflügel, Fleisch

Für eine ausgewogene Ernährung müssen Sie auch ausreichend Fett zu sich nehmen. Bitte kaufen Sie keine Light-Produkte. Die Anti-Fett-Bewegung der 1970er- und 1980er-Jahre war ein Irrweg, der geradewegs dazu führte, dass die Menschen mehr falsche Kohlenhydrate zu sich nahmen und in der Folge der durchschnittliche Kalorienkonsum pro Tag und pro Person um insgesamt 400 kcal gestiegen ist. Entsagen Sie diesem Irrsinn!

Qualität versus Quantität: Kalorien zählen ist out!

Wenn Sie auf die Qualität (also die richtige Zusammensetzung Ihres Essens aus den drei möglichen Energiequellen) achten, wird sich die Quantität von ganz alleine auf einem guten Niveau einpendeln. Zählen Sie um Gottes willen keine Kalorien. Wenn Sie sich zu ca. 90 Prozent der Zeit an die fünf goldenen Ernährungs-Strategien halten, ist dies absolut überflüssig.

Ich rate zu drei Mahlzeiten am Tag. Ob Sie Zwischenmahlzeiten benötigen, hängt stark davon ab, welcher Stoffwechsel-Typ Sie sind. Horchen Sie in sich hinein! Die Antwort finden Sie normalerweise in sich selbst.

Ernährungs-Strategie Nr. 3

Essen Sie so bunt und abwechslungsreich wie möglich.

Essen Sie so *bunt und abwechslungsreich* wie möglich. So stellen Sie sicher, dass Sie die richtigen Nährstoffe aufnehmen. Ist Ihr Essen vorwiegend beige, weiß und gräulich, sind Sie auf dem falschen Weg! Wenn Sie es sich aber zur Maxime machen, von jedem existierenden Lebensmittel nur wenig, dafür aber so viel *unter-schiedliche* Lebensmittel wie möglich pro Woche zu essen, wird mit großer Wahrscheinlichkeit Ihr Körper mit den notwendigen Nährstoffen und Mineralien versorgt.

Ernährungs-Strategie 4

Trainieren Sie Ihren Fünf-Sterne-Geschmack und hören Sie auf Ihren Körper.

> *»Mäßigkeit setzt Genuss voraus, Enthaltsamkeit nicht.*
> *Es gibt daher mehr enthaltsame Menschen als solche,*
> *die mäßig sind.«*
> GEORG CHRISTOPH LICHTENBERG

Ob das, was Sie essen, dazu beiträgt, dass es Ihnen besser geht, oder ob es Sie belastet, hängt auch davon ab, *wie* Sie essen. Trainieren Sie Ihren Fünf-Sterne-Geschmack. Was damit gemeint ist: In guten Restaurants sind die meisten Speisen nahezu naturbelassen. Ausgesuchter Fisch wird mit etwas Zitrone beträufelt, Salat mit exquisitem Öl gereicht, das Gemüse fein gedünstet und nur leicht gewürzt. Die einzelnen Zutaten werden fein ausgesucht und mit viel Respekt behandelt.

Tun Sie das auch, behandeln Sie Ihr Essen und sich selbst mit Respekt. Und versuchen Sie, sich wieder mehr auf Ihr Essen zu konzentrieren. Wie riecht ein Apfel? Wie fühlt er sich auf der Zunge an? Ändert sich der Geschmack, je länger man kaut? Es werden sich neue Welten auftun, wenn Sie auf ein bewusstes Kauen umstellen. Plötzlich verliert Fast Food an Attraktivität, weil es immer gleich schmeckt. Ihre Sinne werden geschärft und vermitteln Ihnen, dass Sie Lust auf Vielfalt und Abwechslung haben.

Dieses veränderte Essverhalten können Sie trainieren – einfach, indem Sie länger kauen, sich mehr konzentrieren beim Schmecken, bevor Sie schlucken. Wer mehr genießt, ist schneller satt! Wer mehr genießt ist entspannter und zugleich glücklicher!

Ernährungs-Strategie Nr. 5

Trinken Sie ausreichend Wasser!

Ein weiterer Beitrag für ein besseres Wohlbefinden ist eine ausreichende Menge an Wasser. Trinken Sie zwei bis drei Liter pro Tag! Wasser ist Leben: 90 Prozent unseres Blutes, 75 Prozent unserer Organe und 25 Prozent unserer Knochen bestehen aus Wasser. Da wir über Nacht bis zu zwei Liter Flüssigkeit verlieren, müssen wir zusehen, diesen Wasserverlust am Tage zu kompensieren. Es wird geschätzt, dass ein großer Teil der Bevölkerung unter leichtem chronischen Wassermangel (Dehydrierung) leidet. Dieser Wassermangel ist oft die Ursache für Tagesmüdigkeit und verminderte Leistungsfähigkeit. Ein Glas Wasser eine halbe Stunde vor dem Essen führt zudem dazu, dass Sie deutlich weniger essen. Achtung: Gemeint ist reines Wasser! Keine Limonaden oder Dicksäfte!

Dr. Bewegung – und warum dieser Arzt uns so besonders guttut

»Wer glaubt, keine Zeit für seine körperliche Ertüchtigung zu haben, wird früher oder später Zeit zum Kranksein haben müssen.«

CHINESISCHER SPRUCH

Jetzt ist es Zeit für den zweiten Spitzenarzt. Im letzten Jahrhundert hat sich unser Lebensstil vollkommen verändert: Wir bewegen uns heute im Durchschnitt um zwei Drittel weniger als zu Beginn des 20. Jahrhunderts. Viele von uns sitzen sich durchs Leben, bewegen sich im Sitzen fort (Auto, öffentliche Verkehrsmittel), arbeiten im Sitzen, verabreden sich im Sitzen (im Café oder Restaurant) und beenden den Tag im Sitzen (vor dem Fernseher oder im Internet). Kein Wunder, dass wir uns schlapp fühlen: Wir sind schlapp! Der Mensch ist zum Dauersitzer geworden. Mit fatalen Folgen sowohl für unsere Gesundheit als auch für unser ganz allgemeines Wohlbefinden. Denn auch wenn sich unser Lebensstil verändert hat, ist unser genetisches Strickmuster weitgehend dasselbe wie vor 100 Jahren: Der Mensch ist genetisch auf Bewegung programmiert. Nur dass wir heute unsere 500 Muskeln sitzend verkümmern lassen. Ohne Bewegung können sich unser Skelett, die Muskulatur und die inneren Organe nicht ausreichend mit Sauerstoff und Nährstoffen versorgen. Unser Körper degeneriert und verliert seine Leistungskraft. Das Immunsystem leidet und macht uns anfälliger für jegliche Art von Krankheiten. Unser Stoffwechsel funktioniert nur noch suboptimal. Wir bleiben hinsichtlich unseres Wohlbefindens weit hinter unseren Möglichkeiten zurück.[35]

Sie müssen keinen Leistungssport treiben, um sich körperlich wohlzufühlen. Wichtig ist, dass Sie versuchen, Bewegung so gut es geht in Ihren Alltag zu integrieren. So beschloss Jane beispielsweise, bei gutem Wetter das Fahrrad zu nehmen und nicht mit der U-Bahn zu fahren. Sie begann Rolltreppen zu meiden und grundsätzlich bei ihren Mitarbeitern im Büro vorbeizugehen, anstatt sie anzurufen. Was ihr zudem geholfen hat, einen guten Kontakt zu ihrem Team aufzubauen. Tun Sie das auch. Hinterfragen Sie jeden Aspekt Ihres Alltags hinsichtlich seines Bewegungs-Potenzials. Es lohnt sich!

Idealerweise verbrennen Sie jede Woche etwa 2 000 bis 3 000 Kilokalorien durch Bewegung. Allein 1 200 davon können Sie schon durch Alltagsbewegungen verbrauchen.[36] Wenn Sie dazu außerdem regelmäßig eine halbe Stunde zügig spazieren gehen, tun Sie Ihrem Körper Gutes und profitieren auch noch von einer geistigen Erfrischung an der Luft. Alle Ihre Organe, Ihr Gehirn, buchstäblich jede Zelle im Körper wird besser durchblutet, wenn

Sie lernen, Bewegung besser in Ihren Alltag zu integrieren. Auch Ihr psychisches Wohlbefinden steigt. Sie können sich besser konzentrieren und erhöhen Ihre allgemeine Lernfähigkeit (zum Beispiel Ihre Gedächtnisleistung).

Über diese Alltagsaktivitäten hinaus empfehle ich den Teilnehmern meiner Seminare zusätzlich, zwei Stunden pro Woche aktiv in die Vitalität zu investieren. Im Kapitel 12 finden Sie die Anleitung zu Ihrem »Ich-fühl-mich-gut-Minimalprogramm«. Dies können Sie bei Ihrem *Freundinnen-Wochenende* gleich zum Einsatz bringen! Denn wer sich gemeinsam mit anderen körperlich betätigt, baut oft parallel ein solides soziales Netzwerk auf. Vereinsamung und Isolierung – zwei Begriffe, die furchtbar klingen, aber gar nicht so selten vorkommen – haben einen starken Einfluss auf die körperliche Leistungsfähigkeit. Deshalb sollte Bewegung immer auch ein fester Bestandteil Ihres Freundinnen-Projektes sein!

Dr. Fröhlich: Die Anatomie des Lachens

»Das Leben ist zu wichtig, um ernst genommen zu werden.«
OSCAR WILDE

Der dritte Arzt aus dem Bunde der Besten behandelt das angenehmste Phänomen menschlicher Zustände. Sie kennen die Symptome: Ihr Brustkorb bebt, der Puls rast, 280 Muskeln sind aktiv. Ihre Pupillen vergrößern sich, das Zwerchfell hüpft, eventuell fließen sogar Tränen. Sie atmen mit gut 100 km / h aus und wieder ein. Mit anderen Worten: Sie lachen!

Nachdem die Psychoneuroimmunologie unlängst detailliert zeigen konnte, wie eng Emotionen und körperliche Abläufe miteinander verknüpft sind, beschäftigte sich ein neuer Wissenschaftszweig, die Gelotologie, *ernsthaft* mit den körperlichen und psychischen Auswirkungen des Lachens. Eine Lachattacke geht durch den ganzen Körper. Der Stoffwechsel und die Verdauung werden angeregt, die Durchblutung von Herz und Lunge verbessert sich, Stresshormone werden abgebaut, der Blutdruck sowie der Blutzuckerspiegel werden gesenkt und die gesamte Muskulatur entspannt sich. Auch das Immunsystem wird gestärkt. Tatsächlich haben Menschen, die gerne und oft lachen, in der Regel ein stabileres Immunsystem als humorlose Menschen, die nicht nur anderen auf die Nerven gehen, sondern sich auch selber dabei buchstäblich krank machen. Zudem fördert Lachen die Konzentration, befreit von Ängsten und macht gute Laune! Ein dreiminütiges Jogging von innen wirkt so effektiv wie ein 50-minütiges Entspannungstraining. Der Grund ist die vermehrte Ausschüttung jener Botenstoffe im zentralen Nervensystem, die auch für die Stimmungsstabilisierung verantwortlich sind. Zudem werden beim Lachen Endorphine freigesetzt. Diese körpereigenen Opiat-Verbindungen sind für die gute Laune zuständig (ein ähnlicher Effekt tritt auch beim Sport auf). Sogar das Schmerzempfinden wird durch eine ordentliche Lachattacke deutlich reduziert.

Lachen ist die kürzeste Verbindung zwischen zwei Menschen

Auch zwischenmenschlich ist das Lachen von großer Bedeutung und trägt massiv zur Entwicklung von konstruktiven Beziehungen bei. Oft hilft das Lachen dabei, eingefahrene Verhaltensmuster aufzugeben, einen Entscheidungsprozess zu beschleunigen, sich von alten Wertvorstellungen zu lösen. Auch das Freundinnen-Coaching sollte, selbst wenn Sie ernste Themen bereden, immer wieder auch humorvolle Aspekte beinhalten. So stellen Sie sicher, dass Sie das Coaching auf keinen Fall als zusätzlichen Termin empfinden, sondern als eine Möglichkeit, sich auf hohem, aber auch immer wieder humorvollem Niveau mit anderen Frauen auszutauschen.

Leider kommt es im Laufe des Lebens bei den meisten Menschen zu einem zunehmenden Lachdefizit. Lachen Kinder noch rund 350-mal am Tag, fällt die statistische Fröhlichkeitskurve nach dem 18. Geburtstag steil ab. Durchschnittlich lachen Erwachsene 15– bis 20-mal am Tag, manche sogar gar nicht. Ein derart humorloses Dasein belastet unseren Körper, Geist und die Seele.[37] Es beeinträchtigt sowohl das psychische Empfinden als auch die körperliche Leistungsfähigkeit.

Auf den Punkt

»Dinge wahrzunehmen ist der Keim der Intelligenz.«
LAOTSE

Der Lebensbereich Gesundheit, Vitalität, körperliches und emotionales Wohlbefinden hat eine überdurchschnittliche Hebelwirkung beim Erreichen von echter Lebensqualität. In diesem Kapitel haben Sie Erfolg versprechende Strategien kennengelernt, mit denen Sie Ihr alltägliches Wohlbefinden in einem geschätzten Zeitraum von vier bis acht Wochen mithilfe des Freundinnen- und Kolleginnen-Coachings und diverser Freundinnen-Netzwerk-Aktionen erheblich steigern können. Dem Thema Ernährung wird neben der regelmäßigen Bewegung in diesem Rahmen besonderer Wert zugemessen. Konkrete Tipps und Coaching-Tools finden Sie in Kapitel 12 im dritten Teil dieses Buches. Darüber hinaus möchte ich Sie dazu ermuntern, Ihre hauseigene Expertin in Sachen körperliches Wohlbefinden und Vitalität zu werden. In Kapitel 2 ging es um die Kunst des Zuhörens, Sie wissen also, wie das geht. Hören Sie auch auf sich – und zwar nicht nur auf Ihren Kopf, sondern auch auf Ihren Körper. Horchen Sie in sich hinein, reagieren Sie auf Warnsignale und tun Sie etwas!

Kapitel 7

Erfolgsstrategien für Ihre Beziehungen

»Unser Leben ist die Geschichte unserer Begegnungen.«
ANTON KNER, DEUTSCHER PFARRER

Zur Einführung in dieses Kapitel möchte ich Ihnen folgende Frage stellen: *Welche Ereignisse waren die schönsten und wichtigsten Ihres bisherigen Lebens?* Denken Sie einen Moment nach!

Ich bin mir ziemlich sicher, dass diese Erlebnisse in direkter Verbindung mit anderen Menschen stehen. Habe ich recht? Die Wahrscheinlichkeit, dass Sie in schönen Momenten nicht allein waren, ist sehr hoch, denn das, was wir im Zusammensein und im Austausch mit anderen Menschen erleben, ist das, was uns wirklich wichtig ist. Die Qualität unserer Beziehungen zu unseren Lebenspartnern, unseren Familien, unseren Freunden und zu den Arbeitskollegen bestimmt zu weiten Teilen unser Empfinden über unser ganzes Leben. Auch auf unsere Gesundheit hat die Qualität unserer Beziehungen starken Einfluss. Menschen, die – wenn auch nur für kurze Zeit – isoliert werden, zeigen die unterschiedlichsten Krankheitssymptome. Hingegen weisen Menschen, deren soziales Netzwerk stark und gesund ist, auch individuell bessere physische und psychische Gesundheits- und Zufriedenheitswerte auf.[38]

Kurzum: Es sind die zwischenmenschlichen Begegnungen, die das Leben lebenswert und vollständig machen und zu wahrem Reichtum im Leben führen. Und wie Sie diesen Reichtum hegen und pflegen und gewinnbringend mehren, um ein beziehungsreiches Leben zu führen, genau darum geht es in diesem Kapitel, in dessen Mittelpunkt das Konzept der *Human Needs Psychology* behandelt wird, dass sich sowohl im Business- als auch im Life-Coaching besonders bewährt hat.

Meine Empfehlung für Ihr Freundinnen- und Selbst-Coaching: Diskutieren Sie die Themen aus diesem Kapitel mit Ihren Freundinnen und tragen Sie sie auch in Ihre Partnerschaft und Ihre Familie. Auch der Umgang mit Ihren Kindern kann von diesen Überlegungen profitieren.

Bevor Sie nun weiter in die Lektüre dieses Kapitels eintauchen, möchte ich Sie bitten, sich einmal für ein paar Minuten auf die wichtigen Beziehungen Ihres Lebens zu besinnen. Denken Sie sowohl an Ihre familiäre Situation als auch an Ihren Freundeskreis und Ihre Arbeitskollegen. Mit welchen Beziehungen sind Sie zufrieden? Mit welchen sind Sie es nicht?

Quick-Test

Wenn Sie Ihre Zufriedenheit im Bereich Familie, Freundschaften und Beziehungen auf einer Skala von 1 bis 10 einordnen: Wie hoch ist Ihre Zufriedenheit?

Erstens: Machen Sie ein Kreuz auf der folgenden Skala zur Erfassung Ihrer Zufriedenheit mit Ihrer *Partnerschaft:*

1	2	3	4	5	6	7	8	9	10

1 = sehr unzufrieden, unglücklich
10 = hochzufrieden

Zweitens: Machen Sie ein Kreuz auf der folgenden Skala zur Erfassung Ihrer Zufriedenheit mit Ihrer *familiären Situation:*

1	2	3	4	5	6	7	8	9	10

1 = sehr unzufrieden, unglücklich

10 = hochzufrieden

Drittens: Machen Sie ein Kreuz auf der folgenden Skala zur Erfassung Ihrer Zufriedenheit mit Ihren *Freundschaften:*

1	2	3	4	5	6	7	8	9	10

1 = sehr unzufrieden, unglücklich

10 = hochzufrieden

Viertens: Machen Sie ein Kreuz auf der folgenden Skala zur Erfassung Ihrer Zufriedenheit mit Ihren *Beziehungen zu Menschen in Ihrem Arbeitsumfeld:*

1	2	3	4	5	6	7	8	9	10

1 = sehr unzufrieden, unglücklich

10 = hochzufrieden

Auswertung

Wo stehen Sie in Sachen Familie, Freundschaften und Beziehungen? Wie zufrieden sind Sie insgesamt mit Ihrem sozialen Wohlbefinden?

Werte von 7+ bis 10: Grundsätzlich gilt: Werte zwischen 7+ und 10 sind hervorragend. Sie sind mit dem Lebensbereich Familie, Freundschaften und Beziehungen sehr zufrieden. Bewusst oder unbewusst bedienen Sie sich der entscheidenden Strategien, um ein hohes Wohlbefinden in diesen Lebensbereichen zu erlangen. Natürlich sind Sie trotzdem eingeladen, in diesem Kapitel in einem Freundinnen-Coaching nach Möglichkeiten zu suchen, kleine positive Veränderungen in diesem Lebensbereich vorzunehmen. Gerade wenn es Ihnen gut geht, können diese kleinen Schritte leicht vollzogen werden und eine große Wirkung erzielen.

Werte von 6 bis 7: Ihre Zufriedenheit mit dem Lebensbereich Familie, Freundschaften und Beziehungen ist gut, aber durchaus ausbaufähig – vor allem dann, wenn Sie sich auf der Skala bei 6 oder 7- sehen. Um Ihre Lebensqualität zu steigern, sollten Sie in sich gehen und nach Verbesserungsmöglichkeiten für diesen Lebensbereich Ausschau halten. In diesem Kapitel finden Sie eine feine Auswahl von Strategien und Ideen, die Ihnen helfen kann, sich in den Bereich 7+ zu katapultieren.

Werte von 1 bis 5: Ab einem Wert von 5 und weniger beginnt der rote Bereich. Hier sollten alle Alarmglocken schrillen. Wenn Sie Ihre Zufriedenheit in diesem Lebensbereich so gering einschätzen, müssen Sie wirklich aktiv werden. Die mangelnde Zufriedenheit mit diesem Lebensbereich geht aller Wahrscheinlichkeit noch einer Gesamt-Lebenszufriedenheit unter 7 einher. Lesen Sie das nachfolgende Kapitel und lassen Sie sich von den Ideen inspirieren, die Ihnen helfen können, eine Verbesserung einzuleiten. Berücksichtigen Sie die Coaching-Tools aus Kapitel 13 und überlegen Sie, ob Sie diese in einem Coaching mit Ihrer Freundin gewinnbringend einsetzen können. Suchen Sie gezielt nach Lösungsmöglichkeiten und tun Sie etwas!

Strategien für mehr soziales Wohlbefinden

Im Folgenden möchte ich Sie dazu inspirieren, sich einmal ganz systematisch darüber Gedanken zu machen, welche Menschen Ihnen im Leben sowohl wichtig sind als auch wirklich guttun. Im zweiten Schritt werde ich Sie dann mit dem Konzept der *Human Needs Psychology* vertraut machen, um Ihnen Anregungen zu geben, wie Sie Ihre bestehenden Beziehungen (zu Ihrem Partner / Ihrer Partnerin, Ihrer Familie oder Ihren Freundinnen) verbessern können. Im dritten Schritt wird Ihnen nahegelegt, bewusst an die Menschen zu denken, die Ihnen *nicht* guttun, damit Sie sich anschließend eine Strategie für einen sinnvollen Umgang mit diesen Menschen zurechtlegen können. Grundsätzlich geht es auch in diesem Kapitel vorrangig darum, Sie zu motivieren, sich proaktiv auf die magische 7+ auf Ihren Zufriedenheitsskalen zuzubewegen. Schließlich ist es auch in Sachen Beziehungen, Freundschaften und Familie so: Das Glück liegt zu einem großen Teil in Ihrer Hand!

Wer ist Ihnen wirklich wichtig?

»Man mag drei- oder viertausend Menschen gekannt haben,
man spricht aber nur von sechs oder sieben.«
ELIAS CANETTI, BULGARISCHER SCHRIFTSTELLER (1905–1994)

Erinnern Sie sich noch an das Pareto-Prinzip, das Ihnen in Kapitel 5 vorgestellt wurde? Wenden Sie es doch einmal auf die Menschen in Ihrem Leben an. Psychologen vermuten, dass 80 Prozent unserer psychosozialen Zufriedenheit durch 20 Prozent unserer Beziehungen erzeugt werden. Wie ist das bei Ihnen, welche Menschen tun Ihnen besonders gut? Wer ist Ihnen wirklich wichtig?

Wenn Sie an die Menschen denken, die Ihnen wirklich wichtig sind und die Ihnen guttun: Verbringen Sie mit denen auch die meiste Zeit? Schenken Sie diesen Ihre Aufmerksamkeit und Zuneigung in ausreichendem Maße?

Um Ihre Zufriedenheit mit Ihren Beziehungen so hoch wie möglich zu halten, sollten Sie ganz bewusst darauf achten, dass Sie sich nicht ausschließlich, aber vorwiegend mit den Menschen treffen, die Ihnen wichtig sind *und* die Ihnen guttun.

Auf Ihre Beziehungen im Arbeitsleben lässt sich das Pareto-Prinzip ebenfalls gut anwenden. Aller Wahrscheinlichkeit nach sind 20 Prozent Ihrer beruflichen Kontakte hauptverantwortlich für Ihren Erfolg, Ihre Zufriedenheit und Ihre Chance, die Anforderungen Ihres Jobs gut zu erfüllen.[39] Auch hier sollten Sie sich diese Menschen »nach vorne holen«. Entwickeln Sie ein Gefühl dafür, wer Ihnen wichtig ist und wer Sie weiterbringt. Investieren Sie in diese Beziehungen. Wenden Sie Zeit, Aufmerksamkeit und Liebenswürdigkeit auf. Es lohnt sich!

Sobald Sie ein gutes Gefühl dafür entwickelt haben, welche Beziehungen Sie in Ihrem Leben proaktiv stärken wollen, schlage ich Ihnen vor, sich mit dem Konzept der *Human Needs Psychology* zu beschäftigen. Damit wird es Ihnen gelingen, jede Beziehung zu einem Ihnen wichtigen Menschen innerhalb von wenigen Monaten nachhaltig zu vertiefen.

Die Qualität Ihrer Beziehungen und die sechs Grundbedürfnisse des Menschen

Die Qualität von zwischenmenschlichen Beziehungen – egal, ob innerhalb der Familie, im Freundeskreis oder zu Arbeitskollegen – lässt sich besonders gut mithilfe der *Human Needs Psychology* steigern.[40]

Entwickelt und verbreitet hat dieses Konzept Anthony Robbins, ein amerikanischer Management- und Life-Coach. Anthony Robbins ist in den USA die führende Autorität, wenn es um das Erreichen von persönlichen, geschäftlichen und organisatorischen Veränderungen geht. Er arbeitet als Berater von hochrangigen Politikern wie Ex-US-Präsident Bill Clinton, von professionellen Athleten und von Geschäftsführern der 500 größten Firmen in den USA. Zudem sitzt er im Beratungsausschuss des Gesundheits- und Forschungsamtes der Vereinten Nationen.

Persönlich habe ich Anthony Robbins Anfang 2006 in London erlebt. Er ist zugegebenermaßen gewöhnungsbedürftig, zumindest aus deutscher Sicht. Seine laute und auffordernde Art hat mich über lange Jahre davon abgehalten, mich tiefer mit seiner Arbeit auseinanderzusetzen. In meiner nunmehr zehnjährigen Praxis als Coach, Trainerin und Beraterin bin ich jedoch zu dem Schluss gekommen, dass die von ihm entwickelte *Human Needs Psychology* in der Praxis so hilfreich ist wie kaum ein anderes Instrument, wenn es darum geht, Beziehungen zu anderen Menschen positiv zu beeinflussen – egal, ob im privaten oder im beruflichen Kontext.

Die *Human Needs Psychology* basiert auf der Annahme, dass menschliches Handeln grundsätzlich dem Ziel folgt, unsere tiefsten Grundbedürfnisse zu erfüllen. Diese Grundbedürfnisse werden von allen Menschen geteilt – unabhängig von Alter, kultureller Zugehörigkeit oder Geschlecht. Was auch erklärt, warum Menschen in den unterschiedlichsten Lebenssituationen ähnliche Probleme haben und sich an ähnlichen Dingen erfreuen. Eine Millionärin aus Dubai leidet genauso unter Einsamkeit, wenn ihr Bedürfnis nach Liebe und Nähe nicht erfüllt ist, wie eine Anna Normalverbraucherin aus Buxtehude, die von ihrem Mann verlassen wurde.

Unterschieden werden die folgenden sechs fundamentalen Grundbedürfnisse:

1. das Bedürfnis nach Sicherheit / Geborgenheit
2. das Bedürfnis nach Abwechslung / Unsicherheit (Überraschungen)
3. das Bedürfnis nach Bedeutung / Anerkennung
4. das Bedürfnis nach Liebe / Nähe
5. das Bedürfnis nach persönlichem Wachstum
6. das Bedürfnis, anderen zu helfen und einen sozialen Beitrag zu leisten

Bewusst oder unbewusst streben wir jeden Tag danach, diese Bedürfnisse zu erfüllen. Wir unterscheiden uns lediglich durch die Mittel und Wege, die wir wählen, um diese Bedürfnisse zu befriedigen.

Im Folgenden möchte ich Ihnen meine Interpretation der sechs Grundbedürfnisse vorstellen:

Bei den meisten Menschen sind zwei der sechs Grundbedürfnisse stärker ausgebildet als die anderen. Fangen Sie also gerne schon während des Lesens bei sich an: Welche zwei Grundbedürfnisse prägen Ihr alltägliches Denken und Handeln in besonderem Maße? Bewusst oder unbewusst wird ein großer Teil Ihres Verhaltens davon getrieben sein, diese beiden Grundbedürfnisse zu erfüllen. Besonders in der Beziehung zu Ihrem Lebenspartner oder zu Ihren Kindern spielen diese dominanten Bedürfnisse eine große Rolle und prägen sowohl das, was Sie in diesen Beziehungen suchen, als auch das, was Sie erwarten.

Das erste Grundbedürfnis: Sicherheit / Geborgenheit

»Ein Mensch ist reich, wenn er zwischen Gemeinschaft und Alleinsein gezielt wählen kann.«
BILEN ASGODOM

Das erste Grundbedürfnis, das uns lenkt, ist unser Bedürfnis nach Sicherheit, Überschaubarkeit und Geborgenheit. Wir streben danach, dass es in unserem Leben konstante Faktoren gibt, auf die wir uns verlassen können. Allerdings unterscheiden wir uns darin, wie wir dieses Gefühl von Sicherheit zu erlangen versuchen: Die einen streben nach einer sicheren Arbeitsstelle, die anderen setzen auf Versicherungen, wieder andere suchen die Sicherheit im Glauben oder in sich selbst.

Auch unsere Beziehungen werden davon beeinflusst, wie sehr dieses Grundbedürfnis in uns ausgeprägt ist. Eine positive Art, das

Bedürfnis nach Sicherheit auch in Beziehungen zu stillen, ist es, dem anderen zu vertrauen. Nur dadurch kann das Gefühl von Sicherheit und Geborgenheit in Beziehungen wirklich entstehen. Jedoch unterscheiden sich die Menschen in dem, was sie brauchen, um dieses Vertrauen zu entwickeln. Dem einen reichen Worte, der andere braucht feste Verabredungen und Verträge.

Wie ist es bei Ihnen? Was brauchen Sie, um Ihrem Partner / Ihrer Partnerin, Ihren Kindern, Ihren Freundinnen zu vertrauen? Was muss der andere tun, damit Sie sich sicher fühlen?

Eine destruktive Art, an ein Gefühl von Sicherheit zu gelangen, ist der Versuch, andere zu kontrollieren. Kontrollanrufe, detektivisches Nachfragen und ein überspanntes Informationsbedürfnis sind Beispiele für ein solches Verhalten. Im beruflichen Kontext zeigt sich bei Führungskräften mit einem starken Sicherheitsmotiv oft ein Hang zum sogenannten »Micromanagement«: Sie kontrollieren jeden Arbeitsschritt ihrer Mitarbeiter, treffen alle noch so kleinen Entscheidungen höchstpersönlich und rauben ihren Mitarbeitern nicht nur den letzten Nerv, sondern nachweislich auch die Motivation. Auch Jane (37), die Sie in Kapitel 6 kennengelernt haben, musste lernen, ihren Mitarbeiterinnen mehr und mehr zu vertrauen. Das fiel ihr anfangs nicht leicht. Es war jedoch ein notwendiger Schritt, sowohl für ihre Mitarbeiterinnen als auch für sie selbst. Denn Führungskräfte, die anderen keinen Raum lassen (sich zu entwickeln und Entscheidungen zu treffen), nehmen auch sich selbst eben diesen Raum. Da sie immer in allem involviert sind, haben sie keine Möglichkeit, zu entspannen und gute Entscheidungen zu treffen. Micromanagement und ein erhöhtes Stressempfinden (sowohl aufseiten der Führungskraft als auch aufseiten der Mitarbeiterinnen) gehen somit oft Hand in Hand.

Was ist, wenn dieses Sicherheitsbedürfnis bei Ihnen überproportional ausgebildet ist? Unglücklicherweise steht Ihre Lebenszufriedenheit im direkten Bezug zum Ausmaß an Unsicherheit, mit dem Sie gut leben können. Sprich: Wenn Sie primär vom Bedürfnis nach Sicherheit und Geborgenheit angetrieben werden, werden Sie sich wahrscheinlich sehr oft unsicher fühlen. Innerhalb von Partnerschaften kann ein Zuviel an erfülltem Sicherheitsbedürfnis sehr schnell in einen Zustand der gepflegten Langeweile münden. Ein absolut nachvollziehbares Streben nach Sicherheit sabotiert oft andere Aspekte einer lebendigen Beziehung.

Das zweite Grundbedürfnis: Abwechslung / Unsicherheit (Überraschungen)

»Das größte Risiko unserer Zeit liegt in der Angst vor dem Risiko.«
HELMUT SCHOECK, ÖSTERREICHISCH-
DEUTSCHER SOZIOLOGE

Neben dem Bedürfnis nach Sicherheit haben wir paradoxerweise gleichzeitig ein Verlangen nach Unsicherheit, nach Faktoren in unserem Leben, die wir nicht vorherbestimmen können. Ohne Abwechslung und ohne Überraschungen fühlen wir uns uninspiriert; wir fühlen uns alles andere als lebendig.

Was würde passieren, wenn Sie jedes Wort und jede Handlung Ihres Partners / Ihrer Partnerin voraussagen könnten? Am Anfang einer Beziehung mag das Ihr Bedürfnis nach Sicherheit, Geborgenheit oder Überschaubarkeit befriedigen. Aber spätestens nach wenigen Jahren werden Sie ein Gefühl der Leere erleben. Gleiches gilt, wenn ein Beziehungspartner zu sehr unter dem Einfluss des anderen steht. Ohne ein ausgeprägtes Element von Eigenständigkeit und einer damit einhergehenden Unberechenbarkeit auf beiden Seiten wird eine Beziehung un-spannend.

Die Andersartigkeit und eine nie ganz versiegende Fremdheit (also quasi das Überraschungspotenzial des anderen) machen unsere Partner, Freunde oder unsere Bekannten interessant und reizvoll.

Der französische Psychotherapeut Frédéric Fanget hat in diesem Zusammenhang eine These aufgestellt, der zufolge die Liebe an sich ein Abenteuer sei, der wir im Kontext unseres risikofreien Lebens die Luft zum Atmen nehmen. Die leidenschaftliche Liebe stirbt schlichtweg ab, wenn wir ihr die Spannung und den Raum für Überraschungen und Kontrollverlust nehmen. Es gibt nicht umsonst therapeutische Ansätze, die unglücklichen Paaren raten, gemeinsame Abenteuer zu erleben, anstatt sich zu einem romantischen Candle-Light-Dinner zu verabreden. Leidenschaft lodert besser wieder auf, wenn der Verlauf der Dinge etwas unüberschaubarer wird. Prickeln und Gänsehaut sind nun mal keine Gemütszustände, die sich in einem routinierten Alltag von selbst ergeben. Leider ist die von uns so häufig dem Risiko vorgezogene Routine in unseren Beziehungen eine Einbahnstraße in die Ereignislosigkeit und damit der direkte Weg in ein langweiliges Beieinander oder gar in die Trennung.

Menschen, die jedoch ein übermäßig ausgeprägtes Bedürfnis nach Unsicherheit und Abwechslung haben, sind häufig Dauer-Singles und leben von und mit oberflächlichen Begegnungen. Damit das Streben nach Abwechslung hier nicht in die Einsamkeit führt, kommt es auch in diesem Lebensbereich wie immer auf die richtige Balance an. Auch kann ein sehr starkes Bedürfnis nach Abwechslung in viele Job- oder Wohnortswechsel münden. Dies muss nichts Schlechtes sein.

Es ist jedoch wichtig, dass Sie sich bewusst sind, welche Bedürfnisse Ihr Handeln bestimmen, um gegebenenfalls dagegenwirken zu können, wenn Sie mit dem Ergebnis Ihrer Entscheidungen nicht mehr zufrieden sind.

Das dritte Grundbedürfnis: Bedeutung / Anerkennung

»Von einem guten Kompliment kann ich zwei Monate leben.«
MARK TWAIN

In den Tiefen unseres Inneren streben wir alle danach, durch unser Dasein und unsere Handlungen eine Bedeutung für andere zu haben. Und wir möchten das natürlich auch widergespiegelt bekommen. Wir sehnen uns nach Feedback, Lob und Komplimenten. Der Gedanke, nie jemals für einen anderen Menschen von tiefer Bedeutung zu sein, ist verstörend. Auch in Bezug auf unsere Arbeit trifft das zu. Alle Menschen hegen den Wunsch, einen produktiven Beitrag zu leisten, der von Bedeutung ist. Wir alle wollen uns wichtig fühlen, wir wollen einzigartig und besonders sein. Wir möchten anerkannt und gelobt werden und streben stets danach, das auch zu bekommen.

Allerdings: Wenn Sie das Bedürfnis nach Bedeutung und Einzigartigkeit überfrachten, wird es sich negativ auf Ihre Beziehungen auswirken. Denn wer sich zu sehr damit beschäftigt, nach Bedeutung zu streben, vernachlässigt sein Bedürfnis nach Nähe und Liebe und läuft Gefahr, sich seinen Mitmenschen gegenüber nicht wirklich nah zu fühlen.

Anerkennung ist übrigens leider nicht abrufbar. Der beste Weg, Anerkennung zu bekommen, ist der, sie anderen *aufrichtig* zu geben.

Das vierte Grundbedürfnis: Nähe / Liebe

»Wer nicht mehr liebt und nicht mehr irrt, der lasse sich begraben.«
JOHANN WOLFGANG VON GOETHE

Dass Liebe und Nähe menschliche Grundbedürfnisse sind, müssen wir an dieser Stelle nicht weiter ausführen. Natürlich gibt es auch in diesem Bedürfnisfeld viele Wege, um seine Wünsche und Begehren erfüllt zu bekommen. Um das Gefühl von Nähe und Liebe herzustellen, können wir uns ganz bewusst dazu entscheiden, Teil einer Gemeinschaft zu werden. Die engste Form einer Gemeinschaft ist natürlich die Paarbeziehung. Aber es gibt auch viele andere Arten von Beziehungen, die wir wählen können, um nicht allein zu sein. Wir pflegen unsere Freundschaften, arbeiten in Unternehmen, haben Haustiere oder suchen Kontakt zur Natur. Durch all diese Handlungen stellen wir das Gefühl von Nähe und Liebe her.

Zu den destruktiven Versuchen, mehr Liebe und Nähe zu erhalten, zählt das Streben nach Mitleid. Wahrscheinlich hat jeder von uns das schon mal getan: Krankheiten, Liebeskummer, Ärger im Job – es gibt viele negative Anlässe, sich in den Mittelpunkt eines Gespräches zu stellen, um Mitgefühl, Mitleid und damit Nähe zu bekommen. Das ist an sich nichts Schlechtes, nicht umsonst heißt es: Geteiltes Leid ist halbes Leid. Es gibt jedoch eine unsichtbare Grenze zum Destruktiven, die wir schnell überschreiten können. Manchmal nehmen unsere Probleme ein Eigenleben an und wir machen uns die Widrigkeiten unseres Lebens – oft ganz unbewusst – zunutze, um die Nähe zu unserem Partner oder zu unseren Freunden zu provozieren. Es kommt sogar schon bei Kindern vor, dass sie ein Unwohlsein vortäuschen oder gar meinen zu erleben, um Nähe zu bekommen. Hier gilt es, dem Kind liebevoll Einhalt zu gebieten. Auch als Erwachsene müssen wir in unseren Beziehungen darauf achten, dass wir die Fürsorge unseres Partners nicht überstrapazieren.

Das fünfte Grundbedürfnis: Persönliches Wachstum

»Wenn du nicht wächst, wirst du kleiner.«
JÜDISCHES SPRICHWORT

Aktive Menschen, die mitten im Leben stehen, wachsen an ihrem Leben. Sie werden nicht nur älter, sondern auch weiser, und sie genießen diesen Prozess. Kinder sind der beste Beweis dafür, wie viel Spaß der Mensch am Lernen und Entwickeln hat. Damit sollten wir niemals aufhören!

Wenn wir nicht wachsen, stagnieren wir innerlich. Das Gegenteil von persönlichem Wachstum ist Stillstand. Und Stillstand ist das Gegenteil von Lebendigkeit. Auch in unseren Beziehungen haben wir das Bedürfnis, zu wachsen und uns weiterzuentwickeln. Wenn das nicht geschieht, schleicht sich Unbehagen ein und wir bekommen das Gefühl, hinter unseren Möglichkeiten zurückzubleiben. Wachsen heißt übrigens nicht, dass wir ständig etwas lernen müssen. Es heißt vor allem, sich mit den Erfahrungen des Lebens auseinanderzusetzen und das Glück darin zu sehen, sich selber ständig neu zu erleben. Das Leben an sich lässt uns wachsen, wir müssen es nur nutzen.

Im Coaching ergeben sich diese Momente des persönlichen Wachstums quasi wie von selbst, und zwar für alle Beteiligten. Nach einem professionellen Coaching bin ich mir manchmal nicht ganz sicher, wer von dem Coaching eigentlich mehr profitiert: ich oder meine Kundinnen. Es ist so motivierend, anderen zu helfen, neue Lösungswege zu erkunden, neue Wege zu gehen, dass diese Inspiration immer auch auf einen selber abfärbt. Ich bin mir ganz sicher, dass Sie dies in Ihrem *Freundinnen-Coaching* ähnlich empfinden werden!

Das sechste Grundbedürfnis: anderen helfen /
einen sozialen Beitrag leisten

»Ein Leben, das vor allem auf die Erfüllung persönlicher
Bedürfnisse ausgerichtet ist, führt früher oder später
zu bitterer Enttäuschung.«
ALBERT EINSTEIN

Dieses sechste Grundbedürfnis kommt besonders bei den Menschen zum Tragen, die auf den anderen fünf Ebenen besonders erfüllt sind. Menschen, die genügend Sicherheit und Abwechslung in ihrem Leben haben, die sich bedeutend und geliebt fühlen und die sich im Alltag immer wieder weiterentwickeln können, verspüren normalerweise auch das Bedürfnis, einen positiven Beitrag zum Wohle anderer zu leisten. Dass dieses altruistische Streben auch belohnt wird, zeigt die Forschung eindrücklich. Unabhängig davon, welche Motive sich hinter unserer Hilfsbereitschaft verbergen mögen: Die Auswirkungen auf unser emotionales und sogar physisches Wohlbefinden sind enorm.

Für das Freundinnen-Projekt gilt: Überlegen Sie sich einmal, wie Sie zu einer Lebenshaltung finden können, die es Ihnen erlaubt, immer mal wieder von Ihren eigenen Sorgen Abstand zu nehmen und einen Teil Ihrer Aufmerksamkeit anderen zu widmen. Sich ab und zu ganz bewusst für ein Freundinnen-Coaching oder auch eine Freundinnen-Netzwerk-Aktion Zeit zu nehmen, könnte Teil dieses Vorhabens sein. Ihre Freundin wird es Ihnen danken und Ihrer Freundschaft wird es auf jeden Fall guttun. Wenn Sie die Idee der *kreativen Kooperation* in den Mittelpunkt Ihres Handelns stellen, wird es Ihnen ein Leichtes sein, Ihr tägliches Handeln auf ein gefühlt höheres (weil sinnvolleres) Niveau zu heben.

Für mehr Qualität in Ihren Beziehungen

Sie haben jetzt das Konzept der sechs Grundbedürfnisse des Menschen kennengelernt. Sie können dieses Konzept immer dann zurate ziehen, wenn Sie die Qualität einer Beziehung steigern wollen. Betrachten Sie zum Beispiel Ihre Partnerschaft oder eine Freundschaft aus der Perspektive der *Human Needs Psychology*, werden Sie schnell zu einem umfassenderen Verständnis dafür gelangen, warum Ihre Beziehung gesund ist – oder warum sie es eben nicht ist. Mit einem besseren Verständnis für Ihre eigenen Grundbedürfnisse und für die Ihres Partners oder Ihrer Freundinnen werden Sie in der Lage sein, Defizite in einer Beziehung zu beheben. Natürlich ist nicht jede Beziehung zu retten, doch solange noch Hoffnung und eine ehrliche Absicht besteht, kann das Konzept der *Human Needs Psychology* sehr schnell zu einem besseren, gesünderen und erfüllenderen Austausch zwischen Ihnen und Ihren Mitmenschen führen.

Folgende Zusammenhänge zwischen unseren Grundbedürfnissen und unseren Beziehungen lassen sich im Alltag beobachten:

- Wenn Sie eine Person treffen, die zwei Ihrer Grundbedürfnisse erfüllt, werden Sie das Gefühl haben, dass »da eine gewisse Verbindung besteht«. Es muss sich hieraus aber noch kein dauerhafter Kontakt oder eine Freundschaft entwickeln.
- Wenn Sie eine Person treffen, die vier Ihrer Grundbedürfnisse erfüllt und die umgekehrt genauso empfindet, entsteht höchstwahrscheinlich eine dauerhafte Verbindung / Freundschaft. Gelingt es uns zum Beispiel, mindestens drei Grundbedürfnisse einer Freundin zu erfüllen, wird sie dauerhaft unsere Nähe suchen.
- Wenn Sie in der Lage sind, alle sechs Grundbedürfnisse Ihres Gegenübers zu erfüllen, können Sie sicher sein, dass Sie dieses so schnell nicht wieder »loswerden«. Wenn Ihr Gegenüber in Bezug auf die Erfüllung Ihrer Grundbedürfnisse ebenso erfolgreich ist, *wollen* Sie diesen Menschen nie wieder loswerden.[41]

Vom positiven Umgang mit Menschen, die Ihnen nicht guttun

»Es gibt Menschen, da ist man froh, wenn sie kommen,
und andere, wenn sie gehen.«
OSCAR WILDE

Ich hoffe, Ihr Leben ist voll von Menschen der ersten Kategorie. Menschen, bei denen man froh ist, wenn sie kommen. Menschen, bei denen Sie Lust haben, die Beziehung weiter (zum Beispiel mithilfe der *Human Needs Psychology*) auszubauen und zu pflegen. Leider gehören nicht alle Menschen in diese Kategorie. Es gibt auch die zweite Sorte Mensch, die, bei denen man froh ist, wenn sie wieder gehen. Der international anerkannte Psychologe Dr. Hamid Peseschkian hat für diese Art von Menschen mit dem Wort *Psychovampir* einen bildhaften Begriff geprägt, der mit einem Augenzwinkern zu verstehen, gleichzeitig aber auch ernst zu nehmen ist. Denn ein Psychovampir ist einfach gesagt ein Mensch, den Sie als anstrengend erleben. Jemand, mit dem Sie ungern zusammen sind, der Ihnen im Vergleich zu anderen überproportional viel Energie nimmt. Manchmal reicht es schon, nur den Namen dieser Person zu hören, und Sie erleben eine Anspannung. Wenn Sie in Ihrem Umfeld solche Menschen haben, sollten Sie unbedingt in Kapitel 13 die entsprechenden Coaching-Tools für ein Freundinnen- oder Selbst-Coaching

nutzen. Dort finden Sie auch auszugsweise ein Interview mit Dr. Peseschkian, mit dem ich in der Vorbereitung für dieses Buch ein langes Gespräch geführt habe.

Zudem lohnt es sich, auch sich selbst einmal kritisch zu hinterfragen: Wie geht es anderen Menschen mit Ihnen? Sind diese froh, wenn Sie kommen oder wenn Sie wieder gehen? Was meinen Sie? Geht es diesen Menschen nach einem Kontakt mit Ihnen besser, unverändert oder tendenziell schlechter? Kritische Selbsthinterfragung ist ein wichtiger Bestandteil im Aufbau gesunder Beziehungen zu unseren Mitmenschen. Ein gutes, sensibles Freundinnen-Coaching kann Ihnen hierbei behilflich sein.

Auf den Punkt

In diesem Kapitel haben Sie Erfolg versprechende Strategien kennengelernt, mit denen Sie Ihre Beziehungen in Ihrem Leben innerhalb von sechs Monaten stark verbessern können. Diese Strategien können Sie sowohl im Kontext des Freundinnen-Coachings diskutieren, gerne aber auch in Ihre Partnerschaft oder Familie tragen. Das Konzept der *Human Needs Psychology* besagt, dass Menschen im Allgemeinen danach streben ihre sechs Grundbedürfnisse in ihren Beziehungen zu anderen Menschen zu befriedigen. Sie können nun anhand dieser sechs Bedürfnisse analysieren, wie gut Ihre Freunde, Ihr Partner / Ihre Partnerin, Ihre Familienmitglieder Ihnen tun. Und umgekehrt, wie attraktiv es ist, mit Ihnen eine Beziehung einzugehen. Am Ende dieses Kapitels wurden Sie dazu angeregt, darüber nachzudenken, ob es in Ihrem Leben derzeit Menschen gibt, die Ihnen unangemessen viel Energie rauben, und wie Sie deren Umgang meiden oder mit viel Bedacht gestalten können.

Um Ihnen den Weg zur Anwendung Ihrer neuen Ideen und Vorsätze zu erleichtern, finden Sie auch für diesen Themenbereich im dritten Teil dieses Buches im Kapitel 13 zehn Coaching-Tools, mit deren Hilfe Sie frischen Wind in den Lebensbereich Familie, Freundschaften und Beziehungen bringen können.

Kapitel 8

Erfolgsstrategien für Ihre Lebensträume

*»Heutzutage kennen die Leute von allem den Preis
und nicht den Wert.«*
OSCAR WILDE

In den vorangegangenen Kapiteln wurden Sie dazu angeregt, über drei zentrale Bereiche Ihres Lebens nachzudenken: Ihre Arbeit, Ihre Gesundheit und Ihre Beziehungen. Wie eingangs dargestellt, bemisst sich die Lebensqualität aller Menschen weitestgehend aus der Summe ihrer jeweiligen Zufriedenheit mit diesen einzelnen Lebensbereichen. Dieses Buch trägt hoffentlich dazu bei, dass Sie zusammen mit Ihren Freundinnen das Streben nach Zufriedenheit und Erfüllung unter Berücksichtigung dieser drei Lebensbereiche anpacken.

Ein entscheidendes Thema, das sich ganz besonders für das Freundinnen-Coaching eignet, fehlt jedoch noch. Und darum wird es in diesem Kapitel gehen. Menschen, die über eine hohe Lebenszufriedenheit verfügen, haben nämlich noch etwas anderes gemeinsam: Sie wissen, was sie vom Leben wollen. Sie kennen ihre Motive und Werte und sind im Reinen mit sich und der Entwicklung, die ihr Leben nimmt. Diese innere Klarheit gibt ihnen Ruhe; sie ist der Nährboden für ihre Entscheidungen und ihre entschlossenen Handlungen. Wenn Sie sich im Klaren darüber sind, was gut für Sie ist, dann ist der Schritt zur Verwirklichung sehr viel leichter, als wenn Sie ziellos oder gar fremdbestimmt durch das Leben gehen. Deshalb lade ich Sie in diesem Kapitel einmal mehr dazu ein, sich Gedanken über die Würze Ihres Lebens zu machen: Was ist Ihnen wirklich wichtig, was macht Ihnen nachhaltig Spaß und wann empfinden Sie Ihr Leben als spannend, interessant und lebendig? Was sind Ihre Lebensträume? Bedenken Sie immer: Der »plus-eins-Lebensbereich« aus dem Gesamtgefüge der Circles of Life wird von Ihnen individuell gefüllt – nach Ihren Wünschen, Vorlieben und Vorstellungen. Es geht darum, was *Sie* möchten, und nicht, was andere von Ihnen wollen.

Strategien für Ihren »plus-eins-Lebensbereich«

Wenn Sie sich durch die in diesem Kapitel dargebotenen Themen angesprochen fühlen, möchte ich Sie dazu ermutigen, zusammen mit Ihren Freundinnen Ihre *Lebensmotive*, Ihre *Lebensträume*, und, wenn Sie mögen, auch Ihre persönliche *Lebensvision* zu erarbeiten. Es ist erstaunlich, welch positive Kräfte sich entwickeln können, wenn Sie ein klares Bild einer erstrebenswerten Gegenwart und Zukunft buchstäblich vor Ihrem inneren Auge und Herzen entstehen lassen können.

Entdecken Sie Ihre Lebensmotive

Das Thema Nachhaltigkeit ist nicht mehr nur ein Begriff für grüne Politik. Immer mehr Menschen begreifen, dass die Ressourcen endlich sind und dass sie vorsichtig und vernünftig mit ihnen haushalten müssen. Aber nicht nur in Bezug auf die großen politischen Themen setzt sich diese Erkenntnis durch. Glücklicherweise trifft das immer mehr auch auf die Menschen und ihren Umgang mit ihren ganz persönlichen Ressourcen (Zeit, Kraft und Lebensenergie) zu. Während beruflicher Erfolg in den Neunzigern noch auf Kosten von Lebensqualität und Gesundheit erkämpft wurde, gilt das heute ganz und gar nicht mehr als erstrebenswert. Grundlegende Werte, die noch vor wenigen Jahren galten, werden heutzutage auf den Kopf gestellt und hinterfragt. Und das ist gut so!

Im Kontext des *Freundinnen-Coachings* möchte ich nun auch Sie einladen, auf ganz grundsätzliche Art und Weise über Ihr inneres Wertesystem nachzudenken. Manchmal ist das gar nicht so einfach. Es ist in der Tat oft die schwierigste Aufgabe, *sich selber zu verstehen.*

Eine Möglichkeit, sich besser kennenzulernen und in der Folge bessere Entscheidungen für sich (und andere Menschen) zu treffen, bietet das *Reiss-Profil.* Steven Reiss, Professor für Psychologie und Psychiatrie an der Ohio State University in Columbus, Ohio, entwickelte dieses Instrument, nachdem er eine schwere Krankheit überstanden hatte. Während er mit dem Tod rang, wurde er von herausragenden Krankenschwestern umsorgt, die ihn mit der Frage konfrontierten, was genau eigentlich das Geheimnis ist, das darüber entscheidet, ob Menschen zufrieden sind oder nicht. Warum sind die einen so glücklich und hingebungsvoll in einem Beruf, der für andere nicht vorstellbar wäre?

Nachdem Reiss selber wieder genesen war, machte er sich an die gründliche Erforschung überdauernder Motive im Leben. In insgesamt neun umfassenden internationalen Studien mit rund 15 000 Probanden entwickelte er eine grundlegende Motivstruktur, die den Menschen in seinem Tun erklären könnte. Das Ergebnis dieser Studien ist im sogenannten Reiss-Profil zusammengefasst. Hier finden sich 16 Lebensmotive, die den Großteil – so die Theorie – des menschlichen Handelns bestimmen.[42] Bitte verschaffen Sie sich mithilfe der folgenden Tabelle einen Überblick über diese 16 Lebensmotive:

Lebensmotiv	Verhaltensmerkmal
Macht	Das Lebensmotiv Macht gibt Auskunft darüber, ob jemandem das Führen / Verantworten oder eher das Übernehmen von Dienstleistungen wichtig ist.
Unabhängigkeit	Das Lebensmotiv Unabhängigkeit macht eine Aussage darüber, wie jemand seine Beziehungen in den Aspekten Autonomie oder Verbundenheit zu anderen Menschen gestaltet.
Neugier	Das Lebensmotiv Neugier macht eine Aussage darüber, welche Bedeutung das Thema Wissen für jemanden im Leben hat und wozu er Wissen erwerben möchte.
Anerkennung	Das Lebensmotiv Anerkennung macht eine Aussage darüber, durch wen oder durch was jemand sein positives Selbstbild aufbaut.
Ordnung	Die Ausprägung im Lebensmotiv Ordnung zeigt an, wie viel Strukturiertheit oder Flexibilität jemand in seinem Leben benötigt.
Sparen / Sammeln	Das Lebensmotiv Sparen / Sammeln kommt in seiner evolutionären Entsprechung aus dem »Anlegen von Vorräten«. Die Ausprägung zeigt an, wie viel es jemandem emotional bedeutet, Dinge zu besitzen.
Ehre	Beim Lebensmotiv Ehre geht es darum, ob jemand nach Prinzipientreue strebt oder eher zweckorientiert ist.
Idealismus	Das Lebensmotiv Idealismus betrachtet den altruistischen Anteil der Moralität und gibt Auskunft darüber, wie viel Bedeutung Verantwortung in Bezug auf Fairness und soziale Gerechtigkeit hat.
Beziehungen	Beim Lebensmotiv Beziehungen wird die Bedeutung von sozialen Kontakten dargestellt. Hierbei spielt die Quantität der Kontakte eine entscheidende Rolle.

Lebensmotiv	Verhaltensmerkmal
Familie	Das Lebensmotiv Familie gibt Auskunft darüber, welche Bedeutung das Thema Fürsorglichkeit für jemanden hat (bezogen auf die eigenen Kinder).
Status	Beim Lebensmotiv Status geht es um den Wunsch, entweder in einem elitären Sinne »erkennbar anders« oder aber unauffällig und wie die anderen zu sein.
Rache / Kampf	Beim Lebensmotiv Rache / Kampf geht es insbesondere um den Aspekt des Vergleichens mit anderen. Dazu gehören auch die Themen Aggression und Vergeltung einerseits sowie Harmonie und Konfliktvermeidung andererseits.
Eros	Eros als Lebensmotiv gibt Auskunft über die Bedeutung von Sinnlichkeit im Leben eines Menschen. Dazu gehören neben der Sexualität auch alle anderen Aspekte von Sinnlichkeit (zum Beispiel Design, Kunst, Schönheit).
Essen	Das Lebensmotiv Essen fragt nach der Bedeutung, die Essen als Selbstzweck für jemanden hat, das heißt, wie viel der Genuss an Essen zur Lebenszufriedenheit beiträgt.
Körperliche Aktivität	Das Lebensmotiv Körperliche Aktivität fragt nach der Wichtigkeit, die körperliche Aktivität (Arbeit oder Sport) für die Lebenszufriedenheit hat.
Emotionale Ruhe	Das Lebensmotiv Emotionale Ruhe kann auch mit emotionaler Stabilität umschrieben werden und fragt nach der Bedeutung stabiler emotionaler Verhältnisse für die Lebenszufriedenheit.

Ein gutes Beispiel dafür, dass die Auseinandersetzung mit den 16 Lebensmotiven des Reiss-Profils Sinn macht, ist die Geschichte von Sandra (35), die einige Jahre in einem prestigereichen Job beim Fernsehen gearbeitet hatte, bevor sie in die Kommunikationsabteilung eines mittelständischen Unternehmens wechselte. Der neue Job machte Sandra sehr viel mehr Spaß, doch trauerte sie ihrer Zeit beim Fernsehen trotzdem nach. Durch das Reiss-Profil wurde ihr klar, dass ein ausgeprägtes Bedürfnis nach »Status« in ihr lebte, was in Ihrem neuen Job nicht gleichermaßen erfüllt wird. Sandra hatte lange im Leben das Gefühl, dass aus ihr etwas Besonderes werden würde. Und in den Jahren zwischen 20 und 30 war dieses Lebensmotiv besonders ausgeprägt. Sie wollte erkennbar anders sein, als erfolgreiche Journalistin die Welt erobern. Heute ist sie Mutter von zwei Kindern und passt aus verschiedenen Gründen nicht mehr in dieses von ihr selbst gezeichnete Bild.

Auch für Anne-Marie (42), die Geschäftsfrau aus Paris, die Sie in Kapitel 5 kennengelernt haben, war die Beschäftigung mit den 16 Lebensmotiven aufschlussreich. Ihr wurde dadurch klar, warum der Erfolg in ihrem Job sie nicht ausfüllte. Prestige, Status, Macht bedeuteten ihr – anders als Sandra – zu wenig. Sie sehnte sich zurück nach den idealistischeren Werten ihrer Jugend, nach Unabhängigkeit und emotionaler Ruhe. Bedürfnisse, die sie durch den beruflichen Wechsel in die Marketing-Leitung des buddhistischen Zentrums erfüllen konnte.

Um sich, wie Sandra und Anne-Marie, selber auf die Schliche zu kommen, finden Sie in Kapitel 14 zwei Übungen für Ihr Freundinnen- und Selbst-Coaching, die Sie dazu ermutigen, sich näher mit diesem Thema zu befassen und Ihre ganz persönliche Motivstruktur zu durchleuchten. Auch können Sie für sich prüfen, ob Ihre derzeitigen Lebensmotive wirklich zu Ihnen passen. Meiner Erfahrung nach sind Werte und Lebensmotive nicht ganz so stabil, wie es die »Reiss-Profilianer« annehmen. Eine eindrucksvolle oder auch traumatische Erfahrung kann Ihre Lebensmotive schlagartig verschieben. Menschen zum Beispiel, die sehr krank waren, legen nach überstandener Krankheit mehr Wert auf ihre Gesundheit und ihre Beziehungen zur Familie und zu Freunden. Jemand, der nur knapp einem Unfall entgangen ist, bei dem andere gestorben sind, achtet möglicherweise anschließend verstärkt auf das Thema Sicherheit. Menschen, die in eine finanzielle Krise geraten sind, legen mehr Wert auf Sparsamkeit und den richtigen Umgang mit Geld. Ganz zu schweigen von der Veränderung unserer Motive, sobald Kinder in unser Leben treten.

Die Anordnung Ihrer Lebensmotive zu verstehen heißt, sich selber besser zu verstehen. Leider bedeutet das nicht immer, dass mögliche Konflikte sich sofort auflösen. Sandra fühlt auch heute noch die Diskrepanz zwischen dem Job, der ihr mehr Spaß macht, und dem, der mehr Prestige eingebracht hat. Aber das Verstehen ihres eigenen Handelns und Denkens gibt ihr mehr Ruhe und Sicherheit darüber, dass sie die richtige Entscheidung getroffen hat.

Welche Motive treiben Sie an?

Zurück aus der Zukunft: Was war Ihnen wirklich wichtig?

Viele Menschen verbringen die letzten Stunden ihres Lebens damit, die Dinge zu bereuen, die sie im Leben *nicht* gemacht oder erlebt haben. Das ist die Beobachtung von Bronnie Ware, einer Sterbebegleiterin aus Australien. In ihrem viel beachteten Buch *5 Dinge, die Sterbende am meisten bereuen* trägt sie die Erfahrungen zusammen, die sie als Sterbebegleiterin gesammelt hat. Sie hat zahlreiche Menschen in den letzten zwölf Wochen ihres Lebens begleitet und einen tiefen Einblick in deren Gefühls- und Gedankenwelt erhalten. Fünf Themen tauchten dabei in den Gesprächen mit den Sterbenden immer wieder auf. Diese fünf Themen sind im Folgenden für Sie zusammengefasst. Sie werden sich sicher schon beim Lesen fragen, wie es um diese Aspekte in Ihrem Leben bestellt ist.

1. *»Ich wünschte, ich hätte den Mut gehabt, mein eigenes Leben zu leben.«*

Dieses Bedauern nimmt den ersten Platz in der Themenliste von Bronnie Ware ein. Ein großer Teil der Menschen, die sie betreut hat, bedauerte zutiefst, das Leben nicht nach ihren eigenen Vorstellungen gelebt zu haben. Viele Lebensträume führten nur ein Schattendasein in der Gedankenwelt der Sterbenden und wurden in der Realität nie wirklich erfüllt und ausgelebt. Tatsächlich blieben über 50 Prozent der Träume unverwirklicht, weshalb Ihren Lebensträumen noch ein eigener Abschnitt in diesem Kapitel gewidmet wird.

2. *»Ich wünschte, ich hätte weniger gearbeitet.«*

Die Mehrheit der männlichen Sterbenden bedauerte, nicht mehr Zeit mit der Familie verbracht, sondern sich stattdessen voll und ganz auf den Beruf konzentriert zu haben. Berufliche Erfolge erschienen ihnen während des Lebens sehr viel bedeutender als in der Retrospektive. Bei Frauen war dieser Aspekt nicht ganz so wichtig – was aber auch daran liegt, dass viele von ihnen weniger zum Familienunterhalt beigetragen haben und die Rolle der Hausfrau stärker ausfüllten, als es Frauen der heutigen Generationen tun.

3. *»Ich wünschte, ich hätte meine Gefühle besser ausgedrückt.«*
Viele der von Bronnie Ware betreuten Sterbenden äußerten Bedauern darüber, dass sie in ihrem Leben nicht authentischer und mutiger zu ihren Gefühlen gestanden haben. Vor allem bereuten viele, ihre Gefühle der Liebe und Zuneigung zu ihren Kindern, Partnern, Familien und Freunden nicht stärker ausgedrückt zu haben. Aber auch negative Gefühle wurden allzu häufig unterdrückt, was besonders problematisch ist, da schwelende Konflikte oft zu chronischen Krankheiten wie Erschöpfungszuständen, Magenproblemen oder Rückenschmerzen führen.

4. *»Ich wünschte, ich hätte mich mehr um meine Freunde und Freundinnen gekümmert.«*
Grundsätzlich lässt sich sagen, dass vieles, was Menschen am Ende ihres Lebens bedauern, mit anderen Menschen zu tun hat. Sie bedauern, wie im vorherigen Punkt gezeigt, ihre Zuneigung nicht klar genug gezeigt zu haben, sie bedauern aber auch, nicht mehr Zeit mit ihren Nächsten – vor allem auch mit ihren Freunden – verbracht zu haben. Während nämlich die Familie zumindest noch die verbleibende Zeit neben der Arbeit bekommt, kommen Freunde oft gänzlich zu kurz. Viele der Sterbenden äußerten ganz konkret, dass sie sich wünschten, in ihrem Freundeskreis mehr Engagement und Zeit investiert zu haben.

5. *»Ich wünschte, ich hätte mir mehr Freude gegönnt.«*
Bei diesem Punkt geht es um die kleinen Freuden des Lebens. Beim Lesen des Buches von Bronnie Ware gewinnt man den Ein-

druck, dass viele Menschen am Ende ihres Lebens bedauern, sich so sehr vom Alltag vereinnahmt haben zu lassen, dass ihr Blick für das Wesentliche verstellt war. Viele sagten rückblickend, dass es sehr viel mehr Anlässe zur Freude gegeben hätte, als sie genutzt haben. Dabei ging es gar nicht so sehr um die großen Abenteuer, die sie im Leben nicht erlebt haben, sondern um das Bedauern darüber, den Augenblick und seine Schönheit nicht oft genug wertgeschätzt zu haben.[43]

Eine weitere Beobachtung, die sich im Umgang mit Sterbenden machen lässt, ist, dass sie sich zum Ende ihres Lebens viel stärker mit ihrem *Glauben* und ihrer *Spiritualität* auseinandersetzen. Nehmen Sie auch diese Beobachtung zum Anlass, über sich selber und die folgenden Fragen nachzudenken:

Wie wichtig ist Ihnen Ihr Glaube? Wie viel Kraft schöpfen Sie daraus? Gehen Sie in sich und prüfen Sie, ob Sie diesem wichtigen Aspekt Ihres Lebens die Aufmerksamkeit schenken, den er verdient.

Erkunden Sie Ihre Lebensträume

Irgendwann im Leben kommen die meisten zu dem Punkt, an dem sie erste Zweifel spüren, ob das Leben wirklich so verläuft, wie sie sich das vorgestellt haben. Lange Zeit liegt die Zukunft als eine gefühlte Ewigkeit vor uns. Eine Ewigkeit, die wir mithilfe unserer Fantasie so bunt und schön ausmalen können, wie es uns beliebt. Diese Zukunft gibt uns vor allem eins: Hoffnung. Hoffnung darauf, dass all das, was wir heute noch nicht schaffen, dann einfach später klappt. Wir haben ja noch Zeit, es kann noch viel passieren … Noch kann man alle Länder dieser Welt bereisen, mit drei zauberhaften Kindern und einem tollen Freundinnenkreis auf einem großen Bauernhof leben, fließend Spanisch sprechen lernen und als Fremdenführerin in den Anden arbeiten. Irgendwann jedoch hört diese Zukunft plötzlich auf, so endlos zu erscheinen. Die ersten Vorahnungen machen sich breit, dass eben doch nicht mehr alles möglich ist, dass sich manche Wünsche eventuell nicht (mehr) verwirklichen lassen. Das ist oft sehr ernüchternd und gehört für viele von uns zu den eher unangenehmen Erfahrungen des Erwachsenwerdens.

Mithilfe des Freundinnen-Coachings möchte ich Sie dazu inspirieren, diesen Umstand einmal aus einer anderen Perspektive zu betrachten: Vielleicht sind manche Träume tatsächlich nicht realistisch gewesen, vielleicht haben Sie sich nicht genug bemüht, vielleicht haben die Umstände in manchen Fällen dagegen gesprochen. Diese Träume sollten Sie in jedem Fall in Frieden ziehen lassen. Sie gehören der Vergangenheit an. Aber neben diesen verpassten Träumen gibt es unter Garantie auch noch solche, die völlig zu Unrecht ein Schattendasein in Ihrem Leben führen. Träume, die sich eigentlich verwirklichen lassen würden, wenn wir ihnen nur genügend Raum und Aufmerksamkeit gäben. Denken Sie einmal darüber nach, welche Ihrer Träume irgendwo verborgen in Ihnen schlummern, die nur darauf warten, von Ihnen hervorgeholt zu werden, und die Ihr Leben auf einen Schlag etwas lebenswerter machen würden.

Gibt es bestimmte Dinge, die Sie erleben wollen? Gibt es Dinge, die Sie haben wollen? Gibt es unausgelebte Hobbys, die Sie eigentlich in Ihren Alltag integrieren könnten, wenn Sie nur eine entsprechende Entscheidung treffen würden? Abenteuer, die noch auf Sie warten?

Im Kapitel 14 werde ich Sie unter anderem dazu ermutigen, zusammen mit Ihrer Freundin eine Traum-Collage zu basteln und sich dann ganz bewusst zu fragen, welche dieser Träume Sie ausleben möchten. Beim Verwirklichen von Träumen geht es immer darum, eine Portion Realismus mit einer guten Portion Mut zu mischen. Wenn Sie dazu noch ein bisschen kluges Kalkül hinzufügen, dann sind Sie auf dem richtigen Weg. Natürlich sind Ihre Zeit und Energie begrenzt, deshalb sollten Sie sich beim Durchwühlen und Durchforsten Ihrer Träume fragen: Welcher dieser Träume würde mich am meisten beleben? Durch welchen Traum würde ich das meiste Glück erfahren?

Lesen Sie hierzu ein kleines Interview. Beate Hofmann hatte den großen Traum, für ein Jahr mit ihrer Familie im Westen Kanadas zu leben. Sie erzählt davon, was ihr die Erfüllung gebracht hat.

Sie sind 2010 zu einem Abenteuer besonderer Art aufgebrochen. Was genau haben Sie gemacht?

Gemeinsam mit meinem Mann und unserer jüngsten Tochter plus Hund habe ich mich zu einem Sabbatical – 365 Tage Auszeit im wilden Westen Kanadas – aufgemacht. Das Besondere war, dass wir dieses Abenteuer als komplette Familie geplant und dafür sehr viel in die Waagschale gelegt haben. Da eine unbezahlte Freistellung in unseren Berufen nicht möglich war, haben wir beide unsere unbefristeten Vollzeitstellen gekündigt, die Wohnung aufgelöst, Versicherungen beendet und uns von einem Großteil unseres Besitzes getrennt, um beweglich zu sein und die Reisekasse zu füllen. Wir wollten loslassen und die innere Glut neu schüren.

Gibt es Abenteuer, die noch auf Sie warten?

War das schon immer ein Lebenstraum von Ihnen?

Wir wollten die Akkus füllen und Kindheitsträume wie das Erleben der Wildnis, das Reiten oder das Schreiben eines Buches tatsächlich umsetzen. Es war ein gemeinsamer Traum, der uns stark motiviert hat. Lebenszeit ist nicht unendlich, sondern ein begrenztes Geschenk. Manche Menschen verdrängen das gerne, aber irgendwann gibt es ein »zu spät« für all die ungelebten Träume. Ich möchte leben! Heute! Jetzt!

Was war Ihr schönstes Erlebnis?

Wir haben Zugang zu echten Cowboys und Pionieren gefunden, die uns zu Freunden wurden. Man reichte uns mit übergroßer Herzlichkeit weiter. Wir wurden eingeladen und in die Gemeinschaft von abgelegenen Dörfern aufgenommen. In den kleinen Künstlerort Wells hatten wir uns direkt verliebt. Ich wollte so gerne dort in einem der alten Holzhäuser für eine Zeit lang wohnen, um an meinem Buch zu schreiben, mein Mann wollte eine Tour in die Einsamkeit der Cariboo Mountains mit Skiern wagen und meine Tochter hatte den Traum, im nahe gelegenen historischen Goldgräberdorf in originalen Kostümen mitzuspielen, wenn die Touristensaison wieder beginnt. Alle Träume sind wahr geworden! Das Haus bekamen wir kostenlos zum Wohnen angeboten – ein Traum! Ich hatte wunderbare Zeiten zum Schreiben. Die Skiausrüstung und das nötige Equipment samt großem Pick-up für den Transport bekam mein Mann geliehen. Er schwärmt heute noch von seiner fünftägigen Solotour in die absolute Einsamkeit. Und unsere Tochter hat es mit Charme und Hartnäckigkeit dazu gebracht, tatsächlich in Barkerville als historische Mrs. Nora mitzuspielen. Sie hat das mit einer derartigen Hingabe gemacht, dass man ihr Foto sogar für Werbezwecke benutzt hat. Die erlebte Stille, die Einsamkeit und Schönheit dieser Natur, dazu die Herzlichkeit der Begegnungen sind ein unvergessliches Erlebnis für mich.

Beate Hofmann (Jahrgang 1964, verheiratet, drei Kinder*)* ist systemischer Coach, Beraterin und Mitinhaberin der hope & soul company (www.hopeandsoul.com).

Entwickeln Sie Ihre persönliche Lebensvision

»Die Zukunft hat viele Namen. Für die Schwachen ist sie die Unerreichbare, für die Furchtsamen ist sie die Unbekannte, für die Tapferen ist sie die Chance.«
VICTOR HUGO

Das Leben bietet heutzutage sehr viel mehr Möglichkeiten als je zuvor in der Geschichte der Menschheit. Wir können uns fast alles aussuchen. Wen wir heiraten, in welchem Land wir leben, was wir studieren möchten, welche Glaubensrichtung wir einschlagen, welche Kaffeesorte wir bevorzugen … An nahezu unendlich vielen Stellen unseres Lebens können wir uns entscheiden, ob wir rechts oder links, geradeaus oder zurückgehen möchten. Wir haben viele Optionen – und zwar nicht nur, wenn wir ein Stück Käse kaufen möchten und mit unsagbar vielen verschiedenen Sorten konfrontiert sind. Auch wenn es um unseren Beruf, unsere Beziehung oder unsere Freizeit geht, haben wir immer eine Wahl.

Diese Vielfalt an Handlungsmöglichkeiten ist ein Luxus. Sicher möchten Sie genauso wenig wie ich mit Ihrer Groß- oder Urgroßmutter tauschen, die diese Wahlmöglichkeiten noch nicht hatte und deren Lebensweg weitestgehend vorbestimmt war. Dennoch hat die gegenwärtige Situation auch ihre Tücken. Die vielen Optionen verlangen von Ihnen nicht nur, sich immer wieder zu entscheiden, sondern anschließend auch dauerhaft an diese Entscheidungen zu glauben. Viele Menschen sind dadurch überfordert. Blockiert und demotiviert entscheiden sie sich dann gar nicht. Das Ergebnis: Stillstand oder Unzufriedenheit.

Hier kann es hilfreich sein, sich einen stabilen Leitfaden für die Zukunft zu stricken. Ein Bild von einer Zukunft, die Sie als schön, wertvoll und zufriedenstellend betrachten. Im Coaching sprechen wir hier von einer persönlichen Lebensvision.

Eine starke Vision kann die Grundlage für das Gestalten Ihrer Zukunft darstellen. Im besten Fall liefert sie Orientierung, Begeisterung und Energie. Letztendlich handelt es sich bei einer persönlichen Vision um die ganz konkrete Vorstellung davon, wie es an einem zukünftigen Punkt Ihres Lebens sein wird. Natürlich kann eine solche Vision bei jedem Menschen sehr unterschiedliche Formen annehmen. Schön ist, wenn die Vision auch einige ambitionierte Ziele umfasst – also ein bisschen über die wahrgenommenen Möglichkeiten hinausgeht. Zudem wird die eigene Vision viele Gefühlsformulierungen enthalten. Sie wird Aussagen darüber treffen, was Sie für wertvoll erachten. In anderen Worten: Die persönliche Lebensvision ist die blumige Beschreibung eines erhofften zukünftigen Lebens.

Die wahre Kraft einer Vision liegt darin, dass sie eine regelrechte Sogwirkung auf Sie ausüben kann. Wenn Sie sich den gewünschten Zustand lebhaft vorstellen und mit all Ihren Sinnen vorausahnen können, dann werden Sie automatisch mit mehr Energie daran arbeiten, diesen Zustand herzustellen. Zudem kann eine solche Vision eine Hilfe sein, wenn es darum geht, kleine und große Entscheidungen in Ihrem Leben zu treffen. Wenn Sie wissen, von wo der Wind weht (sprich, was Ihr Antrieb ist), können Sie Ihre Segel setzen und mit Gelassenheit reagieren, wenn einmal Flaute herrscht und Sie nicht vorankommen. Denken Sie immer daran: Ihre Zukunft passiert nicht einfach so. Sie können viel mehr »passieren lassen«, als Sie vielleicht denken. In Kapitel 14 finden Sie ausgewählte Coaching-Tools, die Ihnen helfen werden, zusammen mit Ihrer Freundin an Ihrer eigenen Lebensvision zu basteln. Dies ist eine der stärksten und wirkungsvollsten Übungen des Freundinnen-Coachings überhaupt und macht sehr viel Spaß.

Tipp: Erzählen Sie so vielen Menschen wie möglich von Ihrer Vision. Sie werden staunen, wie viele Menschen Ihnen dabei behilflich sein möchten, Sie beim Realisieren dieses positiven Bildes Ihrer Zukunft zu unterstützen.

Auf den Punkt

In diesem Kapitel wurden Sie dazu angeregt, im Kontext des Freundinnen-Coachings über Ihre Lebensmotive und –träume nachzudenken, was Ihnen zu mehr innerer Klarheit verhelfen kann. Mit Bronnie Ware haben Sie die fünf großen Themen kennengelernt, die Sterbende in den letzten Wochen ihres Lebens beschäftigen. Einsichten, die uns immer wieder daran erinnern können, den Blick fürs Wesentliche im Leben zu schärfen. Und schlussendlich wurde dargelegt, wie inspirierend es sein kann, eine Vision, ein Bild für eine ideale Gegenwart und Zukunft zu haben. Sie hilft Ihnen, Ihr Leben zu vereinfachen, indem Sie Ihnen erlaubt, klare Entscheidungen zu treffen und entschlossen zu handeln.

Schauen Sie in die Zukunft

Kapitel 9

Der große
Circles-of-Life-Test

Rund um die Welt sind Menschen sich sehr ähnlich, wenn es um das große Thema Lebenszufriedenheit geht. In der Essenz streben die meisten Menschen bewusst oder unbewusst nach Glück und Reichtum in den zentralen drei plus eins Lebensbereichen, den Circles of Life. Der folgende Test soll Ihnen helfen, Stärken- und Schwächen in Ihrem derzeitigen *Zufriedenheits-Management* aufzudecken. Denn in diesem Buch geht es zentral darum, dass Sie das Gestalten Ihrer Lebenszufriedenheit und Ihrer Lebensqualität aktiv in die Hände nehmen! Der Test ist eine Momentaufnahme. Ein Schnappschuss Ihres Lebens und Handelns zum jetzigen Zeitpunkt. Er wird Ihnen sowohl helfen zu erkennen, wo Sie momentan stehen, als auch, wo Sie eventuell ansetzen können, um (zum Beispiel mithilfe Ihrer Freundinnen) Ihr Leben zu verbessern.

Anleitung

Auf den folgenden Seiten finden Sie unterschiedliche Arten von Fragen, die Ihnen helfen, den Status quo Ihrer drei plus eins Lebensbereiche einzuschätzen. Bitte beantworten Sie *alle* Fragen, indem Sie in die zutreffenden Kästchen Punkte eintragen: von 1 Punkt bei »eher nicht, selten« bis 3 Punkte bei »überwiegend, ziemlich«. Denken Sie nicht zu lange über die einzelnen Fragen nach. Oft ist die erste Eingebung die beste!

Bedenken Sie dabei: Dieser Test ist ein informelles Werkzeug, um Ihr Zufriedenheits-Management in den drei plus eins Lebensbereichen zu evaluieren. Er wurde in vielen hundert Coaching-Sitzungen und Trainings angewandt und hat sich in der Praxis als überaus nützlich und wertvoll erwiesen. Allerdings ist dies kein wissenschaftlich validiertes Testverfahren. Deshalb interpretieren Sie die Ergebnisse anschließend mit Ihrem gesunden Menschenverstand! Berücksichtigen Sie zudem Ereignisse aus Ihrer jüngsten Vergangenheit, falls diese einen überproportional positiven oder negativen Einfluss auf Ihre alltäglichen Verhaltensweisen und Ihre Zufriedenheit hatten.

Fragenkomplex 1: Lebensbereich Arbeit, Karriere und finanzielles Wohlergehen

Auf Seite 163 finden Sie Fragen zu Ihrem Lebensbereich Arbeit, Karriere und finanzielles Wohlergehen. Versuchen Sie die Fragen so ehrlich wie möglich zu beantworten. Wenn Sie eine Frage nur schwer beantworten können, dann wählen Sie die Antwortkategorie, die am ehesten auf Sie zutrifft.

Fragenkomplex 2: Lebensbereich Gesundheit, Vitalität, körperliches und emotionales Wohlbefinden

Auf Seite 164 finden Sie Fragen zu Ihrem Lebensbereich Gesundheit, Vitalität, körperliches und emotionales Wohlbefinden. Versuchen Sie die Fragen erneut so ehrlich wie möglich zu beantworten. Wenn Sie eine Frage nur schwer beantworten können, dann wählen Sie wieder die Antwortkategorie, die am ehesten auf Sie zutrifft.

Fragenkomplex 3: Lebensbereich Familie und Beziehungen

Auf Seite 165 finden Sie Fragen zu Ihrem Lebensbereich Familie und Beziehungen. Versuchen Sie auch diese Fragen so ehrlich wie möglich zu beantworten. Wenn Sie eine Frage nur schwer beantworten können, dann wählen Sie die Antwortkategorie, die am ehesten auf Sie zutrifft.

Fragenkomplex 4: Lebensbereich Lebensmotive,
Lebensträume und Abenteuer
Auf Seite 166 finden Sie Fragen zu Ihrem Lebensbereich Lebensmotive, Lebensträume und Abenteuer. Versuchen Sie die Fragen erneut so ehrlich wie möglich zu beantworten. Wenn Sie eine Frage nur schwer beantworten können, dann wählen Sie die Antwortkategorie, die am ehesten auf Sie zutrifft.

Fragenkomplex 1

	eher nicht, selten	manchmal, halbwegs	überwiegend, ziemlich
Verbringen Sie zwei Drittel Ihrer Arbeitszeit damit, Ihre Stärken anzuwenden?			
Delegieren Sie Aufgaben, die Sie nicht unbedingt selber erledigen müssen, erfolgreich an andere?			
Sind Sie mit Ihrer finanziellen Situation zufrieden?			
Können Sie Nein sagen, wenn Sie eine Aufgabe nicht annehmen wollen?			
Haben Sie positive berufliche Ziele für die Zukunft?			
Priorisieren Sie Ihre Aufgaben im Alltag und handeln entsprechend?			
Haben Sie einen guten Überblick über Ihre Einnahmen und Ausgaben?			
Macht Ihnen Ihr Job Spaß?			
Haben Sie genug Geld, um Ihre Bedürfnisse zu erfüllen?			
Haben Sie das Gefühl, Ihre Zeit gut und effizient einzuteilen?			

Fragenkomplex 2

	eher nicht, selten	manchmal, halbwegs	überwiegend, ziemlich
Haben Sie genug körperliche Energie, Ihr Leben richtig zu genießen?			
Trinken Sie mindestens zwei Liter Wasser täglich?			
Trainieren Sie zweimal wöchentlich mindestens 30 Minuten Ihre Ausdauer durch leichtes Laufen, Schwimmen, Radfahren oder schnelles Gehen?			
Bieten sich in Ihrem Alltag Gelegenheiten, aus vollem Bauch zu lachen?			
Machen Sie zweimal wöchentlich Gymnastikübungen, um Ihre Rücken- und Bauchmuskeln zu stärken?			
Empfinden Sie Gefühle wie Zufriedenheit, Glück oder Gelassenheit?			
Reservieren Sie sich regelmäßig Zeit für »aktive Ruhe« (Entspannung, Hobbys, Musik, Kultur, Sport usw.)?			
Machen Sie zweimal wöchentlich ein leichtes Stretching-Programm?			
Achten Sie auf eine ausgeglichene (zuckerarme) Ernährung?			
Bekommen Sie ausreichend Schlaf?			

Fragenkomplex 3

	eher nicht, selten	manchmal, halbwegs	überwiegend, ziemlich
Überraschen Sie die Menschen, die Ihnen wichtig sind, ab und zu mit neuen Gedanken, unerwarteten Erlebnissen oder Geschenken?			
Sind Sie insgesamt mit Ihrer Partnerschaft zufrieden?			
Können Sie sich auf Ihre Familie verlassen, wenn Sie sie brauchen?			
Zeigen Sie den Menschen Ihre Liebe und Zuneigung?			
Sind Sie insgesamt mit Ihren sozialen Kontakten zu Menschen in Ihrem Arbeitsumfeld zufrieden?			
Erkennen Sie die Leistung von anderen Menschen an und zeigen dies auch durch Blicke, Worte oder Taten?			
Umgeben Sie sich vornehmlich mit positiven Menschen?			
Haben Sie das Gefühl, dass andere Menschen durch das Zusammensein mit Ihnen wachsen können?			
Achten Sie darauf, den Menschen, die Ihnen wichtig sind, ein Gefühl von Geborgenheit und Sicherheit zu vermitteln?			
Können Sie sich auf Ihre Freunde verlassen, wenn Sie sie brauchen?			

Der große Circles-of-Life-Test

Fragenkomplex 4

	eher nicht, selten	manchmal, halbwegs	überwiegend, ziemlich
Haben Sie eine positive Vision, ein positives Bild für Ihre persönliche Zukunft?			
Genießen Sie bewusst die Freuden des Alltags?			
Haben Sie das Gefühl, dass in Ihrem Leben Platz für Überraschungen ist?			
Können Sie Ihre Gefühle so ausdrücken, wie Sie es möchten?			
Haben Sie Wertvorstellungen, an denen sich Ihr Leben orientiert?			
Engagieren Sie sich für Sinnfragen (Glaube, Frieden, Umwelt etc.)? Betrachten Sie Ihr Leben als sinnvoll?			
Haben Sie langfristige Ziele in Ihren drei plus eins Lebensbereichen?			
Haben Sie das Gefühl, Ihr Leben nach Ihren eigenen Maßstäben zu leben?			
Sind Sie mit Ihren Lebensträumen in Kontakt?			
Nehmen Sie sich genügend Zeit für die schönen Dinge des Lebens (Musik, Kultur, etc.)?			

Auswertung

Sobald Sie alle 40 Fragen beantwortet haben, addieren Sie Ihre Punktzahl separat für jeden Fragenkomplex. Anschließend übertragen Sie Ihre Werte in die vorbereitete Tabelle. Vergleichen Sie nun Ihre Punktzahl in den verschiedenen Lebensbereichen. So erhalten Sie eine Idee davon, wie gut Sie derzeit in Ihren vier Lebensbereichen dastehen. Vergleichen Sie diese Ergebnisse auch mit den Ergebnissen der Quick-Tests zu Beginn der Circles-of-Life-Kapitel. Welche Parallelen gibt es? Welche Differenzen?

	Maximaler Wert	Ihr Wert
Fragenkomplex 1	30	
Fragenkomplex 2	30	
Fragenkomplex 3	30	
Fragenkomplex 4	30	

Werte zwischen 25 und 30: Hervorragend! Ihre Antworten zeigen, dass Sie sich bewusst sind, wie wichtig dieser Bereich Ihres Lebens für Ihr allgemeines Wohlbefinden ist. Noch wichtiger: Sie investieren Zeit und Energie, um diesen Bereich Ihres Lebens aktiv und positiv zu gestalten. Sie haben ein sehr gutes Wissen in diesem Bereich und setzen es zu Ihrem eigenen Wohle um. Höchstwahrscheinlich setzen Sie hiermit ein positives Beispiel für Ihre Familie, Ihre Freundinnen und Bekannten. Machen Sie weiter so, ruhen Sie sich ab und zu, aber nicht dauerhaft auf Ihren Lorbeeren aus. Damit Sie auch in Zukunft so gute Ergebnisse in diesem Bereich erzielen.

Werte zwischen 20 und 25: Gut! Mit diesem Ergebnis zeigen Sie, dass Sie Ihre Zufriedenheit mit diesem Lebensbereich nicht einfach dem Zufall überlassen. Sie tun etwas für Ihr Wohlbefinden und Ihr Lebensglück. Schauen Sie sich aber noch einmal jede einzelne Frage an. Dort wo Sie sich selber nur zwei oder einen Punkt gegeben haben, sollten Sie innehalten. Was könnten Sie tun, die Antworten um einen oder mehr Punkte zu heben? Auch eine kleine Änderung wird oftmals mit einem deutlich besseren Allgemeinbefinden belohnt.

Werte zwischen 15 und 20: Aufgewacht! Sie sollten Ihr Wohlergehen in diesem Lebensbereich sehr im Auge haben. Es scheint, als ob Sie Ihre allgemeine Lebenszufriedenheit und Ihr Wohlbefinden durch die niedrigen Werte in diesem Bereich gefährden. Diskutieren Sie die Ergebnisse mit einer Freundin oder einer Person Ihres Vertrauens. Vielleicht ist es auch an der Zeit, professionelle Hilfe in diesem Lebensbereich in Anspruch zu nehmen. Oder Sie brauchen einfach nur jemanden, der Ihnen hilft, kluge Entscheidungen zu treffen und der Ihnen Mut macht, diese auch in die Tat umzusetzen.

Werte unter 15: Vorsicht! Es kann sein, dass Sie Ihr Wohlergehen in diesem Lebensbereich ernsthaft riskieren. Vielleicht sind Sie sich dieses Risikos gar nicht bewusst oder Sie wissen nicht, wie Sie damit umgehen sollen. Suchen Sie sich umgehend professionelle Hilfe. Lassen Sie diesen Zustand nicht weiter auf sich beruhen. Tun Sie etwas!

Teil 3

40 Coaching-Ideen für Sie und Ihre Freundinnen

Kapitel 10

Erfolgstipps zur Umsetzung

»Es ist nicht genug zu wissen – man muss auch anwenden.
Es ist nicht genug zu wollen – man muss auch tun.«
JOHANN WOLFGANG VON GOETHE

Nach den eher theoretischen Kapiteln ist es jetzt an der Zeit, den Worten Taten folgen zu lassen: Es geht an die praktische Umsetzung! Der Freundinnen-Virus kann sich schließlich nur dann ausbreiten, wenn er aus unseren Köpfen heraus ins Leben geholt wird. Rekapitulieren wir deshalb noch einmal, wie Sie dieses Buch am gewinnbringendsten für sich einsetzen können, um für das Freundinnen-Coaching bzw. Selbst-Coaching gut vorbereitet zu sein.

Vorbereitung für Ihr Freundinnen-Coaching

Die wichtigste Voraussetzung für erfolgreiches Freundinnen-Coaching ist die Lektüre des Kapitels 2. Hier finden Sie alle notwendigen Tipps und Regeln, die Sie berücksichtigen sollten. Es bleibt dabei Ihnen überlassen, ob Sie sich zu einer Freundinnen-Session verabreden oder einfach vermehrt darauf achten, Prinzipien wie das *echte Zuhören, Fragen statt (Rat-)Schlagen* oder die *asynchrone Gesprächsstruktur* in normalen Gesprächen unterzubringen.

Sollten Sie sich für eine echte Freundinnen-Session verabreden, empfehle ich Ihnen darüber hinaus, sich inhaltlich mit dem

GROW-Modell aus Kapitel 3 zu beschäftigen. Dieses hilft Ihnen, Ihre Gespräche gekonnter, eleganter und strukturierter zu führen. Aber es ist kein Muss. Sind Sie eher ein spontaner Typ, dann kann es sein, dass Sie es als störend empfinden, einem vorgefertigten Gesprächsmodell folgen zu müssen. Nichtsdestotrotz sollten Sie bedenken, dass grundsätzlich fast jedes zielorientierte Gespräch durch die vier Elemente des GROW-Modells bereichert wird, denn es erfährt dadurch eine Klarheit, die befreiend wirken kann.

Tipp für das Selbst-Coaching: Auch für das Selbst-Coaching lässt sich das GROW-Modell sehr gut nutzen. Lesen Sie noch einmal aufmerksam das Kapitel 3 und wenden Sie dann das GROW-Modell mithilfe der dort offerierten Fragestellungen auf Ihre eigene Thematik an.

Circles of Life: Der Drei-Punkte-Plan für Ihre Veränderung

»Veränderung ist mit einer großen Welle vergleichbar. Man kann sich von ihr überrollen lassen oder ihre Dynamik nutzen.«
MARTINA HELD, BUSINESS COACH

Ein wichtiger Grund, warum Coaching so erfolgreich ist, liegt darin, dass sich die Gesprächs-Teilnehmerinnen oft schon vor dem eigentlichen Treffen innerlich auf das Gespräch einstellen und allein dadurch an Klarheit gewinnen. Um mit Ihren Anliegen und Wünschen besonders erfolgreich zu sein, macht es Sinn, Ihren persönlichen Veränderungs-Prozess in drei Schritten anzugehen (Standortbestimmung, Ziel festlegen, Entscheidungen treffen). Lesen Sie im Folgenden wie Sie die Circles of Life in diesen verschiedenen Phasen Ihrer Veränderung nutzen können.

Punkt 1: Standortbestimmung

Eine wichtige Voraussetzung für jeden persönlichen Veränderungsprozess ist die Feststellung des Status quo: Wo stehen Sie jetzt? Was läuft rund, was nicht? Womit quälen Sie sich, was fällt Ihnen leicht? Woher kommt der Schatten, der auf Ihrem Wohlbefinden liegt? Die Circles-of-Life-Kapitel (und hier insbesondere die Quick-Tests, die Sie am Beginn der Kapitel 5 bis 7 finden) bieten Ihnen mit Ihren Fragestellungen eine ideale Stütze, diese persönliche Standortbestimmung vorzunehmen.

Punkt 2: Realistisches Ziel visualisieren

Sobald Sie Ihren Standort bestimmt haben, können Sie im zweiten Schritt eine genaue Vorstellung darüber entwickeln, wo Sie hin möchten. (Beispiel: Sie wollen Ihr körperliches Wohlbefinden auf der Wohlfühlskala von 5 auf 7 anheben.) Umso klarer die eigentliche Fragestellung / das Thema oder Ziel formuliert werden kann, umso größer die Erfolgswahrscheinlichkeit.

Punkt 3: Kluge Entscheidungen treffen

Jetzt können Sie aus Ihren Zielen heraus Handlungen erarbeiten, die Ihnen helfen, vorwärtszukommen, und für die es sich lohnt, Zeit und Energie zu investieren. Auch hierbei können Ihnen die Circles-of-Life-Kapitel behilflich sein, denn Sie bieten ganz konkrete Strategien, Möglichkeiten und Konzepte, wie Sie Ihre Zufriedenheit mit diesem Lebensbereich erhöhen können.

Wie viele dieser Veränderungsstrategien Sie bereits auskosten, können Sie mit dem großen Circles-of-Life-Test in Kapitel 9 herausfinden. Dieser Test hilft Ihnen, Ihre Stärken und Schwächen in Ihrem derzeitigen Zufriedenheits-Management aufzudecken.

Die Circles of Life kann man sich wie eine Landkarte für Ihr Leben vorstellen. Natürlich bilden Sie nicht alle Aspekte Ihres Lebens ab. So wie eine Landschaft komplexer ist als eine Landkarte, so ist auch Ihr Leben komplexer, als es die Circles of Life darzustellen vermögen. Eine Karte bietet aber Orientierung. Sie kann Ihnen sagen, wo Norden, Süden, Westen und Osten ist, wo die Sonne aufgeht und wo es bergauf und bergab geht. Oft ist diese Orientierung schon die halbe Miete auf dem Weg zu einem zufriedeneren Leben. Sowohl für das Selbst-Coaching als auch für das Freundinnen-Coaching ist das eine wichtige mentale Vorbereitung.

Tipp für das Selbst-Coaching: Für das Selbst-Coaching eignen sich die Circles of Life genauso wie für das Freundinnen-Coaching. Führen Sie für das Selbst-Coaching den großen Circles-of-Life-Test durch, um Ihre eigenen Überlegungen weiter zu bereichern!

Die Coaching-Assistenten: 40 Möglichkeiten, Ihren Zielen näherzukommen

Zu allen Circles-of-Life-Themen, die Sie im zweiten Teil dieses Buches kennengelernt haben, finden Sie nun im dritten Teil maßgeschneiderte Coaching-Werkzeuge, die Ihnen dabei behilflich sein können, genau diese Themen in einem Gespräch sinnvoll zu thematisieren.

Betrachten Sie die 40 vorgestellten Coaching-Ideen als Ihre *persönlichen Assistenten*, die Ihnen vor allem im Hinblick auf das Formulieren guter und Horizont erweiternder Fragen Ihre Aufgabe als Coach erleichtert.

Ein Beispiel für die Anwendung der Coaching-Assistenten: Nehmen wir an, Sie haben durch die Lektüre des Kapitels 5 festgestellt, dass Sie im Lebensbereich Arbeit, Karriere und Geld Defizite haben. Um den Ursachen für diese Defizite auf den Grund zu gehen, haben Sie anschließend den großen Circles-of-Life-Test gemacht und wissen nun, dass Sie daran arbeiten müssen, Ihre Stärken mehr in den Mittelpunkt Ihres Arbeitslebens zu rücken. Was jetzt?

Der nächste Schritt besteht darin, dass Sie sich in Kapitel 11 die entsprechenden Coaching-Werkzeuge heraussuchen – was in diesem Fall wahrscheinlich das Tool 1 (Stärken-Interview), das Tool 2 (Eine Reise in die Kindheit) oder das Tool 3 (Ihre persönliche Powerzone) ist. Innerhalb eines Gesprächs nutzen Sie diese »Assistenten« dann als Gesprächsleitfaden, um auf Ihr Ziel, nämlich das Erlangen einer höheren Arbeitszufriedenheit, hinzuarbeiten.

Es bleibt, wie schon in der Einleitung formuliert, Ihnen überlassen, ob Sie die Coaching-Ideen *eins zu eins* umsetzen oder an Ihre Bedürfnisse anpassen. Wir wissen ja: Viele Wege führen nach Rom. Ein Sprichwort, das übrigens falsch aus dem Lateinischen übersetzt wurde. Eigentlich müsste es heißen: Alle Wege führen nach Rom. Sofern Sie und Ihre Freundin sich mit Respekt, der gebotenen Vorsicht und guter Absicht einander nähern, trifft sicher auch die korrekte Übersetzung dieses Sprichworts auf das Freundinnen-Coaching zu. Sprich: Sie können nur gewinnen!

Tipps für das Selbst-Coaching

»Nicht das Beginnen wird belohnt,
sondern einzig und allein das Durchhalten.«
KATHARINA VON SIENA

Die größte Herausforderung beim Selbst-Coaching sehe ich darin, dass die Motivation oft verpufft, bevor das eigentliche Ziel erreicht wurde. Wenn Sie es jedoch trotzdem erst einmal auf eigene Faust versuchen wollen, Ihre Veränderungswünsche anzugehen, rate ich Ihnen dringend, dass Sie feste Verabredungen mit sich selber eingehen.

Bewährt hat sich für viele meiner Kunden ein wöchentlicher *Termin mit sich selber* von ca. einer halben Stunde. Diese Zeit sollten Sie nutzen, um gezielt und strategisch über Ihre Ziele und zukünftigen Handlungen nachzudenken, die Sie Ihren Zielen näherbringen können.

Auch würde ich Ihnen eine Art Logbuch empfehlen, in dem Sie sich Notizen machen und Ihrem Coaching-Prozess eine gewisse Kontinuität geben können. Dieses Coaching-Logbuch kann eine Kladde sein, ein Block, ein schönes Heft – kurz, eine Möglichkeit, Ihre Gedanken, Ideen und Vorhaben dauerhaft festzuhalten. Das hilft sehr, um Ihre Gedanken zu fokussieren, Fortschritte zu notieren und neue Ideen zu entwickeln. Sie können es auch als eine Art Reisetagebuch auf dem Weg zu Ihrem Wunschleben betrachten.

Das Freundinnen-Wochenende:
Wir sind dann mal weg

Eine schöne Möglichkeit, sich auf eine gemeinsame Coaching-Aktion einzulassen, ist das Freundinnen-Wochenende. Hier bietet sich der Jahresanfang an, weil viele Menschen von dem Gedanken geprägt sind, dass ein neues Jahr der ideale Zeitpunkt für einen kleinen Neuanfang ist – letztlich aber ist es natürlich völlig unerheblich, wann Sie sich treffen.

Ich möchte nun eine persönliche Geschichte mit Ihnen teilen. Es ist die Geschichte des ersten Freundinnen-Wochenendes im Zusammenhang mit der Entstehungsgeschichte dieses Buches, welches ich, wie in der Einleitung schon kurz erwähnt, im Januar 2009 mit meiner Freundin Karina verbracht habe. Ich hatte damals bereits die Idee für dieses Buch. Mir war es jedoch wichtig, auszuprobieren, ob und wie sich das Ganze wirklich in der Praxis umsetzen lässt. Dass die Methoden an sich funktionieren, wusste ich zwar aus meiner langjährigen Tätigkeit als Coach und Beraterin. Aber würden Sie auch unter nicht generell Coaching interessierten Freundinnen zünden? Würden Freundinnen in der Lage sein, professionelle Instrumente anzuwenden, ohne sich dabei zu verstellen oder unnatürlich zu werden? Zu meiner Freude verlief dieses Pilotprojekt sehr gut und nach einigen Praxisrunden innerhalb meines Freundinnenkreises (auch ohne meine Teilnahme) wusste ich: Das Freundinnen-Projekt hat Potenzial!

Das Freundinnen-Pilotwochenende

>*Wege entstehen, indem man sie geht.*«
FRANZ KAFKA

Karina ist eine gute Freundin von mir, die ich allerdings nur ein bis zweimal im Jahr sehe. Wir telefonieren aber regelmäßig. 2009 war ihre Tochter drei Jahre alt, sie lebte in Hannover und arbeitete in der Marketingabteilung einer großen Firma. Karina ist eine aufgeschlossene Person, hatte aber bis zu dem besagten Wochenende kein besonderes Interesse am Coaching. Für mich war das ein sehr wichtiger Aspekt, weil ich dieses Testwochenende nicht mit einer Freundin verbringen wollte, die die Materie kennt oder gar aus meiner Branche kommt. Viel wichtiger war mir, dass Karina eine ganz wunderbare Gesprächspartnerin ist und wir zusammen sehr viel Spaß haben können.

Im Folgenden gebe ich Ihnen einen Einblick in unser gemeinsames Wochenende. Damit Sie auch eine Vorstellung vom zeitlichen Ablauf eines solchen Wochenendes bekommen, habe ich die Uhrzeiten mit angegeben. Allerdings waren die bei dem damaligen Wochenende nicht so streng formuliert.

Samstag, 12:00–13:00 Uhr: Karina und ich trafen uns bei mir zu Hause.
Samstag, 13:30–15:30 Uhr: Ich erläutere Karina die wichtigsten Coaching-Prinzipien und das Circles-of-Life-Tool. Unabhängig voneinander überlegten wir dann, was wir im kommenden Jahr in diesen drei plus eins Lebensbereichen verändern wollten oder wo

wir vielleicht schon jetzt zufrieden sind. Würden wir uns in einem Jahr dieselben Noten auf der Quick-Test-Skala geben wollen?

Samstag, 15:30–23:30 Uhr: Bei einem langen Spaziergang im Stadtpark tauschten wir unsere Ergebnisse aus und unterhielten uns darüber, wie es um die einzelnen Bereichen unseres Lebens bestellt war. Dieses Gespräch zog sich lange in den Abend hinein. Bei Rotwein und Spaghetti unterhielten wir uns bis tief in die Nacht.

Für den folgenden Tag hatten wir dann zwei Coaching-Sessions eingeplant. Eine für den Vormittag, das wir Karina widmen wollten, und eine für den Nachmittag, in dem dann meine Anliegen ihren Platz finden sollten.

Sonntag, 10:00–12:00 Uhr: Nach dem Frühstück ging es los und Karina legte fest, dass es bei ihr um das Thema berufliche Umorientierung und die Beziehung zu ihrem Mann gehen sollte. Grundsätzlich hatte das Gespräch, das wir dann führten, viele Ähnlichkeiten zu unseren sonstigen Gesprächen. Anders war jedoch, dass wir uns von vornherein ausschließlich auf Karinas Themen konzentrierten und schnell eine ganz andere Tiefe erlangten. Karina berichtete hinterher, dass sie es als unglaublich entspannend empfunden hätte, diese volle Aufmerksamkeit zu bekommen. Und dass es eigentlich bedenkenswert sei, diese Erfahrung in dieser Intensität noch nicht so oft gemacht zu haben.

Auch verlief das Gespräch zielgerichteter als unser üblicher Austausch. Wir durchleuchteten recht bald mögliche Lösungswege auf ihre Alltagstauglichkeit und machten uns beide Notizen, aus denen heraus Karina sich konkrete Vorhaben zur Veränderung ihrer Situation ableitete. Wie bereits in der Einleitung zu diesem Buch erwähnt, hat Karina nach diesem Wochenende aktiv nach einem neuen Job in einem kleineren Unternehmen gesucht und diesen auch gefunden. Ein Schritt, über den Sie bis heute glücklich ist. Über ihre Beziehung haben wir mithilfe der *Human Needs Psychology* gesprochen (siehe Kapitel 7). Und Karina hat hierfür indirekt die *Bierdeckel-Methode* (siehe Kapitel 13) entwickelt, die sie mit ihrem Mann erfolgreich erprobt hat.

Sonntag, 12:00–14:00 Uhr: Die »Mittagspause« verbrachten wir draußen, bummelten durch die Stadt und gingen etwas essen.

Sonntag, 14:00–16:00 Uhr: Nun war ich dran. Meine akuten Themen waren das Buchprojekt sowie meine Rückenschmerzen. Die größten Herausforderungen für das Buch mit meinem Kind und dem Job zu vereinbaren. In diesem Gespräch mit Karina gelang es mir, Lösungen dafür zu finden, wie ich Zeiträume zum Schreiben für dieses Buch schaffen könnte. Auch andere wichtige Entscheidungen, die dieses Buch betreffen, habe ich innerhalb meines Gesprächs mit Karina getroffen, zum Beispiel die Idee mit den Praxisrunden, in denen ich meine Methoden von anderen Freundinnen testen lassen würde. Seit diesem Gespräch mache ich zudem jeden Morgen meine Rücken-Yogaübungen (fünf bis zehn Minuten). Ich hatte zwar schon vorher gewusst, dass das notwendig ist. Doch die nötige Motivation, das auch umzusetzen, habe ich erst in diesem Gespräch gefunden.

Sonntag, 16:00–18:00 Uhr: Nach diesem zweiten Gespräch fuhren wir noch einmal für einen Spaziergang in die Stadt, bevor ich Karina dann zum Bahnhof brachte. Sie schrieb mir kurz darauf folgende SMS aus dem Zug: »Was für ein großartiges Wochenende. Eigentlich haben wir ja ganz normal geredet, aber irgendwie war es doch total anders! Schreib dein Buch. Die Freundinnen dieser Welt brauchen es!« Und auch ich hatte das Gefühl, dass etwas Neues begonnen hatte. Das Wochenende hatte in jeder Hinsicht einen inspirierenden und ermutigenden Charakter. Und das Wichtigste: Wir hatten richtig viel Spaß. Das Ganze hat sich trotz unseres klaren Zeitplans in keiner Weise wie Arbeit angefühlt. Es war eben ein zwar etwas anderes, aber eben doch ganz normales Freundinnen-Wochenende, das auf uns beide in der Folge einen ganz besonders positiven Einfluss hatte.

Telefon- und E-Mail-Coaching:
Freundinnen-Power aus der Ferne

Um uns gegenseitig zu unterstützen, verabredeten Karina und ich uns nach diesem Wochenende für Telefongespräche. Wir reservierten dafür jeweils etwa 45 Minuten und verabredeten, dass wir auch hier nacheinander über unsere jeweiligen Themen sprechen würden. Diese Telefongespräche in wechselnden Abständen wurden für einen Zeitraum von ca. sechs Monaten zu einer festen Institution. Schon die Tatsache, dass die andere wusste, was man vorhatte, motivierte uns beide, Gas zu geben. Per E-Mail tauschten wir darüber hinaus hin und wieder weitere Ideen und Erfolgserlebnisse aus. Bei jedem Erfolg gab es ein dickes Lob, bei Motivationskrisen ein paar aufmunternde Worte. Natürlich haben wir uns auch immer wieder über unsere neuen Rollen als »Profi-Coach« lustig gemacht. Vor allem Karina, die ja bis vor Kurzem noch überhaupt nichts mit dem Thema Coaching am Hut hatte. Später berichtete sie mir, dass sie viele dieser kleinen Coaching-Tipps auch in anderen Gesprächen eingesetzt hatte. Das wirkte sich in vielerlei Hinsicht sehr positiv auf ihre Beziehungen mit anderen Menschen aus, sowohl im privaten als auch im beruflichen Umfeld.

Erwartungshaltung an die Freundin

So gut es auch klingen mag: Innerhalb eines Freundinnen- oder Kolleginnen-Coachings dürfen Sie niemals vergessen, dass es sich nicht um ein professionelles Arrangement handelt. Eine zu hohe Erwartungshaltung an die Freundin bzw. Kollegin sollte auf jeden Fall vermieden werden. Weil es sich um freiwillige Unterstützung handelt, darf eine Freundin von den Anliegen einer anderen nicht überfordert werden!

Ein längerfristiges Telefon- oder E-Mail-Coaching ist deshalb kein Muss. Es muss in den Alltag passen und von beiden Seiten gewollt sein. Wenn es nicht passt, sich nach einem Wochenende oder einem Coaching-Gespräch weiter aktiv zu unterstützen, dann sollte das unbedingt von beiden Seiten akzeptiert werden.

Nun wünsche ich Ihnen viel Vergnügen beim Durchstöbern der 40 Coaching-Ideen. Und vergessen Sie auch nicht, auf dem *Tausche Abendessen gegen Coaching-Blog* (http:// freundinnencoaching.com) von Ihren Erfolgen zu berichten. Was Ihnen gelingt, kann auch anderen gelingen. Profitieren werden wir am Ende alle von diesen Geschichten.

Kapitel 11

10 Coaching-Ideen für mehr beruflichen Erfolg

Die in diesem Kapitel vorgestellten Themen, Tools und Werkzeuge können Ihnen dabei helfen, Ihren Lebensbereich Arbeit, Karriere und finanzielles Wohlergehen ins Visier zu nehmen. Es handelt sich hierbei um Coaching-Tools, die ich in leicht abgewandelter Form auch im professionellen Coaching einsetze. Sie eignen sich sowohl für das Freundinnen-Coaching, das Kolleginnen-Coaching als auch für das Selbst-Coaching. Darüber hinaus finden Sie extra für Sie aufgearbeitete Themen und Fragestellungen, die Sie innerhalb Ihrer Gespräche mit Freundinnen fokussieren können. All diese Impulse sollen als Anregung dienen, Ihrem freundschaftlichen Austausch ab und zu die gewollte klare inhaltliche Ausrichtung zu geben. Denn: Gespräche, die schnell zwischen verschiedenen Themen hin und her springen, hinterlassen oft ein unzufriedenes, fahriges Gefühl. Gespräche, in denen man sich die Zeit nimmt, voll in das eine oder andere Thema einzutauchen, helfen hingegen, Klarheit zu gewinnen und gute Entscheidungen zu treffen. Oft fühlt man sich nach einem solchen Gespräch hoch befriedigt und entspannt.

1. Das Stärken-Interview

Nutzen: Mit diesem Coaching-Tool möchte ich Sie ermutigen, über Ihr persönliches Stärkenprofil nachzudenken, um dieses mehr und mehr in den Mittelpunkt Ihres Arbeitslebens zu rücken.

Anwendung: Freundinnen-, Kolleginnen-, Selbst-Coaching.

Hintergrund: Stärkenansatz aus der Positiven Psychologie.

Dauer: 45 Minuten pro Coaching-Interview.

Bitte denken Sie daran, dass Ihre Stärken nicht bloß die Tätigkeiten sind, in denen Sie gut sind, sondern auch die, in denen Sie schnell besser werden, die Sie gerne tun und die bei Ihnen ein tiefes Gefühl der Befriedigung hinterlassen.

Coaching-Auftrag

Machen Sie sich zusammen mit Ihrer Freundin auf die Suche nach den wiederkehrenden Verhaltens-, Wahrnehmungs- und Denkmustern, die Ihnen Energie und Motivation geben und die Sie produktiv einsetzen können.

Zum Identifizieren Ihrer eigenen Stärken empfehle ich Ihnen und Ihrer Freundin, sich *nacheinander* unter Zuhilfenahme der vier Fragenkomplexe zu coachen:

1. Wenn Sie an die letzten vier Wochen Ihres Arbeitslebens denken: Welche Tätigkeiten haben Ihnen besonders Spaß gemacht und was hat Ihnen besonders gutgetan?

2. Welche Tätigkeiten fallen Ihnen besonders leicht? Welche Aktivitäten oder Aufgaben laden Sie energetisch auf? Nach der Erledigung welcher Aufgaben fühlen Sie sich nachher besser als vorher? Welche Aktivitäten oder Aufgaben bereiten Ihnen gute Laune?

3. Was würden Ihre Freundinnen / Ihr Lebensgefährte / Ihr Chef / Ihre Mitarbeiterinnen oder Kolleginnen sagen, welche Stärken Sie haben? Sie können sich hier auch auf vergangene Jobs und Arbeitsstellen beziehen.

4. Welcher Tätigkeit würden Sie nachgehen wollen, wenn Sie im Lotto gewinnen würden?

2. Eine Reise in die Kindheit

Nutzen: Auch mit diesem Coaching-Tool werden Sie sich über Ihr persönliches Stärkenprofil bewusst. Eine kleine mentale Reise in die Kindheit hilft beim Identifizieren Ihrer Stärken.

Anwendung: Freundinnen-, Kolleginnen-, Selbst-Coaching.

Hintergrund: Stärkenansatz aus der Positiven Psychologie.

Dauer: 45 Minuten pro Stärken-Coaching.

Der vielversprechendste Weg, Ihre Stärke (wieder) zu entdecken, ist die Erinnerung an Ihre Kindheit, Ihre Jugend oder auch Ihre jungen Erwachsenenjahre. Geprägt von Ihrem dominanten neuronalen Netzwerk haben Sie sich als Kind ganz automatisch solchen Tätigkeiten zugewandt, die Ihnen besonders liegen.

Coaching-Auftrag

Versuchen Sie sich gemeinsam mit Ihrer Freundin in eine frühere Zeit hineinzuversetzen. Helfen Sie sich (nacheinander!) gegenseitig dabei mit klugen Coaching-Fragen, die Erinnerung an diese Tätigkeiten wieder hervorzurufen:

- Was hat Ihnen schon immer Spaß gemacht?
- Wo liegen Ihre natürlichen Talente?
- Was hat Ihnen gutgetan?
- Wonach haben Sie sich gesehnt?
- Wann haben Sie ganz besonders schnell dazugelernt?

Denken Sie an Ihre Schulzeit, an die Freizeit, Ihre Spiele und auch an Ihre jungen Erwachsenenjahre.

Beschreiben Sie die Tätigkeiten ganz detailliert, um zum Kern Ihres Stärkenprofils vorzudringen.

Identifizieren Sie zwei bis drei solcher Tätigkeiten und machen Sie sich gegebenenfalls Notizen in Ihrem Coaching-Logbuch.

Beispiel: Ich möchte Ihnen gerne von einem persönlichem Aha-Erlebnis aus der Reflexion meiner Kindheitsgeschichte erzählen: Als Kind war ich sehr schüchtern und zurückgezogen. Ich erinnere mich jedoch deutlich an eine Begebenheit in der Kirche, als ich als Achtjährige ein kleines Gedicht aufsagen sollte. In dem Moment, in dem ich mit einer kleinen Kerze in der Hand vor der versammelten Weihnachtsgemeinde stand, war meine Schüchternheit wie weggeblasen. Ich genoss den Moment und erntete nach dem Auftritt viel Lob. Niemand hatte mir zugetraut, dass ich, die ich sonst so schüchtern war, vor einer großen Menschenmenge derart klar, laut und deutlich reden konnte. Ich war selbst ganz erstaunt und kann mich gut daran erinnern, wie ein tiefes Gefühl der Zufriedenheit über mich kam, als ich wieder meinen Platz in der Kirchenbank einnahm. Rückblickend ist mir klar, dass meine Neigung zum »Public Speaking«, zum Präsentieren und öffentlichen Reden, damals bereits in mir angelegt war. Seit mir das bewusst geworden war, habe ich diese Stärke fokussiert ausgebaut und daran gearbeitet, sie in den Mittelpunkt meiner Tätigkeit zu rücken. Von meiner heutigen Position aus kann ich sagen, dass sich das sowohl emotional als auch in Bezug auf das berufliche Fortkommen sehr gelohnt hat.

3. Ihre persönliche Powerzone: Setzen Sie sich starke Ziele!

Mithilfe dieser Übung können Sie Strategien entwickeln, Ihre identifizierten Stärken *stärker* in den Mittelpunkt Ihres Lebens zu rücken. Erst wenn Sie Ihre Stärken nutzen, wird Ihr berufliches Wohlergehen richtig in Schwung kommen.

Anwendung: Freundinnen-, Kolleginnen-, Selbst-Coaching.

Hintergrund: Stärkenansatz aus der Positiven Psychologie.

Dauer: 45 bis 60 Minuten pro Coaching.

Wenn Ihre Stärken mit Ihren gesetzten Zielen harmonieren, wird Ihnen schon der *Weg zum Ziel* viel mehr Spaß machen, denn Sie bewegen sich in Ihrer persönlichen Powerzone. In diesem Bereich wirken die Hebelkräfte Ihres Lebens. Und genau in diesem Bereich sollte idealerweise der Großteil Ihres beruflichen Engagements zu Hause sein. Denn wer einen Großteil seiner Arbeitszeit damit verbringt, seine Stärken anzuwenden, der genießt das Leben und verfügt aller Wahrscheinlichkeit nach über eine hervorragende Arbeitszufriedenheit!

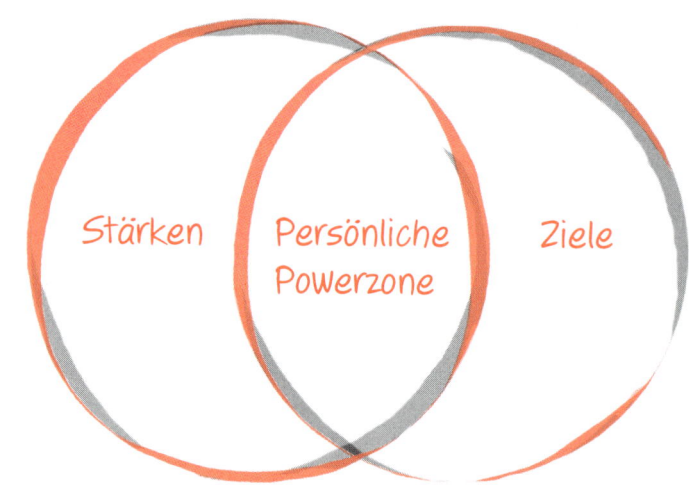

Coaching-Auftrag

Sie haben Ihr Stärkenprofil bereits erstellt. Nun geht es darum, dieses bestmöglich in der Praxis anzuwenden. Entwickeln Sie Strategien, wie Sie Ihre Stärken in Ihrem Berufsalltag platzieren. Versuchen Sie – gemeinsam oder allein – Antworten auf folgende Fragen zu finden:

- Welche Stärken wenden Sie derzeit in Ihrem Alltag zu wenig an?
- Wo könnten Sie – sowohl im beruflichen als auch im privaten Umfeld – Ihre Stärken *besser* zum Einsatz bringen?
- Mit wem müssten Sie sprechen oder in Kontakt treten, um entsprechende Gelegenheiten zu schaffen? Mit Ihrem Chef? Ihren Kollegen? Ihren Mitarbeitern?
- Gibt es Aufgaben in Ihrem Job, die nicht zu Ihrem Stärkenprofil passen und die Sie delegieren könnten?
- Passt Ihr Beruf zu Ihren Stärken? Oder können Sie sich vorstellen, sich noch einmal in eine andere Richtung weiterzuentwickeln?
- Wenn ja, in welche? Wie müssten Sie dann – ganz konkret – vorgehen? Überlegen Sie zum Beispiel: Wer übt eine Tätigkeit aus, die genau zu Ihrem Stärkenprofil passt? Wie können Sie mit dieser Person in Kontakt treten? Wie ist diese Person vorgegangen, um dahin zu gelangen, wo sie ist?

Tipp: Machen Sie sich zu diesem Gespräch unbedingt Notizen in Ihrem Coaching-Logbuch. Legen Sie verbindlich fest, welche Schritte Sie unternehmen werden. Auch die größte Reise beginnt mit einem ersten Schritt. Belassen Sie es nicht beim Nachdenken. Zum Erreichen Ihrer Ziele müssen Sie auch ins Handeln kommen.

4. Mehr Zeitsouveränität durch das Pareto-Prinzip

Nutzen: Mit dem Pareto-Prinzip können Sie lernen, klare Prioritäten zu setzen und Ihre Zeit effektiver zu nutzen.

Anwendung: Freundinnen-, Kolleginnen-, Selbst-Coaching.

Hintergrund: Das Pareto-Prinzip wurde ursprünglich in der Betriebswirtschaft diskutiert. Es eignet sich jedoch auch hervorragend für das persönliche Zeit- und Ressourcenmanagement im Alltag.

Dauer: 45 Minuten.

Erinnern Sie sich noch an das Pareto-Prinzip? Dieses Prinzip basiert auf der Beobachtung, dass in vielen Bereichen des Lebens 20 Prozent Ihres Einsatzes für 80 Prozent Ihrer Ergebnisse verantwortlich sind. Auch wenn die genauen Prozentzahlen variieren können, gilt: Sie können mit wenig Aufwand ein sehr gutes Ergebnis erzielen, wenn Sie wissen, wo Sie die Hebelkräfte in Ihrem Aufgabenbereich einsetzen müssen.

Coaching-Auftrag 1

1. Wenden Sie das Pareto-Prinzip zunächst einmal auf Ihre Arbeit an. Nehmen Sie ein Blatt Papier und schreiben Sie alle Aufgaben auf, die Sie in Ihrem Job erledigen müssen.

2. Identifizieren Sie nun, welche 20 Prozent Ihrer (alltäglichen) Tätigkeiten für 80 Prozent Ihres Erfolges verantwortlich sind. Das sind die Tätigkeiten, die Sie in 5-Sterne-Qualität erledigen müssen, um in Ihrem Job zu brillieren.

3. Diskutieren Sie Ihre Einsichten mit Ihrer Freundin oder Kollegin. Erarbeiten Sie, wie Sie Ihren Arbeitsalltag strukturieren müssen, um für diese Tätigkeiten genügend Raum zu haben.

Coaching-Auftrag 2

Fragen Sie sich zu Beginn *jeder* Woche, was Sie in den kommenden Tagen erreichen wollen. Identifizieren Sie im nächsten Schritt die wichtigsten Tätigkeiten, die Ihnen helfen werden, diese Ziele zu erreichen. Stellen Sie sicher, dass Sie diese Tätigkeiten als Allererstes ausführen. Allein schon das Wissen um diese Prioritäten wird Ihnen ein Gefühl der Ruhe vermitteln, da Sie davon ausgehen können, mit diesen gezielten Tätigkeiten schon 80 Prozent Ihres angestrebten Ergebnisses in der Tasche zu haben.

Coaching-Auftrag 3

Wenden Sie das Pareto-Prinzip auch einmal auf Ihre Aufgaben im Haushalt / Familienleben an. Welche Aufgaben müssen Sie dort neben dem Job unbedingt erledigen, um den Haushalt zu managen? Welche Aufgaben sind wirklich wichtig und sollten *immer* erledigt werden? Welche Aufgaben können auch einmal ruhen, ohne dass die Welt davon untergeht? Diskutieren Sie diese Ergebnisse mit Ihrer Freundin. Es ist interessant zu sehen, ob Sie ähnliche oder ganz andere Prioritäten beim Familien- und Haushaltsmanagement setzt.

Anmerkung: Perfektionismus ist aus der Perspektive des Pareto-Prinzips purer Luxus! Den sollten Sie sich nicht öfter als nötig leisten. Versuchen Sie, alle Arbeit, die keinen angemessenen Mehrwert schafft, von Ihrer Tätigkeitsliste zu streichen. Sie werden schnell feststellen, dass Sie wieder mehr Zeit für die wesentlichen Dinge im Leben haben. Bedenken Sie dabei immer, dass Zeit nicht gleich Zeit ist! Wenn Sie mithilfe einer klaren Prioritätensetzung eine Stunde früher zu Hause sein können, dann kann genau diese eine Stunde am Abend den Unterschied ausmachen zwischen Stress und Chaos und einer relativen Ordnung und Entspannung.[44]

5. Mehr Zeitsouveränität durch das »Nein-Sandwich«

Nutzen: Für eine bessere Zeitsouveränität ist es unerlässlich, Nein sagen zu können. Empfehlen kann ich dazu das Nein-Sandwich.[45] Es wirkt immer und überall und es tut gut.

Anwendung: Vorbereitung und Ausprobieren im Rollenspiel im Freundinnen-/oder Kolleginnen-Coaching, Anwendung in der jeweiligen (Arbeits-)Situation, von der Sie sich abgrenzen möchten.

Hintergrund: Das Nein-Sandwich wurde im Original von Claire Shipman und Katty Kay entwickelt. Die Methode des Rollenspiels wird mit viel Erfolg in der Psychotherapie oder auch in Management-Trainings eingesetzt.

Dauer: Vorbereitung bis zu 15 Minuten, Durchführung 5 Minuten.

Es gibt viele verschiedene Arten, Nein zu sagen. Nein sagen will geübt sein, um nicht konfrontierend, verletzend oder verstörend auf das Gegenüber zu wirken.

Im Folgenden lernen Sie das Nein-Sandwich kennen, das Sie zusammen mit Ihrer Freundin einmal ausprobieren können, bevor Sie es in der Praxis servieren.

Coaching-Auftrag 1

Sie sind mit einer Anfrage, Situation oder einem Auftrag konfrontiert, von der/dem Sie sich abgrenzen wollen, ohne Ihr Gegenüber zu brüskieren. Gewinnen Sie innere Klarheit, um dies gekonnt und elegant zu tun. Bereiten Sie Ihr Nein-Sandwich vor, um bei der Durchführung nicht ins Stolpern zu geraten. Machen Sie sich hierfür Notizen.

Klare und ehrliche Entschuldigung oder Lob

»Ich wünschte, ich könnte Ihnen helfen.«

»Normalerweise mache ich so etwas sehr gerne.«

»Das hört sich toll an. Das wollte ich schon immer mal machen!«

Knackiger, herzhafter Inhalt: Nein

»Ich habe leider schon andere Verpflichtungen.«

»Meine aktuelle Arbeitssituation lässt das leider gar nicht zu.«

Bieten Sie Ihrem Gegenüber eine Alternative an

»Wie wäre es nächste Woche / nächsten Monat?«

»Soll ich einen Kollegen fragen, ob er das übernehmen kann?«

Coaching-Auftrag 2

Um für den Echtfall vorbereitet zu sein, können Sie das Nein-Sandwich bereits im Rollenspiel mit Ihrer Freundin ausprobieren. Ihre Freundin schlüpft Ihnen zuliebe sicher gerne mal in die Rolle der Person, die das Nein-Sandwich serviert bekommen soll. Selbst wenn dieses Rollenspiel in heiterem Gelächter endet, wird es Ihnen im Ernstfall zugutekommen, dass Sie Ihren Nein-Sage-Auftrag schon einmal laut in der Gegenwart einer anderen Person artikuliert haben.

Anmerkung: Grundvoraussetzung für ein klares »Nein« ist ein klares Ich. Wenn Sie innerlich klar sind, müssen Sie diese Klarheit auch nach außen kommunizieren. Das heißt, wenn Sie wissen, dass Sie eine Aufgabe nicht übernehmen können oder wollen, dann sagen Sie es geradeheraus. Achten Sie jedoch auf Ihre Umgangsformen. Bieten Sie eine diplomatische, ehrliche Entschuldigung an. Erkennen Sie an, dass die Aufgabe gemacht werden muss und dass sie wichtig ist. Zeigen Sie jedoch deutlich, dass Sie diese Aufgabe nicht übernehmen können. Oft bietet es sich auch an, sich dafür zu bedanken, dass Sie für diese Aufgabe berücksichtigt wurden. Um das Nein-Sagen für alle Beteiligten so angenehm wie möglich zu gestalten, sollten Sie sich darüber hinaus bemühen, für die Lösung des Problems nach Alternativen zu suchen. Fällt Ihnen eine Kollegin ein, die den Auftrag übernehmen könnte? Können Sie Tipps zur Ausführung der Aufgabe anbieten? Zeigen Sie, dass Ihnen das an Sie herangetragene Anliegen wichtig ist. Dann kann Ihnen Ihr Nein sogar Sympathien einbringen.

Noch ein *Tipp für die Praxis:* Wenn Sie noch keine Klarheit darüber haben, ob Sie eine bestimmte Aufgabe übernehmen sollen oder nicht, dann versuchen Sie Zeit zu gewinnen. Bieten Sie einen Rückruf an, versprechen Sie, sich innerhalb der nächsten Stunde zurückzumelden. Geben Sie vor, erst noch einen Vorgang beenden oder ein Gespräch führen zu wollen, bevor Sie sich entscheiden. So schaffen Sie sich einen Zeitpuffer und können sich in Ruhe darüber klar werden, ob Sie eine Aufgabe übernehmen wollen oder nicht.

6. Delegieren und Loslassen

Nutzen: Lernen Sie die Kunst des Delegierens und schaffen Sie sich somit Freiräume, die Sie sinnvoll nutzen können.

Anwendung: In allen Alltagssituationen. Vorbereitung in einem Freundinnen-Gespräch.

Hintergrund: Zeit- und Ressourcenmanagement.

Dauer: Wenn Sie diese Methode zur richtigen Zeit auf die richtige Art und Weise anwenden, sparen Sie Zeit. Immer und überall!

Zufriedene Menschen versuchen, nicht alles selber zu erledigen. Sie geben Aufgaben weiter, wenn dies möglich ist: Sie delegieren. Delegieren will jedoch gelernt sein. Solange Sie (noch) nicht reich und berühmt sind, stehen die Menschen in der Regel nicht Schlange, um Ihnen die Aufgaben abzunehmen, für die Sie selbst zu beschäftigt sind. Deshalb müssen Sie sich etwas einfallen lassen. Finden Sie heraus, welche Aufgaben Sie mit einem guten Gewissen an andere abgeben können. Es gibt hier viel mehr Möglichkeiten, als Sie vielleicht denken. Und es ist sehr wahrscheinlich, dass diejenigen, an die Sie Aufgaben abgeben, davon sogar profitieren.

Coaching-Auftrag 1

Identifizieren Sie die Aufgaben, die Sie reinen Gewissens an andere delegieren können. Erstellen Sie eine Liste und schreiben Sie den Namen der Person hinter die jeweilige Aufgabe. Behalten Sie dabei den Win-win-Gedanken im Hinterkopf: Wem könnte die Ausübung dieser Aufgabe nützlich sein?

Beispiel: Im beruflichen Kontext könnten jüngere Kollegen durch die Übernahme von Aufgaben positiv auf sich aufmerksam machen. Im privaten Bereich sind hier oft die Großeltern zu nennen, die sich in der Regel darum reißen, auf die Enkelkinder aufzupassen.

Coaching-Auftrag 2

Delegieren Sie die Aufgabe und geben Sie sie ab. Das heißt vor allem, dass Sie auch ein Stück von Ihrer Verantwortung für einen gewissen Zeitraum übergeben. In dem Moment, wo andere Menschen Aufgaben für Sie übernehmen, müssen Sie diesen Menschen Ihr Vertrauen schenken und Ihnen einen gewissen Freiraum beim Erledigen der Aufgaben zugestehen.

Bedenken Sie: Wenn Sie beispielsweise im Job eine Aufgabe an eine Kollegin abgeben, trauen Sie ihr zu, dass sie sie auch gut erledigt. Halten Sie sich bis auf Weiteres heraus und entlasten Sie dadurch nicht nur sich, sondern auch den Erwartungs- oder Leistungsdruck der Kollegin. Am Ende wird sich das Vertrauen, dass Sie der Kollegin entgegenbringen, für Sie beide auszahlen.

Für unser Beispiel mit den Großeltern heißt das, mit dem Enkelkind auch ein gewisses Maß an Freiheit zu übergeben. Mischen Sie sich nicht bis ins Detail ein, wie der Tag ablaufen muss, sonst verderben Sie allen Beteiligten den Spaß: sich selbst, weil Sie Ihre Aufgabe eben doch nicht wirklich loswerden, den Großeltern, weil die sich nicht alles haarklein vorschreiben lassen möchten, und den Kindern, die sich darüber freuen, dass bei den Großeltern eben auch mal was anders läuft. Extremes Micromanagement ist auch hier mehr als fehl am Platz.

7. Steigern Sie Ihr finanzielles Wohlergehen: Der LQ-Faktor

Nutzen: Treffen Sie schlaue Entscheidungen hinsichtlich der Qualität Ihrer Ausgaben. Mit anderen Worten: Bauen Sie den LQ-Faktor in Ihr Leben ein.

Anwendung: Gesprächsthema unter Freundinnen.

Hintergrund: Gesundheitspsychologische Forschung zum Thema finanzielles Wohlergehen.

Dauer: 30 bis 60 Minuten.

Noch einmal zur Wiederholung: LQ steht für Lebensqualität und sollte bei jedem Cent, den Sie investieren, in Ihrem Hinterkopf bedacht werden. Steigert eine Ausgabe Ihre Lebensqualität wirklich dauerhaft? Dann ist es wahrscheinlich eine sinnvolle Investition. Wird die Freude über den getätigten Kauf hingegen nur von kurzer Dauer sein, ist der LQ-Faktor zu gering, um sich zu lohnen. Jede finanzielle Ausgabe hat Einfluss auf Ihre Lebensqualität, das sollte Ihnen immer klar sein.

Coaching-Auftrag 1

Setzen Sie sich mit Ihrer Freundin zusammen und besprechen Sie Sinn und Unsinn des LQ-Faktors. Was denkt Ihre Freundin darüber? Was ist Ihre Meinung?

Coaching-Auftrag 2

Denken Sie anschließend gemeinsam über Ausgaben nach, die mit einem besonders niedrigen LQ-Faktor verbunden sind. Auf welche dieser Ausgaben können Sie in Zukunft getrost verzichten? Auf der anderen Seite: Welche Ausgaben, die Sie normalerweise tätigen, haben einen hohen LQ-Faktor – und warum?

Ziel dieser Coaching-Übung ist es, sich darüber bewusst zu werden, welches Geld Sie sparen können, ohne an Lebensqualität einzubüßen, und welche Ausgaben Sie unbedingt tätigen möchten, weil die erworbene Gegenleistung Ihr Leben angemessen bereichert. Dieses neue Bewusstsein wird Ihnen zukünftig helfen, kluge und gute Entscheidungen zu treffen.

8. Werden Sie zur Schatzmeisterin Ihres Lebens: Die ABC-Analyse

Nutzen: Wenn Sie Ihr finanzielles Wohlbefinden als ausbaufähig einstufen, sollten Sie Ihre Einnahmen und Ausgaben über einen Zeitraum von zwei bis drei Monaten mithilfe der ABC-Analyse genauestens kontrollieren.

Anwendung: Ihre Freundin kann Ihnen behilflich sein und Motivation geben, diese Aufgabe auch bis zum Ende zu erledigen. Denn Spaß macht diese Aufgabe leider nur den wenigsten!

Hintergrund: Betriebswirtschaftslehre.

Dauer: 60 bis 90 Minuten pro Monat.

Coaching-Auftrag

1. Dokumentieren Sie über einen Zeitraum von zwei bis drei Monaten genaustens Ihre Einnahmen und Ausgaben. Schreiben Sie wirklich alles haarklein auf: Werden Sie vorübergehend zur Erbsenzählerin! Weihen Sie Ihre Freundin in dieses Vorhaben ein, damit Sie Ihnen bei dieser eventuell für Sie unangenehmen Aufgabe zur Seite stehen kann.

2. Bewerten Sie Ihre finanzielle Situation nun mithilfe der ABC-Analyse-Technik. Dazu dienen folgende Fragen:
   - Welche Ausgaben sind wirklich unerlässlich? (A)
   - Welche sind zwar wichtig, könnten aber eingeschränkt werden? (B)
   - Wie viel Geld investieren Sie in Dinge, die Sie eigentlich gar nicht brauchen? (C)

Wenn Sie sich dieser drei Kategorien bewusst werden, können Sie Ihre Investitionen am LQ-Faktor festmachen. Ausgaben der Kategorie C haben keinerlei positiven Effekt auf Ihr Wohlergehen und können getrost wegfallen. Sparen Sie das Geld oder investieren Sie es in Ausgaben der anderen beiden Kategorien.

Wie Sie es nicht machen sollten ...

9. Sammeln Sie Erlebnisse statt Gegenstände

Nutzen: Sie bereiten sich und Ihren Freundinnen eine Freude und sparen Geld.

Anwendung: Unter Freundinnen.

Hintergrund: Glücksökonomie.

Dauer: So lange und so oft Sie wollen.

Wie schon mehrfach ausgeführt: Es ist erwiesen, dass Menschen mit einem als hoch empfundenen finanziellen Wohlergehen ihr Geld lieber für Erlebnisse (zum Beispiel für einen Abend im Restaurant, im Theater oder für das Kino) ausgeben als für materielle Dinge.

Coaching-Auftrag

Verabreden Sie sich mit Ihrer Freundin (oder gleich mit mehreren) zu verschiedenen Terminen, die jeweils eine von Ihnen organisiert. Diejenige, die mit der Planung dran ist, hat dafür zu sorgen, dass es ein Treffen wird, das kein oder nur wenig Geld kostet. In einem Kreis von vier Freundinnen könnten Sie beispielsweise verabreden, dass jede von Ihnen pro Jahr drei »Events« zu planen hat. Sie müssten sich nur alle drei Monate etwas ausdenken, hätten jeden Monat etwas Tolles vor und sparen dabei auch noch Geld!

Beispiel: Im Zuge dieser Aktion habe ich Freundinnen von mir zu einem Yoga-Ladies-Special in unseren Garten eingeladen. Als Yoga-Lehrer kam Ralf Bauer (sehr empfehlenswert – wenn auch nur auf DVD), gereicht wurden Entspannungstee und später Gemüse-Sticks mit leckeren Dips. Der Yoga-Abend war einfach zu organisieren und hat extrem viel Spaß gemacht – weshalb er noch bis heute regelmäßig wiederholt wird.

10. Berufliche Entscheidungen nach dem Drei-plus-eins-Prinzip treffen

Nutzen: Das Leben ist auf fast allen Ebenen schneller, komplexer und flexibler geworden. Umso wichtiger ist es, dass wir buchstäblich einen klaren Kopf behalten und ein Bauchgefühl dafür entwickeln, die richtigen Entscheidungen für unser Leben zu treffen.

Anwendung: Freundinnen-, Kolleginnen-, Selbst-Coaching.

Hintergrund: Circles of Life, ganzheitliche Lebensführung.

Dauer: 60 bis 90 Minuten.

Dieses Tool eignet sich ganz besonders, wenn Sie gerade mit einer wichtigen Entscheidung konfrontiert sind. Man hat Ihnen beispielsweise eine Beförderung, eine neue Aufgabe oder eine berufliche Weiterentwicklung angeboten. Sie wollen nun sichergehen, dass Sie eine Entscheidung treffen, die nicht nur Ihr berufliches Wohlergehen stärkt, sondern langfristig für Ihr ganzes Leben gut ist.

Lesen Sie sich dafür kurz in die Situation von Steffi (33) ein, die in Heidelberg lebte.

Steffi: Ich habe ein Job-Angebot aus Berlin bekommen, jetzt bin ich total durcheinander. Die Leute waren super nett, ich wäre endlich wieder dabei, würde etwas Neues lernen, aus der Werbebranche wegkommen und dann auch noch was Sinnvolles machen. Ich glaube, das ist *der* Job. Oje, ich weiß überhaupt nicht mehr, was richtig ist.

Freundin: Wann würdest du denn da anfangen?

Steffi: Im Oktober – sprich, in acht Wochen.

Freundin: Und bis wann musst du dich entscheiden?

Steffi: Ich muss mich innerhalb der nächsten sieben Tage entscheiden und weiß überhaupt nicht, wie ich das machen soll … Hier alles aufgeben? Thomas findet Berlin zwar toll, aber jetzt einfach von hier wegziehen??? Hilfe!

Freundin: Ich glaube, das Beste ist, wenn ich dir einfach mal verschiedene Fragen stelle und wir uns deine Situation einmal genau anschauen. Was spricht für und was gegen den Job, welche Handlungsoptionen hast du überhaupt und so weiter … Am besten halten wir diese Überlegungen sogar schriftlich fest, damit du sie dir später immer wieder anschauen kannst. Was meinst du?

Steffi: Ja, das hört sich sehr gut an.

Coaching-Auftrag

Ihre Freundin kann Ihnen helfen, in so einer Situation die richtige Entscheidung zu treffen, indem sie Sie dazu auffordert, sich in den potenziellen neuen Alltag hineinzudenken. Gehen Sie in einer Freundinnen-Session die folgenden Fragenkomplexe durch und durchleuchten Sie die möglichen Konsequenzen vor dem Hintergrund Ihrer Circles of Life.

1. Welchen Einfluss hat der neue Auftrag / der neue Job für Ihren Lebensbereich Arbeit, Karriere und finanzielles Wohlergehen? Lässt sich dieser Einfluss bemessen, und wenn ja, wie? (Geld, Anerkennung, Beförderung etc.) Welchen Nutzen ziehen Sie daraus und wie viel Zeit wollen Sie dafür investieren? Wie hoch muss zum Beispiel der finanzielle Anreiz sein, damit Sie sich dabei wohlfühlen?

2. Wie wird dieser Auftrag sich auf Ihre anderen drei Lebensbereiche auswirken? Ihre Beziehungen? Ihre Gesundheit und Ihre Vitalität? Wie würde Ihr Alltag dann aussehen? Wann müssten Sie aufstehen? Wie viel Zeit würden Sie haben für Ihre Kinder, Ihre Familie, Ihr körperliches und mentales Wohlbefinden, für Ihre Hobbys? Wie werden Sie sich körperlich fühlen? Wird Ihr Rücken wieder schmerzen oder werden Sie sich aller Voraus-

sicht nach gut und gesund fühlen? Werden Sie Ihren Haupt-Lebensmotiven weiterhin Priorität einräumen können?

3. Auf der anderen Seite sollten Sie sich ebenfalls in die mögliche Zukunft eindenken, in der Sie diese jetzige Option nicht wahrnehmen. Wie würde sich Ihr Leben anfühlen, wenn Sie auf die nächste berufliche Herausforderung verzichten würden? Hätten Sie dann mehr Zeit zum Joggen, für Yoga oder andere Hobbys? Wären Sie insgesamt entspannter, könnten Sie Ihre Zeit frei einteilen, wären Sie abends nach einem fordernden Arbeitstag nicht abgeschlafft und k. o.? Hätten Sie mehr Zeit für Ihre Familie, Ihren Partner? Würde Sie das glücklicher machen?

Wenn Sie sich diese Fragen stellen und gemeinsam mit Ihrer Freundin systematisch durchgehen, wird es Ihnen leichter fallen, die richtigen Entscheidungen zu treffen. Der Trick besteht darin, sich in die neue Lebenssituation hineinzudenken und – vor allem – sich mit allen Sinnen *hineinzufühlen*. Ihre Entscheidungen sollten immer sowohl von kognitiven als auch von emotionalen Überlegungen geprägt sein. Lassen Sie Ihr Bauchgefühl mit entscheiden!

Kapitel 12

10 Coaching-Ideen
für mehr Kraft und Energie

In diesem Kapitel finden Sie zehn Ideen, wie Sie zusammen mit Ihrer Freundin Ihre gefühlte Lebensenergie auf ein höheres Niveau bringen können. Zubereitet habe ich für Sie ein Potpourri aus Coaching-Tools, Gesprächsimpulsen und konkreten Handlungsaufforderungen. Diese können Sie in den Mittelpunkt Ihres Freundinnen-Coachings, guter Gespräche oder gemeinsamer Aktionen stellen. Auch können Sie sie gerne zum Selbst-Coaching heranziehen. Allerdings möchte ich betonen, dass es gerade beim Thema Ernährung, Bewegung und Fitness vor allem um eins geht: um Ihren inneren Schweinehund und darum, ihn zu überwinden! Und zwar so oft, bis er irgendwann nur noch klein und machtlos ist und Sie nicht länger von einem besseren Leben abhalten kann. Diesen inneren Schweinehund zähmen Sie am wirkungsvollsten in Gesellschaft. Das schüchtert ihn ein und verhindert, dass Sie auf dem Weg zu einem beschwingteren Leben doch wieder in die Knie gehen. Die Wahrscheinlichkeit, dass Sie Ihr Traumziel erreichen, steigt nämlich um ein Vielfaches, wenn eine andere Person emotional an Ihrem Vorhaben beteiligt ist. Also: Unterstützen Sie sich gegenseitig, fiebern Sie mit und freuen Sie sich bald gemeinsam über Ihre erreichten Ziele!

1. Die Wohlfühl-Inventur: Machen Sie einen Energie-Check

Nutzen: Mithilfe der Wohlfühl-Inventur decken Sie Ihre Stärken und Schwächen in Ihrem derzeitigen körperlichen Wohlfühl-Management auf. Mit diesem Wissen können Sie durchstarten zu mehr körperlichem und emotionalem Wohlbefinden.

Anwendung: Freundinnen-Coaching, Selbst-Coaching.

Hintergrund: Sport- und Ernährungsmedizin.

Dauer: 60 Minuten.

Wo stehen Sie in Sachen Lebensenergie? Denken Sie über Ihren Alltag nach: Sie fühlen sich oft angespannt, übermüdet und gereizt? Dann sollten Sie dringend analysieren, wie Sie diesen Zustand verändern können.

Machen Sie einen Energie-Check!

Coaching-Auftrag 1

Gehen Sie zu Kapitel 9 und machen Sie den großen Circles-of-Life-Test für Ihren Lebensbereich Gesundheit, Vitalität, körperliches und emotionales Wohlbefinden.

Coaching-Auftrag 2

Analysieren Sie zusammen mit Ihrer Freundin die Ergebnisse des Circles-of-Life-Tests. Wo liegen Ihre Schwachstellen in diesem Lebensbereich? Wo schneiden Sie besonders gut ab?

Coaching-Auftrag 3

Lesen Sie noch einmal das Kapitel 6. Welche der dort vorgestellten Themen und Strategien erscheinen Ihnen geeignet, um Ihr körperliches und emotionales Wohlbefinden zu verbessern? Setzen Sie dabei Prioritäten. Gehen Sie in sich und fragen Sie sich, welche Maßnahmen Sie zuerst ergreifen möchten, um Ihre gefühlte Lebensenergie zu verbessern. Wenn Sie sich gedanklich in Ihren Lebensbereich Gesundheit, Vitalität, körperliches und emotionales Wohlbefinden eingegraben haben, werden Sie schnell wissen, an welchen Stellen sich Ihr innerer Schweinehund besonders gut gegen Sie durchsetzt und wo Sie ansetzen müssen, um dies zu ändern.

2. Ernährungs-Check:
Entkommen Sie der Zuckerfalle!

Nutzen: Entdecken Sie gemeinsam mit Ihrer Freundin neue Ernährungsgewohnheiten und wagen Sie den Sprung in ein Leben mit mehr Energie und Ihrem Traumgewicht.

Anwendung: Intensives Freundinnen-Gespräch.

Hintergrund: Ernährungsmedizin.

Dauer: 90 Minuten.

Wenn Ihre Lebensenergie nicht da ist, wo sie sein sollte, überprüfen Sie dringend Ihre Essgewohnheiten. Kann es sein, dass Sie zu viel zuckerhaltige Produkte und *einfache* Kohlenhydrate konsumieren? Sind Sie schon in der Zuckerfalle gefangen und kämpfen mit Müdigkeit, Nervosität und überflüssigen Kilos? Dann ist es Zeit, sich einmal mehr mit gesunder Ernährung zu befassen.

Coaching-Auftrag 1

Bitte lesen Sie in Kapitel 6 noch einmal den Abschnitt über Ernährung und verabreden Sie sich mit einer interessierten Freundin zu einem intensiven Gespräch über Fitness, Wohlfühl-Gewicht und gesunde Ernährung. Erklären Sie Ihrer Freundin

- die Charakteristika der *Western Diet* und ihre Folgen,
- den Insulin-Effekt und was der mit Ihrem Körper und Ihrer Seele anrichtet,
- warum Zucker und *einfache* Kohlenhydrate süchtig machen (Zuckerfalle),
- die fünf Ernährungs-Strategien.

Benutzen Sie gerne Papier und Stift, um Ihrer Freundin die entsprechenden Informationen zu vermitteln. Nehmen Sie das Buch mit zu Ihrem Treffen, damit Sie die fünf Ernährungs-Strategien nachschlagen können. Das Gespräch sollte so lange dauern, bis Sie beide auf dem gleichen Wissensstand sind. Das ist sehr wichtig, denn es sind eben diese Einsichten, die Ihnen später helfen werden, an Ihren neuen Ernährungs-Gewohnheiten festzuhalten.

Coaching-Auftrag 3

Wenn Sie das Gefühl haben, dass Sie innerlich bereit sind für eine neue Art der Ernährung, dann lenken Sie das Gespräch auf Ihre jetzigen Ernährungs-Gewohnheiten. Gehen Sie gegenseitig einen typischen Arbeits- und Freizeittag durch und schauen Sie genau,

- wie viele Kohlenhydrate Sie pro Tag »verputzen«,
- wie viele zuckerhaltige Produkte / einfache Kohlenhydrate Sie essen,
- wie Sie sich anderthalb bis drei Stunden nach dem Verzehr dieser Lebensmittel fühlen.

Coaching-Auftrag 3

Erstellen Sie nun gemeinsam einen Plan darüber, wie Sie Ihre Essgewohnheiten ändern werden. Meiden Sie weitestgehend die *einfachen* Kohlenhydrate. Planen Sie möglichst genau, wie Sie mehr eiweißhaltige Lebensmittel und gesunde Fette in Ihre Ernährung integrieren können. Es ist in unserer heutigen Gesellschaft gar nicht so einfach, sich von einer kohlenhydratlastigen Ernährung zu verabschieden.

3. Besser essen im Team

Nutzen: Besser essen und abnehmen im Team. Sie motivieren sich gegenseitig, feiern Ihre Erfolge gemeinsam und unterstützen sich, wenn Sie schwach werden.

Anwendung: Mitmach-Aktion unter Freundinnen, Kolleginnen, guten Bekannten.

Hintergrund: Ernährungspsychologie, Ernährungsmedizin.

Dauer: Dieses Event erstreckt sich über sechs Wochen.

Wenn Sie sich entschlossen haben, Ihre Ernährung umzustellen, versuchen Sie doch mal, möglichst viele Freundinnen mit diesem Vorhaben anzustecken. Machen Sie aus der Ernährungsumstellung ein Team-Event!

Coaching-Auftrag 1

Organisieren Sie einen Info-Abend. Bringen Sie sich alle auf einen ähnlichen Wissensstand, was die *Western Diet* und ihre Folgen, den Insulin-Effekt und eine ausgeglichene Ernährung angeht. Das Wissen, dass in diesem Buch vermittelt wird, reicht schon, um anzufangen. Wenn Sie noch weiter in die Tiefe gehen wollen, konsultieren Sie die Lesetipps am Ende dieses Buches.

Coaching-Auftrag 2

Verabreden Sie sich, für sechs Wochen die folgenden Regeln einzuhalten:

1. Verzichten Sie auf alle Lebensmittel, die Zucker enthalten. Verzichten Sie auf alle einfachen Kohlenhydrate. Konsumieren Sie in diesen ersten sechs Wochen bitte auch keine Kartoffeln, Bananen, Trauben oder Bier. *Ausnahme:* Sie haben pro Woche einen

Joker-Tag, den Sie frei einsetzen und nach Ihrem Belieben gestalten können. Bleiben Sie ansonsten streng mit sich selbst!

2. Konsumieren Sie Kohlenhydrate, Eiweiß und Fette in der richtigen Zusammensetzung (siehe Kapitel 6).

   Empfehlung: Eine Mahlzeit pro Tag sollte lediglich aus Gemüse, Salat oder eiweißhaltigen Lebensmitteln (zum Beispiel Fisch, Geflügel, Eier, Linsen, Bohnen oder Tofu) bestehen.

   Tipp fürs Frühstück: Ein Vollkornroggenbrot mit Avocado, Käse oder Wurst oder Vollkornmüsli mit Joghurt und etwas Obst.

3. Essen Sie mindestens dreimal täglich und genießen Sie jeden Bissen Ihres Essens!

4. Trinken Sie jeden Tag ausreichend Wasser und gehen Sie mindestens eine halbe Stunde täglich an der frischen Luft spazieren.

Tauschen Sie sich schlau!

Coaching-Auftrag 3

Verabreden Sie, sich am Ende jeder Woche gegenseitig über Erfolge und Erlebnisse zu informieren, egal, ob per Mail oder telefonisch. Seien Sie dabei auf jeden Fall ehrlich und machen Sie sich gegenseitig immer wieder Mut, durchzuhalten. Wenn es Ihnen gelingt, am Ball zu bleiben, wird es Ihnen schon nach diesen sechs Wochen sehr viel besser gehen, unabhängig davon, ob Ihr Ziel Gewichtsreduktion, Ausgeglichenheit oder Energieaufbau heißt.

Beispiel aus dem Büroalltag: Machen Sie es wie viele meiner Kundinnen: Tun Sie sich mit gemeinsamen Aktionen im Büro zusammen. Sie verbringen viel Zeit mit Ihren Kolleginnen, also nutzen Sie diese Kraft, sich gegenseitig zu motivieren!

4. Trainieren Sie Ihren Fünf-Sterne-Geschmack!

Nutzen: Trainieren Sie gemeinsam mit Ihrer Freundin Ihren Fünf-Sterne-Geschmack.

Anwendung: Im Alltag, ausprobieren beim Essengehen mit einer Freundin.

Hintergrund: Ernährungspsychologie.

Dauer: Je nach Belieben!

Wann immer wir über gesundes Essen sprechen, reden wir davon, *was* wir essen. Doch es ist genauso entscheidend, *wie* wir essen und wie sehr wir genießen, was wir essen.

Coaching-Auftrag

Wählen Sie ein gutes Restaurant aus und gehen Sie mit Ihrer Freundin essen. Gönnen Sie sich was! Versuchen Sie, während des gesamten Essens jeden Bissen einzeln wahrzunehmen und zu genießen. Nehmen Sie diesen Restaurant-Besuch als Auftakt für ein neues Essverhalten.

Kleiner Exkurs: Bei einer Massage verhält es sich ähnlich. Wenn Sie, während Sie massiert werden, ständig an Ihre Probleme und Aufgaben denken, konzentrieren Sie sich nicht auf die Massage und fühlen sich am Ende nur halb so gut, weil Sie sie nicht hundertprozentig genossen haben. Es ist wie beim Essen eine Frage der Besinnung und Konzentration!

5. Ihr Ich-fühl-mich-gut-Minimalprogramm

Nutzen: Schöpfen Sie Ihr körperliches Wohlfühl-Potenzial aus und maßschneidern Sie sich Ihr persönliches Fitness-Minimalprogramm!

Anwendung: Freundinnen-Coaching, Selbst-Coaching.

Hintergrund: Sportmedizin.

Dauer: 120 Minuten pro Woche.

Coaching-Auftrag

Stellen Sie zusammen mit Ihrer Freundin Ihr sportliches Minimalprogramm zusammen. Legen Sie sich verbindlich fest, was Sie jede Woche wann und wie erreichen wollen. Natürlich können Sie ehrgeizig sein – aber bitte, bitte seien Sie auch realistisch. Ein Freundinnen-Coaching ist immer auch die Chance für eine Veränderung und einen Neuanfang. Der Glaube an sich selbst wird jedoch erheblich dadurch unterminiert, wenn man sich nicht an die Verabredungen mit sich selbst hält. Deshalb legen Sie sich verbindlich fest und halten Sie sich daran: Egal, ob es regnet oder schneit, sie im Stress sind oder gefühlt gerade die Welt untergeht. Sollten Sie sich zu einem Freundinnen-Wochenende verabreden, planen Sie diese Übungen und einige Spaziergänge auf jeden Fall mit ein. Es versteht sich von selbst: Ein Freundinnen-Wochenende ohne ein Mindestmaß an Bewegung und Entspannung zählt nicht!

Sportmedizinischer Input

Aus gesundheitlicher Sicht sind Sie bereits sehr gut dabei, wenn Sie sich ab sofort in dem hier beschriebenen Ausmaß bewegen:

1. 30 Minuten moderates Ausdauertraining (leichtes Laufen, Walking, Schwimmen) zur Steigerung Ihrer aeroben Ausdauerfähigkeit – zweimal wöchentlich. Die gute Nachricht: Es ist gut und ausreichend, sich dabei wirklich nur leicht oder mittelmäßig zu belasten. Eine hohe Trainingsintensität bringt nämlich keinen zusätzlichen Effekt. Im Gegenteil! Sie müssen während der Aktivität locker atmen und sprechen können, nur dann trainieren Sie Ihren ganzen Organismus in dem Bereich, der innerhalb von vier Wochen Ihr Wohlbefinden deutlich ansteigen lässt.

2. 20 Minuten Gymnastikübungen zur Stärkung Ihrer allgemeinen Muskelkraft – zweimal wöchentlich (gerne auch vor dem Fernseher).

3. 10 Minuten sanftes Stretching zur Förderung Ihrer Beweglichkeit – zweimal wöchentlich (auch hierbei können Sie es sich gerne gemütlich machen).

Anmerkung: Wenn Sie jetzt denken, dass Sie diese Zeiten pro Woche nicht übrig haben, führen Sie sich Folgendes vor Augen: Die Woche hat 168 Stunden. Davon müssen Sie nur zwei Stunden in leichte körperliche Ertüchtigung investieren, um sich gleich sehr viel gesünder und ausgeglichener zu fühlen. Wahrscheinlich werden Sie sogar ein geringeres Ausruhbedürfnis haben, was Ihnen am Ende sogar noch Zeit schenkt. Natürlich können Sie sich auch gerne mehr bewegen! Für viele von uns ist es jedoch sehr hilfreich zu wissen, dass wir gar nicht so ausartend viel tun müssen, um eine gute körperliche Basis zu haben, die uns unser Leben genießen lässt.

6. Visualisieren Sie Ihre körperlichen Wohlfühl-Erfolge

Nutzen: Stellen Sie sich vor, Sie hätten Ihre Wohlfühl-Ziele bereits erreicht und Sie profitieren von dem daraus resultierenden Motivationsschub.

Anwendung: Freundinnen-Coaching, Selbst-Coaching.

Hintergrund: Diese Methode kommt aus dem NLP (Neurolinguistisches Programmieren).

Dauer: 30 bis 45 Minuten.

Viele Menschen wissen um die Vorteile regelmäßiger Bewegung, wissen, dass Bewegung gesund ist, glücklich macht und der Seele guttut. Doch das Wissen allein reicht nicht: Sie bewegen sich trotzdem nicht. Mit dieser hier vorgestellten Methode *erfühlen* Sie Ihre Erfolge im Voraus, denn dann fällt es Ihnen leichter, aktiv zu werden.

Visualisieren Sie Ihre Erfolge

Coaching-Auftrag

Versuchen Sie sich vorzustellen, wie es sich anfühlen wird, wenn Sie geschafft haben, was Sie verändern wollen. Versuchen Sie sich die Bilder ins Gedächtnis zu rufen, die Sie in dem körperlichen Zustand zeigen, den Sie sich wünschen. Gehen Sie vom Denken ins Fühlen über, das ist ein ganz wichtiger Schritt, um den inneren Schweinehund zu besiegen. Denn genau darum geht es: Selbstmotivation ist nichts anderes als die Fähigkeit, sich positive Gefühle in Erinnerung zu rufen, die man unbedingt wieder erleben will. Das hilft auch in solchen Momenten, in denen es besonders schwerfällt, die guten Absichten auszuleben.

- Beschreiben Sie Ihrer Freundin die inneren Bilder, die Sie vor sich sehen.
- Wie werden Sie sich fühlen?
- Wie werden Sie aussehen? Was werden Sie anziehen?
- Was werden Sie tun können, das Sie vielleicht in Ihrem jetzigen Zustand noch nicht können? Wie werden Sie sich dabei fühlen?
- Was werden Sie genießen können, das Sie jetzt vielleicht noch nicht so genießen können?
- Wie wird sich das auf Ihre Lebensqualität auswirken?

7. Freundinnen-Aktivgruppen: Wenn Kräfte zusammenwirken

Nutzen: Bewegung in der Gemeinschaft macht doppelt Spaß!
Anwendung: Im Alltag, immer!
Hintergrund: Circles of Life: Synergien nutzen.
Dauer: Je nach Belieben.

Die schönste Möglichkeit, verschiedene Interessen miteinander zu verbinden, bietet der Sport. Ihr »Ich fühl mich gut«-Minimalprogramm müssen Sie ja nicht alleine absolvieren. Ob Yoga, Jogging, Rückengymnastik oder Fahrrad fahren: Zusammen macht Bewegung meistens noch mehr Spaß und Motivationsprobleme kommen seltener vor. Wer käme da bei Ihnen infrage? Mit welcher Freundin, Bekannten, Nachbarin oder Kollegin könnten Sie gemeinsam aktiv werden?

Gehen Sie clever ran: Überlegen Sie sich, wie Sie mit dieser Aktion gleich mehrere Aspekte Ihrer drei plus eins Lebensbereiche miteinander verbinden können. Dann zählt das Argument, keine Zeit zu haben, bald überhaupt nicht mehr. Setzen Sie Ihre Energie sinnvoll ein und profitieren Sie gleich mehrfach: gesundheitlich, sozial und emotional!

Coaching-Auftrag

1. Verabreden Sie sich mit einer Freundin und planen Sie gemeinsame Routinen, die Ihren Alltag bereichern und die Sie beide wieder richtig fit werden lassen, zum Beispiel gemeinsame Walking-/Joggingrunden, die Anmeldung bei einem Sportkurs, regelmäßiges Schwimmen.

2. Fragen Sie in Ihrem erweiterten Freundinnen-Kreis, wer außerdem Interesse an gemeinsamen sportlichen Aktivitäten haben könnte. Schon bringen Sie auch die Gruppendynamik Ihres Freundeskreises in Schwung.

3. Schreiten Sie zur Tat!

10 Coaching-Ideen für mehr Kraft und Energie

8. Der Filmabend: Lachen Sie sich einfach gesund!

Nutzen: Spaß haben, sich entspannen, zusammen lachen.
Anwendung: Unter Freundinnen.
Hintergrund: Gelotologie (Wissenschaft vom Lachen).
Dauer: So lange Sie wollen!

Lachen ist die beste Medizin. Googlen Sie mal nach den positiven Effekten des Lachens auf unsere psychosoziale und psychische Gesundheit: Sie werden staunen! Und sich fragen, warum wir nicht viel öfter einfach mal unsere Lachmuskeln betätigen.

Coaching-Auftrag

Schicken Sie eine E-Mail an alle Ihre Freundinnen und Freunde und bitten Sie darum, Ihnen jeweils die drei lustigsten Filmtitel, die drei lustigsten Witze und die drei lustigsten YouTube-Videos zu schicken. Organisieren Sie einen Abend mit einem Kreis netter Freundinnen und stellen Sie sich auf einige Lachattacken ein! Aus eigener Erfahrung weiß ich, dass es nicht nur die wirklich lustigen Filme, Witze und Clips sind, die ihre Wirkung auf Ihre Lachmuskeln zeigen, sondern vor allem auch die, von denen Sie einfach nicht glauben wollen, dass Ihre Freundinnen sie lustig finden. Eine gute Portion Selbstironie sollten Sie auf jeden Fall mitbringen, um diesen Abend gut zu überstehen! Sie werden auf jeden Fall den Spaß Ihres Lebens haben und sich auch nach dem Abend sehr gut fühlen.

9. Große Träume brauchen viel Schlaf

Nutzen: Lernen Sie Strategien kennen, wie Sie Ihre Schlafqualität und somit Ihre Lebensqualität verbessern können.

Anwendung: Selbst-Coaching.

Hintergrund: Schlafmedizin.

Dauer: 30 bis 45 Minuten.

Falls Sie mit Ihrem Schlaf vollkommen zufrieden sind, überspringen Sie diesen Coaching-Impuls. Wenn Sie jedoch zu den mehr als 20 Millionen Deutschen gehören, deren Schlaf gestört ist, dann unternehmen Sie sofort einen weiteren Versuch, diese Schlafstörungen wenigstens ein bisschen zu lindern. Denn ein gesunder Schlaf ist die Voraussetzung für ein gesundes, entspanntes und energiegeladenes Leben. Tun Sie alles, was in Ihrer Macht steht, um diese kostenlose Energiequelle in Ihrem Leben voll auszukosten.

Coaching-Auftrag

Denken Sie einmal ganz bewusst über Ihre Schlafqualität nach. Bekommen Sie genug Schlaf? Ist dieser Schlaf von ausreichender Qualität? Wenn Sie sich morgens oft unausgeschlafen und müde fühlen, lesen Sie die folgenden Hinweise besonders aufmerksam. Sie werden Ihnen Auskunft darüber geben, wie Sie Ihre Schlafqualität verbessern können. Bei konsequenter Anwendung führen diese Empfehlungen in den allermeisten Fällen zu einer erheblichen Verbesserung der Schlafqualität.

Strategien zur Verbesserung Ihrer Schlafqualität

Feste Zeiten

Schaffen Sie feste Schlafzeiten! Bringen Sie sich bei, jeden Abend zur selben Zeit ins Bett zu gehen und morgens immer zur gleichen Zeit aufzustehen. Zu stark schwankende Bettzeiten haben negativen Einfluss auf Ihre biologische Uhr. Sofern es nicht Gründe gibt, die Ihnen das verbieten (Schichtdienste zum Beispiel), wirkt die Umstellung auf feste Bettzeiten wie eine Konditionierung für Ihren Körper. Er lernt innerhalb weniger Wochen, sich auf die Zeiten einzustellen und sie zu nutzen, um sich zu erholen. Sie werden es spüren!

Rituale

Richten Sie sich eine allabendliche Routine ein. Zum Beispiel eine heiße Dusche, entspannende Musik, eine schöne Körperlotion und dann ins Bett. Denken Sie sich ein Ritual aus, das zu Ihnen passt und das Ihren Körper auf Wohlfühlen und Tiefschlaf programmiert. Halten Sie sich vor Augen, dass alles, womit Sie sich 45 Minuten vor dem Schlafen beschäftigen, starken Einfluss auf Ihren Schlaf hat. Deshalb mag eine Internet-Session oder ein spannender Film nicht unbedingt das Richtige für guten Schlaf sein.

Nicht mehr spät essen

Hören Sie rechtzeitig auf zu essen. Mindestens zwei Stunden vor dem Schlafengehen sollten Sie nichts mehr zu sich nehmen. Gänzlich verzichten sollten Sie abends auf Süßes, Koffein und Rohkost. Alkohol mag zwar das Einschlafen erleichtern, stört aber in der Folge ganz massiv Ihre Tiefschlafphasen. Wenn Sie mit Ihrer Schlafqualität nicht zufrieden sind, lassen Sie Alkohol besser weg oder genießen Sie ihn, wenn überhaupt, in Maßen (nicht mehr als ein Glas Wein oder eine 0,33-Liter-Flasche Bier am Abend!).

Mit Maß schlafen

Alles, was zwischen fünf und neun Stunden liegt, kann normal und richtig sein: Es hängt von Ihrem individuellen Schlafmuster ab. Welche Schlafmenge für Sie richtig ist, merken Sie tagsüber: Wer sich ausgeglichen fühlt und nicht unter unangemessener Tagesmüdigkeit leidet, hat genügend Schlaf gehabt. Aber verwechseln Sie die Müdigkeit am Morgen nicht mit dem Unausgeschlafensein: Es kann sein, dass Ihr Wecker Sie aus einer Tiefschlafphase gerüttelt hat. Das Wachwerden fällt dann schwerer und kann sich ein paar Stunden hinziehen.

Bleiben Sie entspannt, wenn Sie zu früh wach werden!

Viele Menschen, die gegen 3 Uhr oder 4 Uhr morgens aufwachen, müssen feststellen, dass Sie stimmungsmäßig in einem absoluten Tief sind. Das hat hormonelle Gründe und ist ganz normal, wie Prof. Zulley, der wohl renommierteste Schlafexperte Deutschlands, klarstellt.

Wenn Sie aufwachen, versuchen Sie zuerst einmal entspannt liegen zu bleiben und realisieren Sie, dass Ihr Stimmungstief physischer Natur ist. Am Morgen wird die Welt schon wieder anders aussehen! Zudem: Nach 4 Uhr morgens wird der Schlaf flacher. Es ist ganz normal, dass wir dann immer mal wieder aufwachen. Meistens schlafen wir jedoch schnell wieder ein und haben es am Morgen bereits vergessen.[46]

10. Emotionales Wohlergehen und Glück

Nutzen: Entwickeln Sie gezielt ein Gefühl der Dankbarkeit für das, was Sie haben, und werden Sie so glücklicher.

Anwendung: Vorbereitung im Freundinnen-Gespräch oder im Selbst-Coaching.

Hintergrund: Dieses Coaching-Tool basiert auf Überlegungen aus der Positiven Psychologie.

Dauer: 60 Minuten.

Emotionales Wohlergehen ist genauso wichtig für Ihre Lebenszufriedenheit wie Ihr körperliches Wohlergehen. Allerdings müssen Sie bei Ersterem subtiler vorgehen. Neueste Forschungsergebnisse zeigen, dass Ihre Lebenszufriedenheit erheblich davon profitiert, wenn Sie ein aktives Gefühl der Dankbarkeit pflegen.

Coaching-Auftrag

Denken Sie an Personen in Ihrem Leben, die besonders liebenswürdig zu Ihnen waren. Schreiben Sie Ihnen kurze Briefe, in denen Sie Ihnen mitteilen, wofür Sie dankbar sind.

Kapitel 13

10 Coaching-Ideen für mehr Glück in Ihren Beziehungen

Auch in diesem Kapitel finden Sie zehn Ideen, Gesprächsimpulse und Coaching-Tools, die Sie dazu anregen sollen, positive Prozesse in Ihrem Alltag in Gang zu setzen. Diesmal geht es um Ihr soziales und familiäres Wohlbefinden. Es geht um Ihre Beziehungen zu Ihrem Partner/Ihrer Partnerin, Ihren Freundinnen, Ihrer Familie und wenn Sie mögen, Ihren Arbeitskolleginnen. Auch diese Coaching-Ideen können Sie wunderbar sowohl für die Selbstreflexion als auch für das Freundinnen-Coaching nutzen. Sie eignen sich darüber hinaus auch sehr gut, um sie im Austausch mit Ihrem Beziehungspartner zu thematisieren. Bedenken Sie jedoch: Es ist kein Zufall, dass dieses Buch für Freundinnen, sprich für Frauen geschrieben wurde. Für Frauen ist es oftmals fast selbstverständlich, sich auf eine psychologisch-analytische Weise über das Leben und seine Herausforderungen zu unterhalten. Mit Ihrem Partner müssen Sie da vermutlich subtiler vorgehen. Da müssen Sie schon kreativ werden, wenn Sie zum Beispiel die sechs Grundbedürfnisse aus der *Human Needs Psychology* ansprechen wollen, ohne dass Sie dadurch gleich einen Fluchtreflex oder den Griff zur Fernbedienung auslösen. Bereiten Sie ein Gesprächsthema, das Ihnen auf dem Herzen liegt, so vor, dass auch ein »Durchschnittsmann« (bitte mit einem Augenzwinkern verstehen) Interesse an einem solchen Gespräch entwickeln kann. Das ist machbar und es lohnt sich!

1. Das Pareto-Prinzip: Wer ist Ihnen wirklich wichtig?

Nutzen: Wenden Sie das Pareto-Prinzip auf Ihre privaten und beruflichen Beziehungen an. Werden Sie sich so bewusst, wer Ihnen wirklich wichtig ist und guttut. Schenken Sie diesen Menschen ausreichend Aufmerksamkeit, Zeit und Energie.

Anwendung: Freundinnen-Gespräch, Selbstreflexion.

Hintergrund: Das Pareto-Prinzip (siehe Kapitel 5).

Dauer: Zweimal 30 Minuten.

Coaching-Auftrag 1

Psychologen vermuten, dass 80 Prozent unserer psychosozialen Zufriedenheit durch 20 Prozent unserer Beziehungen erzeugt werden. Wie ist das bei Ihnen? Welche Menschen tun Ihnen besonders gut? Wer ist Ihnen wirklich wichtig? Im Folgenden möchte ich Sie einladen, noch mehr Klarheit über die Bedeutung der Menschen in Ihrem Leben zu gewinnen.

Schritt 1: Schreiben Sie die Namen von 20 Menschen auf, die Ihnen in Ihrem Leben besonders viel bedeuten. Falls Ihre Liste deutlich kürzer ist, ist das vollkommen okay. Aber versuchen Sie ruhig einmal, 20 Namen zusammenzubekommen.

Schritt 2: Wer von diesen Menschen gehört zu Ihrem engsten Kreis? Machen Sie ein kleines Sternchen hinter diese Namen.

Schritt 3: Wer von diesen Menschen tut Ihnen besonders gut? Kringeln Sie diese Namen ein.

Schritt 4: Wenn Sie nun an die Menschen denken, die Ihnen wirklich wichtig sind und die Ihnen guttun – also die Menschen, die in der vorhergehenden Übung sowohl mit einem Sternchen als auch mit einem Kringel versehen wurden –, dann fragen Sie sich:

- Verbringen Sie mit diesen Menschen auch die meiste Zeit?
- Schenken Sie diesen Menschen auch die meiste Zuneigung, Liebe und Aufmerksamkeit?

Coaching-Auftrag 2

Auf Ihre Beziehungen im Arbeitsleben lässt sich das Pareto-Prinzip ebenfalls gut anwenden. Aller Wahrscheinlichkeit nach sind 20 Prozent Ihrer beruflichen Kontakte hauptverantwortlich für Ihren Erfolg, Ihre Zufriedenheit und Ihre Chance, die Anforderungen Ihres Jobs gut zu erfüllen. Auch hier sollten Sie sich die Menschen »nach vorne holen«, die Ihnen guttun und die Ihnen weiterhelfen können. Das heißt nicht, dass Sie sich im Umgang mit Menschen eine Kosten-Nutzen-Attitüde angewöhnen sollten. Entwickeln Sie einfach ein Gefühl dafür, wer Ihnen guttut *und* wem Sie guttun können.

Deshalb lade ich Sie zu einer weiteren Brainstorming-Übung nach obigem Muster ein. Denken Sie diesmal ganz bewusst an Menschen, die für Ihr berufliches Wohlbefinden und Weiterkommen von Bedeutung sind.

Schritt 1: Schreiben Sie die Namen von 20 Menschen auf, die Ihnen in einem beruflichen Kontext besonders viel bedeuten.
Schritt 2: Wer von diesen Menschen hat einen entscheidenden Einfluss auf Ihren beruflichen Erfolg, Ihre berufliche Handlungsfähigkeit, Ihr berufliches (alltägliches) Wohlergehen? Machen Sie ein kleines Sternchen hinter diese Namen.
Schritt 3: Wer von diesen Menschen, die Sie mit einem Sternchen versehen haben, tut Ihnen gut? Kringeln Sie diese Namen ein.
Schritt 4: Denken Sie jetzt wiederum an ganz konkrete Maßnahmen, wie Sie die Beziehungen zu diesen Personen stärken können.

2. Wie gut tut Ihnen Ihr Partner /
Ihre Freundin etc.?

Nutzen: Viele Menschen leben in unbefriedigenden Partnerschaften und Beziehungen, ohne zu wissen, warum. Analysieren Sie doch einmal Ihre Beziehung zu Ihrem Partner aus Sicht Ihrer sechs Grundbedürfnisse.

Anwendung: Freundinnen-Coaching, Selbst-Coaching oder direkt im Gespräch mit Ihrem Partner / Ihrer Partnerin bzw. der Person, zu der Sie eine tiefere, bessere Beziehung herstellen wollen.

Hintergrund: *Human Needs Psychology* (siehe Kapitel 7).

Dauer: 30 bis 60 Minuten.

Coaching-Auftrag

Bitte lesen Sie die folgenden Fragen in Ruhe durch und wenden Sie sie auf die Beziehung an, um die es Ihnen aktuell geht (das muss nicht der Partner sein, das kann auch auf eine andere enge Bezugsperson übertragen werden – der Einfachheit halber rede ich im Folgenden aber von Partner / in).

Diese Fragen können Ihnen helfen, Ihre Partnerschaft (oder jede andere Beziehung, die Ihnen besonders am Herzen liegt) besser zu verstehen. »Besser verstehen« ist nämlich fast immer der Schritt hin zu »besser machen«.

- Wie erfüllt fühlen Sie sich und Ihre Grundbedürfnisse in Ihrer Partnerschaft?
- Wie viel Sicherheit vermittelt Ihnen Ihre Partnerschaft?
- Fühlen Sie sich geborgen und auf Dauer geliebt?
- Wie viel Abwechslung und Abenteuer erleben Sie im Alltag?
- Überrascht Sie Ihr Partner / Ihre Partnerin mit Worten, kleinen Gesten oder anderen Handlungen?

- Bringt er / sie Sie mal unerwartet zum Lachen oder auf andere Ideen?
- Gibt er / sie Ihnen das Gefühl, etwas Besonderes zu sein?
- Fühlen Sie sich bedeutend? Haben Sie das Gefühl, durch Ihren Partner / Ihre Partnerin zu wachsen und sich weiterzuentwickeln (emotional, spirituell oder intellektuell)?
- Tragen Sie zusammen dazu bei, auch anderen Menschen Gutes zu tun, zum Beispiel Ihren Kindern, Ihrer Familie, Ihrem Freundeskreis, Ihrer Gemeinde?

Stellen Sie sich all diese Fragen und gehen Sie in sich: Was bekommen Sie durch diese Beziehung?

Sobald Sie ein Gefühl für diese verschiedenen Fragen entwickelt haben, ordnen Sie diesem Gefühl eine Zahl zu, mit der Sie Ihre Zufriedenheit auf einer Skala von 1 bis 10 einschätzen können (1 steht für Bedürfnisse nicht erfüllt, 10 für Bedürfnisse voll erfüllt).

Wie stark erfüllt Ihr Partner Ihr Grundbedürfnis nach:	Ihre Zufriedenheit auf einer Skala von 1 bis 10
Sicherheit / Geborgenheit	
Abwechslung / Unsicherheit	
Nähe / Liebe	
Bedeutung / Anerkennung	
Persönliches Wachstum	
Etwas Gutes tun	

Werte von 1 bis 3: Wenn Ihre Werte vorwiegend in diesem Bereich liegen, lässt sich feststellen, dass Sie eher »WG-Genossen« sind als echte Lebenspartner.

Werte von 4 bis 6: Wenn die Werte in diesem Bereich liegen, kann man von einer Beziehung / Freundschaft sprechen, in der Ihre Bedürfnisse zumindest parziell wahrgenommen werden. Schön wäre es jedoch, wenn Sie im Gespräch mit Ihrem Partner / Ihrer Partnerin Wege fänden, Ihre Beziehung auf diesen Ebenen zu vertiefen.

Werte von 7 bis 10: Wenn Ihre Werte in diesem Bereich liegen, leben Sie in einer Beziehung, die Ihnen wirklich guttut. Wenn Ihr Partner das umgekehrt genauso empfindet, ist der Weg für eine tiefe und lebenslange Verbindung geebnet.

Coaching-Auftrag 2

Wenn Ihr Partner / Ihre Partnerin bisher nicht so erfolgreich darin war, Ihre Bedürfnisse zu erfüllen, kann das auch damit zusammenhängen, dass er / sie nicht genau weiß, was Sie sich wünschen. Helfen Sie Ihrem Partner / Ihrer Partnerin, Sie besser zu verstehen: Wie könnte er / sie Ihnen das Gefühl von Sicherheit, Abwechslung, Liebe und Bedeutung vermitteln? Nur wenn er / sie das weiß, haben Sie eine Chance, eine wirklich besondere Beziehung zueinander aufzubauen, die Ihnen guttut.

Die Bierdeckel-Methode

Meine Freundin Karina aus Hannover hat hierfür die Bierdeckel-Methode entwickelt. In ihrer Lieblingskneipe verabredet sie sich mit ihrem Freund zweimal im Jahr zum Beziehungs-Check. Die beiden haben zusammen ein kleines Kind, deshalb ist es ihnen wichtig, sich dafür außer Haus zu treffen. Das Kind ist an diesem Abend bei den Großeltern. Sie beginnen das Treffen damit, sich gegenseitig über den Status quo ihrer Bedürfnis-Befriedigung aufzuklären. Hierfür benutzen sie Bierdeckel, auf die sie die Tabelle von Seite 227 skizzieren. Anschließend bereden sie, wie sie sich gegenseitig unterstützen können, diese Werte füreinander anzuheben.

3. Wie gut tun Sie Ihrem Partner /
Ihrer Freundin etc.?

Nutzen: Viele Menschen leben in unbefriedigenden Partnerschaften und Beziehungen, ohne zu wissen warum. Analysieren Sie nun Ihre Beziehung aus Sicht Ihres Partners / Ihrer Freundin etc.!

Anwendung: Freundinnen-Coaching, Selbst-Coaching oder direkt im Gespräch mit Ihrem Partner / Ihrer Partnerin bzw. der Person, zu der Sie eine tiefere, bessere Beziehung herstellen wollen.

Hintergrund: *Human Needs Psychology* (siehe Kapitel 7).

Dauer: 30 bis 60 Minuten.

Drehen Sie nun den Spieß um. Denken Sie mal einen Moment an Ihren Lebenspartner oder einen anderen Menschen, der Ihnen besonders wichtig ist. Berücksichtigen Sie wiederum die sechs Grundbedürfnisse, wenn Sie über die Qualität dieser Beziehung nachdenken.

Coaching-Auftrag 1

Fragen Sie sich, inwiefern Sie dazu beitragen, die sechs Grundbedürfnisse zum Beispiel Ihres Partners / Ihrer Partnerin zu erfüllen! Bitte lesen Sie die folgenden Fragen in Ruhe durch und wenden Sie sie auf die Beziehung an, die Sie besser verstehen möchten:

- Wie viel Sicherheit und Geborgenheit können Sie vermitteln?
- Wie viel Abwechslung und Abenteuer erlebt man im Alltag mit Ihnen?
- Wie bedeutend fühlt sich Ihr Partner / Ihre Partnerin an Ihrer Seite?
- Wie geliebt?

- Ist es eine Partnerschaft, in der Sie beide wachsen können?
- Wie stellt sich das aus der Sicht Ihres Partners dar?
- Und tragen Sie zusammen dazu bei, auch anderen Menschen Gutes zu tun?

Sobald Sie ein Gefühl für diese verschiedenen Fragen entwickelt haben, ordnen Sie diesem Gefühl wiederum eine Zahl zu, mit der Sie die Zufriedenheit Ihres Partners auf einer Skala von 1 bis 10 einschätzen (10 steht für überdurchschnittlich / außerordentlich zufrieden, 1 für Bedürfnis in keiner Weise erfüllt).

Wie stark erfüllen Sie die Grundbedürfnisse Ihres Partners nach:	Seine / ihre Zufriedenheit auf einer Skala von 1 bis 10
Sicherheit	
Abwechslung / Unsicherheit	
Nähe / Liebe	
Bedeutung / Anerkennung	
Persönliches Wachstum	
Etwas Gutes tun	

Auswertung

Werte von 1 bis 3: Wenn die Werte Ihres Partners in diesem Bereich liegen, ist die Beziehung aus seiner Sicht in einem desolaten Zustand. Wenn Ihnen an ihm oder ihr liegt, sollten Sie aktiv werden.

Werte von 4 bis 6: Ihr Partner ist wahrscheinlich nicht völlig unglücklich in der Beziehung mit Ihnen. Um die Beziehung zu vertiefen, sollten Sie herausfinden, wie Sie seine / ihre Bedürfnisse im Alltag besser erfüllen können.

Werte von 7 bis 10: Wenn die Werte Ihres Partners in diesem Bereich liegen, können Sie sicher sein, dass er / sie bei Ihnen bleiben möchte. Wenn Ihre Bedürfnisse auf ähnlich hohem Niveau erfüllt werden, hat diese Beziehung eine sehr gute Chance, von langer Dauer und besonderer Qualität zu sein.

Coaching-Auftrag 2

Wissen Sie, was Ihr Partner / Ihre Partnerin braucht, um seine / ihre Bedürfnisse erfüllt zu sehen? Wie genau könnten Sie dazu beitragen, diese zu erfüllen? Und zwar aus seiner / ihrer Sicht, nicht aus Ihrer eigenen? Der erste Schritt ist gemacht, wenn Sie sich beide die Zeit nehmen, zu verstehen, wie es um Ihre Beziehung bestellt ist. Im nächsten Schritt sollten Sie sich gegenseitig helfen, zu verstehen, wie Sie die emotionalen Bedürfnisse des jeweils anderen erfüllen können.

Was Sie tun können, um jede Beziehung innerhalb
von sechs Monaten zu verbessern
Möchten Sie Ihrer Partnerschaft einen Schub versetzen, ohne Ihren Partner in die *Human Needs Psychology* einzuweihen? Dann kann ich Ihnen ohne Bedenken zu einem Selbstversuch raten: Versuchen Sie über einen Zeitraum von sechs Monaten mit vollem Einsatz, die sechs emotionalen Grundbedürfnisse Ihres Partners zu erfüllen. Wenden Sie sich durch Ihr Handeln, Ihre Haltung und Ihr gesamtes Sein den Bedürfnissen Ihres Partners zu. Geben Sie ihm neben einem Gefühl von Sicherheit das Gefühl, die Nummer eins in Ihrem Leben zu sein. Lassen Sie ihn spüren, dass das, was

er macht, bedeutend für Sie ist. Überlegen Sie sich kleine Abwechslungen für den Alltag. Zeigen Sie ihm Liebe und Nähe und bieten Sie ihm Gelegenheiten, über sich hinauszuwachsen. Wenn Sie das schaffen, ohne sofort eine Gegenleistung zu erwarten, wird sich Ihre Beziehung mit sehr hoher Wahrscheinlichkeit dramatisch verbessern.

Entscheidend ist, dass Sie versuchen, sich in die andere Person hineinzuversetzen – und dass Sie ein bisschen Geduld mitbringen. Nicht jeder Schritt, den Sie so auf Ihren Partner zugehen, wird sofort »belohnt«. Versuchen Sie einfach, nicht nur Ihre eigenen (unerfüllten) Bedürfnisse zu sehen, sondern eben auch die Ihres Partners. Wenn sich Ihre Partnerschaft nicht entscheidend verbessert, haben Sie entweder den Schlüssel zu den Grundbedürfnissen Ihres Partners nicht in der Hand – oder Ihr Partner hat bereits innerlich gekündigt. Dann wird es dringend Zeit, ihn wachzurütteln und zu testen, ob die Partnerschaft noch genügend Potenzial hat, um Sie glücklich zu machen. Es sollte spätestens dann zu einem klärenden Gespräch kommen.

Ziehen Sie den Joker!

4. Wie Sie die Beziehung zu Ihrem Kind / Ihren Kindern stärken können

Nutzen: Stärken Sie die Beziehung zu Ihrem Kind. Schaffen Sie ihm optimale Bedingungen, sich seinen Bedürfnissen entsprechend zu entwickeln.

Anwendung: Selbst-Coaching, Elterngespräch.

Hintergrund: *Human Needs Psychology* (siehe Kapitel 7).

Dauer: 60 Minuten.

Kinder haben in den verschiedenen Phasen ihrer Entwicklung unterschiedlich ausgeprägte Bedürfnisse. Wenn Sie sichergehen wollen, dass Sie dazu beitragen, die Grundbedürfnisse Ihres Kindes in den verschiedenen Phasen seiner Entwicklung zu erfüllen, schauen Sie sich Ihren Umgang mit Ihrem Kind durch die Brille der *Human Needs Psychology* an. Wichtig ist, dass Sie sich auch in der Beziehung zu Ihren Kindern bewusst werden, welche Ihre eigenen dominierenden Grundbedürfnisse sind. Diese werden nämlich in aller Regel im Umgang mit Ihren Kindern dominieren.

Coaching-Auftrag

Um dem Kind eigene Gestaltungsmöglichkeiten zu geben, müssen Sie ihm auch Erlebnisse bieten, die die sechs Grundbedürfnisse aus Sicht Ihres Kindes erfüllen. Denken Sie einmal systematisch darüber nach, wie genau Sie das tun können.

5. Entlarven Sie Ihre Psychovampire!

Nutzen: Erkennen Sie, welche Menschen in Ihrem Leben Ihnen nicht guttun.
Anwendung: Freundinnen-Coaching, Selbst-Coaching.
Hintergrund: Interview mit Prof. Hamid Peseschkian.
Dauer: 60 Minuten.

Wenn Sie einem Psychovampir begegnen, merken Sie es an den Folgen dieser Begegnung: Sie sind müde, ausgelaugt, angespannt, freudlos, in extremen Fällen sogar depressiv. Herz-, Rücken- und Magenschmerzen sowie ein geschwächtes Immunsystem sind häufige körperliche Symptome. Vielen Menschen ist es oft und lange nicht klar, worauf diese Beschwerden zurückzuführen sind. Dabei kann der ständige Kontakt mit einem Menschen, der Ihnen nicht guttut, auf allen Ebenen erheblich schwächen.

Coaching-Auftrag

Identifizieren Sie mithilfe Ihrer Freundin mögliche Psychovampire in Ihrem Leben. Denn das Erkennen des Psychovampirs ist laut Prof. Peseschkian schon ein ganz großer Schritt zu mehr Unabhängigkeit und Selbstschutz. So lange Sie einen Psychovampir nicht als solchen erkennen, sind Sie ihm quasi ausgeliefert.

Anmerkung: Bedenken Sie in diesem Zusammenhang, dass mögliche Psychovampire sich fast immer in der eigenen Familie oder dem engeren Freundeskreis aufhalten. Häufig siedeln sie sich auch am Arbeitsplatz an. Man kann ihnen »nicht entfliehen«, deswegen sind sie so anstrengend, deshalb können sie überhaupt erst die Rolle des Psychovampirs in Ihrem Leben einnehmen. Denn es sind vor allem die chronischen emotionalen Konflikte, die uns wirklich zusetzen – sowohl körperlich als auch emotional.

6. Halten Sie Ihre Psychovampire in Schach!

Nutzen: Lernen Sie, einen Psychovampir zu erkennen und mit ihm zu leben.
Anwendung: Freundinnen-Session.
Hintergrund: Paar-Psychologie, Interview mit Prof. Hamid Peseschkian.
Dauer: 60 Minuten.

Wenn Sie einen Psychovampir erkannt haben, haben Sie einen Menschen identifiziert, der Ihnen augenblicklich nicht guttut. Sie wissen aber noch nicht, warum das so ist. Im nächsten Schritt geht es darum, den Eigenanteil zu klären und Strategien für den weiteren Umgang mit dieser Situation zu entwerfen.

Coaching-Auftrag 1

Versuchen Sie – zum Beispiel im Gespräch mit Ihrer Freundin – zu klären, welchen Anteil Sie an der Situation mit der Person, die Ihnen nicht guttut, tragen. Berücksichtigen Sie dabei folgende Fragen:

- Spiegeln die störenden Faktoren Muster wider, die Sie auch mit anderen Menschen erleben?
- Oder beschränkt sich diese negative Erfahrung nur auf diese eine Person?

Anmerkung: Grundsätzlich lässt sich sagen, dass man immer auch einen Eigenanteil an der Situation hat – der ist mal größer, mal kleiner, aber er ist doch immer vorhanden. Dieser Eigenanteil muss Ihnen klar sein, damit Sie handeln können. Auch müssen Sie für sich klären, ob Sie schon alles getan haben, um die Situation zu retten. Können Sie vielleicht noch mehr tun? Oder sollten Sie

Grenzen ziehen, weil Sie überzeugt sind, dass die Ursache des Konflikts beim anderen liegt und Sie unnötig Kraft verlieren? Wenn Sie den Eigenanteil geklärt haben, müssen Sie sich entscheiden und Grenzen setzen: Es gilt, die Beziehung zu reduzieren oder auch ganz abzubrechen. Dabei ist es eine Frage des Ausbalancierens, wie Sie den Psychovampir in Schach halten können. Vielleicht entscheiden Sie einfach, sich weniger zu sehen oder sich ganz aus dem Weg zu gehen. Oder Sie vermeiden den Einzelkontakt und versuchen, den Psychovampir nur noch in Gesellschaft anderer anzutreffen. Wenn Sie jedoch das Gefühl haben, dass Sie es gar nicht mehr anders hinkriegen, sollten Sie die Beziehung ganz abbrechen. Ist Ihr Eigenanteil geklärt und leiden Sie zu stark unter der Situation, ist das manchmal der beste Weg. Bedenken Sie jedoch: Der Psychovampir kreiert in aller Regel ein Drama, wenn ihm Grenzen gesetzt werden. Dieses Drama müssen Sie jedoch aushalten können, auch bei den engsten Familienmitgliedern, wenn Sie nicht immer wieder in der Falle sitzen möchten. Auch kann es ratsam sein, mithilfe eines professionellen Coachs oder Therapeuten wirksame Strategien zu erarbeiten, um mit diesem Menschen einen neuen Umgang zu finden. Das hängt ganz davon ab, wie belastend die Situation für Sie ist.

7. Wie wäre es, mit Ihnen verheiratet zu sein?

Nutzen: Diese Übung hilft Ihnen, sich einmal selbst aus einer anderen Perspektive zu betrachten.
Anwendung: Freundinnen-Gespräch, Selbstreflexion.
Hintergrund: Interview mit Prof. Hamid Peseschkian.
Dauer: 30 Minuten.

»Heiraten Sie sich selber und Sie wünschten, Sie wären nie geboren!« – Dieses Sprichwort unbekannter Herkunft macht deutlich, dass auch der Umgang *mit uns* für andere so seine Tücken haben kann. Um nicht selber ein Psychovampir zu werden, müssen Sie die Fähigkeit zur Selbstreflexion besitzen. Das heißt: nicht nur die Rückmeldung des anderen einholen, sondern sie auch aufnehmen, verstehen und verarbeiten. Hier geht es um Selbst- und Fremdwahrnehmung. Gibt es hier eine Diskrepanz, laufen Sie immer Gefahr, für andere eine Belastung zu werden.

Coaching-Auftrag

Weil Sie Selbstreflexion nicht über Jahre lernen müssen – sie aber idealerweise Ihr Leben lang beherrschen sollten –, können Sie damit laut Prof. Peseschkian sofort beginnen. Stellen Sie sich bitte in aller Ruhe die folgenden Fragen:

- Wie wäre es, mit Ihnen verheiratet zu sein?
- Wie wäre es, Ihr Kind, Ihre Freundin, Ihre Kollegin zu sein?
- Wie wäre es, Sie als (erwachsenes) Kind zu haben?

Wenn Sie sich diese Fragen offen und ehrlich beantworten, wenn Sie sich versuchsweise einmal hineinfühlen in den Gedanken, den Alltag mit Ihnen verbringen zu müssen, werden Sie mit Sicherheit das eine oder andere Aha-Erlebnis haben.

8. Verschenken Sie einen Gutschein für ein Freundinnen-Coaching

Nutzen: Verschenken Sie einen Gutschein für ein Freundinnen-Coaching. Vertiefen Sie die Beziehung zu einer Freundin. Helfen Sie einem anderen Menschen. Üben Sie sich als Coach.

Anwendung: Unter Freundinnen.

Hintergrund: Glücks- und Gesundheitsforschung.

Dauer: 90 Minuten.

Eine der wirksamsten Strategien, sich selber zu helfen, besteht darin, anderen zu helfen. Es ist faszinierend. Unabhängig davon, welche Motive sich hinter unserer Hilfsbereitschaft verbergen mögen: Die Auswirkungen auf unser emotionales und sogar physisches Wohlbefinden sind enorm.

Coaching-Auftrag

Eine Freundinnen-Session ist eine der wirkungsvollsten Möglichkeiten, einer Freundin, die gerade eine schwierige Entscheidung treffen muss, die ein neues Ziel verfolgt oder andere Herausforderungen in ihrem Leben meistern möchte, zu helfen. Verschenken Sie als Zeichen Ihrer Freundschaft einen Gutschein für eine Freundinnen-Session. Planen Sie die Session, indem Sie einen schönen Ort aussuchen und eventuell auch für das leibliche Wohl sorgen. Nehmen Sie wahr, wie es auch Ihnen guttun wird, Ihr Gehör, Ihr Herz und Ihren Verstand für einen begrenzten Zeitraum einer anderen zu schenken. Ihre Freundin wird sicherlich begeistert sein, dass Sie ihr so proaktiv mit dem Unterstützungsangebot zur Seite stehen.

9. Stellen Sie Ihr Formel-1-Team zusammen

Nutzen: Die allermeisten Herausforderungen im Leben lassen sich weitaus besser bewerkstelligen, wenn wir sie mit Unterstützung durch andere angehen. Diese Übung hilft Ihnen, an die Menschen zu denken, die Sie gerne beim Erreichen Ihrer Träume unterstützen möchten.

Anwendung: Freundinnen-Coaching, Selbst-Coaching.

Hintergrund: Methode aus meiner Coaching-Praxis.

Dauer: 30 Minuten.

Sie haben ein Ziel formuliert und suchen nach Möglichkeiten, dieses umzusetzen. Sagen wir, Sie möchten zum Beispiel Ihr Gewicht reduzieren oder eine berufliche Umorientierung anstreben. Auch wenn diese Ziele sehr verschieden sind, geht es in beiden Fällen darum, ganz bewusst ein Unterstützer-Team zusammenzustellen. Um andere Menschen mit Ihren Wünschen nicht zu überfordern, sollten Sie sich immer auch fragen, was Sie diesen Menschen zu bieten haben, damit es sich auch für sie lohnt (manchmal reicht da schon eine Portion geballte Lebensenergie, mit der Sie der anderen Person gute Laune machen).

Erstellen Sie eine Mind-Map mit den Namen derjenigen Personen, die Sie gerne für Ihr Formel-1-Team gewinnen möchten. Gehen Sie alle Namen durch und überlegen Sie sich ganz konkret, wie und wann Sie mit diesen Personen in Kontakt treten werden. Setzen Sie Ihre Unterschrift unter Ihre Mind-Map. Sie werden diese Menschen kontaktieren. Sie wissen, Sie werden so Ihrem Traumziel ein großes Stück näherrücken.

Die folgenden Fragen können Gegenstand Ihres Coachings sein:

- Wer hat schon einmal getan, was Sie tun möchten? Wer hat Erfahrung in diesem Bereich? Kennen Sie diese Personen? Kennen Sie jemanden, der sie kennt?
- Wer kann für Ihren Wunsch, Ihr Ziel die geistige Patenschaft übernehmen?
- Wer sind Ihre Zuschauer, die mit Ihnen mitfiebern und mitverfolgen, ob Sie Ihr Ziel erreichen?
- Wer ist sicher gerne bereit, bei Ihrem Vorhaben zu helfen?
- Wer könnte Sie entlasten, ermutigen, Ihnen Aufgaben von Ihrem derzeitigen Tageswerk abnehmen, damit Sie neue Kapazitäten haben, um Ihr Ziel auch zu erreichen?

Anmerkung: Diese Übung verwende ich sehr oft in meiner Arbeit mit Managern. Sie lässt sich aber auch auf die allermeisten Situationen des Alltags übertragen. Denn egal, was wir tun und vorhaben im Leben, die allermeisten Träume, Ideen und Herausforderungen lassen sich sehr viel gekonnter meistern, wenn wir dabei nicht allein sind.

10. Eine Freundinnen-Netzwerkaktion: Die Ideen-Party!

Nutzen: Sie haben ein Ziel und brauchen Ideen für die Umsetzung? Die Ideen-Party ist genau das Richtige für Sie. Positiver Nebeneffekt: Sie erweitern Ihr Formel-1-Team[47] und finden begeisterte Unterstützerinnen.

Anwendung: Sie können beliebig viele Teilnehmerinnen zu Ihrer Ideen-Party einladen. Es geht darum, Menschen an einen Tisch zu bringen, zusammen Spaß zu haben und kreativ zu sein.

Hintergrund: Goldene Netzwerk-Regel 2 (Kapitel 1), Brainstorming-Technik.

Dauer: Solange Sie wollen!

Coaching-Auftrag

Veranstalten Sie eine Ideen- und Brainstorming-Party. Laden Sie diejenigen Personen ein, von denen Sie sich im weitesten Sinne vorstellen können, dass Sie Ihnen weiterhelfen könnten. Denken Sie aber über den Spaghetti-Teller hinaus. Oft sind es Menschen, die anders ticken als wir selber, die einen interessanten Beitrag leisten können.

Tipps: Natürlich müssen Sie auch etwas zu bieten haben. Eine Gelegenheit, die immer funktioniert, ist die Einladung zu einem netten Essen. *Tausche italienische Pasta und Rotwein gegen eure Ideen* wäre zum Beispiel ein Titel, dem die meisten Ihrer potenziellen Unterstützerinnen sicherlich nicht widerstehen wollen würden. Laden Sie eine bunt gemischte Gruppe von Menschen ein, die Ihnen sympathisch sind, und verbringen Sie einen netten Abend zusammen. Aber machen Sie deutlich, was der Anlass für die Einladung ist!

Zusätzlich zur Tisch-Deko können Sie Post-it-Blöcke und Stifte bereitlegen, damit Ihre Teilnehmerinnen ihre Ideen schnell zu Papier bringen können. Lassen Sie sich etwas einfallen! Diese Abende sind immer ein großer Erfolg. Viel Spaß dabei!

Beispiel aus meinem Leben: Die erste Ideen-Party habe ich in England gefeiert. Ich wollte ein Fachbuch zum Thema »Leadership and Personal Development« schreiben, hatte aber keine Ahnung, wie ich das anstellen sollte. Also lud ich die unterschiedlichsten Leute zu einem Essen ein, von denen ich glaubte, dass sie gerne kommen würden und von denen ich mir zudem gute, praktische Tipps für die Umsetzung meiner Idee versprach. Das Ergebnis dieser Ideen-Party benutze ich heute bei nahezu allen Manager-Workshops. Besonders schön, dass mich die Gäste meiner Ideen-Party auch noch lange über das Treffen hinaus mit Ideen versorgt haben. So wurde die Phase des Buchschreibens durch das Interesse und die Anteilnahme vieler Menschen um einiges leichter.

Kapitel 14

10 Coaching-Ideen für die Verwirklichung Ihrer Träume

Menschen, die von einer hohen Lebenszufriedenheit berichten, zeichnen sich dadurch aus, dass sie wissen, was sie vom Leben wollen. Durch die in diesem Kapitel vorgestellten zehn Coaching-Ideen werden auch Sie die Inspiration bekommen, Ihr Leben so zu gestalten, dass es immer besser zu Ihnen passt. Dafür brauchen Sie ein bisschen Mut, ein paar Aha-Erlebnisse und die Bereitschaft zu kraftvollen Handlungen, und schon kann es losgehen in Richtung Leben, wie Sie es sich wünschen.

Aber eines nach dem anderen. Bedenken Sie, dass jede noch so große Reise mit einem ersten Schritt beginnt. Um diesen ersten Schritt mit größtmöglicher Entschlossenheit und einem Maximum an Lebensfreude zu beschreiten, lohnt es sich, ein Bild von diesem größeren Ganzen zu erstellen – eine Art Lebensvision. Werden Sie sich über Ihre Träume und Wünsche klar und lernen Sie Ihre eigenen Lebensmotive kennen. Klarheit darüber zu erlangen, was es eigentlich genau ist, das Sie erleben wollen und was Ihnen hilft, sich lebendig zu fühlen, ist der erste und sicher auch der bedeutendste Schritt.

Übrigens: Die folgenden Ideen eignen sich in ganz besonderer Weise für das Freundinnen-Coaching! Natürlich können Sie diese Übungen auch ganz für sich alleine anwenden. Zusammen machen Sie jedoch viel mehr Spaß, und die Wahrscheinlichkeit, dass sie nachhaltig Ihr Leben verbessern, steigt um ein Vielfaches.

1. Basteln Sie sich Ihre Jahres-Collage

Nutzen: Sie machen sich ein Bild davon, wie Ihr Leben in den nächsten zwölf Monaten aussehen soll. In einem Jahr werden Sie sehen, dass viele Ihrer Wünsche in Erfüllung gegangen sein werden.

Anwendung: Bastel-Coaching-Nachmittag mit Ihrer Freundin.

Hintergrund: NLP (Neurolinguistisches Programmieren).

Material: Stapelweise Zeitschriften, Schere, Kleber, DIN-A3-Block.

Dauer: 60 bis 120 Minuten.

Coaching-Auftrag

Durchstöbern Sie zusammen mit Ihrer Freundin die Zeitschriften nach Bildern, auf denen zu sehen ist, was Sie im nächsten Jahr erleben, fühlen, besitzen und erreichen wollen.

Denken Sie an Ihre Circles of Life und stellen Sie sich beim Suchen nach den richtigen Bildern folgende Fragen:

1. Wie soll sich Ihr Lebensbereich Familie und Beziehungen bis zum kommenden Jahr entwickeln?
2. Wie gesund, fit und energiegeladen werden Sie sich fühlen? Was werden Sie dafür tun?
3. Wie hat sich Ihr Lebensbereich Arbeit, Karriere und finanzielles Wohlergehen bis zum nächsten Jahr entwickelt? Haben Sie hier Änderungen vor oder soll alles so bleiben, wie es ist?
4. Welche Träume möchten Sie im kommenden Jahr verwirklichen?
5. Welche Hobbys möchten Sie viel mehr pflegen?
6. Welchen Bedürfnissen, Werten oder Lebensmotiven möchten Sie einen besonderen Stellenwert einräumen? Wie genau werden Sie das tun?

Suchen Sie so lange, bis Sie das Gefühl haben, für jede der oben stehenden Fragen mindestens ein Bild als Antwort gefunden zu haben. Basteln Sie sich dann Ihr bevorstehendes Jahr zu einem stimmigen und realistischen Bild zusammen. Achten Sie darauf, dass die Antworten und Bilder wirklich mit Ihrer inneren Stimme harmonieren.

2. Motivation aus dem Briefkasten:
A letter to yourself

Nutzen: Dieses Coaching-Tool wird Sie dabei unterstützen, Ihre Vorhaben in die Tat umzusetzen.

Anwendung: Unter Freundinnen.

Hintergrund: Motivationsforschung.

Dauer: 30 Minuten.

Aus der Motivationsforschung wissen wir, dass schriftlich festgehaltene Ziele und Wünsche mit einer um 70 Prozent höheren Wahrscheinlichkeit umgesetzt werden. Der Brief wird Sie ermuntern, sich an dem bisher Erreichten zu erfreuen und an Ihren Zielen dranzubleiben.

Coaching-Auftrag

Nehmen Sie ein DIN-A4-Blatt zur Hand und schreiben Sie sich einen Brief. Ja, Sie haben richtig gelesen, der Brief soll an Sie selbst gerichtet sein. Um das Datum für den Briefkopf zu ermitteln, rechnen Sie genau sechs Monate in die Zukunft. Beispiel: Wenn Sie den Brief tatsächlich am 23. Oktober 2013 schreiben, wählen Sie als Datum auf dem Briefkopf den 23. April 2014. Beschreiben Sie in diesem Brief ganz genau, was Sie bis zum 23. April 2014 verändert, erreicht, umgesetzt haben wollen. Denken Sie dabei in kleinen Schritten! Beschreiben Sie Fakten (zum Beispiel: Sie werden sich für einen Yoga-Kurs angemeldet, sich um einen Studienplatz beworben oder jeden Tag besonders gut für Ihr Kind gekocht haben) und beschreiben Sie möglichst genau, wie Sie sich fühlen werden.

Dieser Brief sollte ungefähr eine Seite lang sein. Stecken Sie ihn anschließend in ein Kuvert, schreiben Sie Ihre Adresse drauf und geben Sie ihn Ihrer Freundin. Diese wird den Brief dann zum angekündigten Zeitpunkt – unangekündigt – an Sie schicken.

3. Ihren Lebensträumen auf der Spur

Nutzen: In dieser Übung geht es darum, (wieder) in Kontakt mit Ihren Lebensträumen zu kommen.

Anwendung: Freundinnen-Coaching, Selbst-Coaching.

Hintergrund: Tiefenpsychologie.

Dauer: 90 Minuten.

Sie aktivieren mit dieser Übung Ihre rechte Gehirnhälfte und erhalten dadurch Zugang zu Ihren verborgenen Wünschen und Sehnsüchten, die Sie vielleicht zu Unrecht vernachlässigt haben.

Coaching-Auftrag

Diese Übung können Sie in verschiedenen Varianten machen. Sie besteht aus mehreren Phasen, die Sie nach Ihrem eigenen Ermessen durchführen können.

Phase 1: Nehmen Sie sich einen großen Stapel Zeitschriften zur Hand und durchstöbern Sie die Magazine. Wann immer Sie auf ein Bild stoßen, das Sie anspricht, schneiden Sie es aus. Stöbern Sie so lange, bis Sie mindestens 20, höchstens 50 verschiedene Bilder gefunden haben. Legen Sie diese Bilder vor sich hin und fragen Sie sich, was sie über Sie aussagen: Welcher Ihrer Wünsche oder Lebensträume wird durch diese Bilder ausgedrückt?

Phase 2: Packen Sie einen kleinen Block und einen Bleistift ein und machen Sie einen Spaziergang im Park oder durch den Wald. Denken Sie dabei über Ihre Kindheit, Ihre Jugend und die jungen Erwachsenenjahre nach. Welches waren die bedeutenden Träume und Wünsche, die diese Zeit begleitet haben? Wonach haben Sie sich gesehnt? Notieren Sie Ihre Gedanken. Schreiben Sie alles auf, was Ihnen durch den Kopf geht.

Phase 3: Sortieren Sie Ihre bisherigen Gedanken und überlegen Sie, welche Träume von heute und damals Sie am meisten bewegen. Welche Bilder möchten Sie für sich selber zum Leben erwecken? Welche Träume aus der Vergangenheit wollen noch erfüllt werden? Wenn Sie mögen, benutzen Sie die nachfolgende Grafik, um Ihre Lebensträume zu sammeln und zu sortieren.

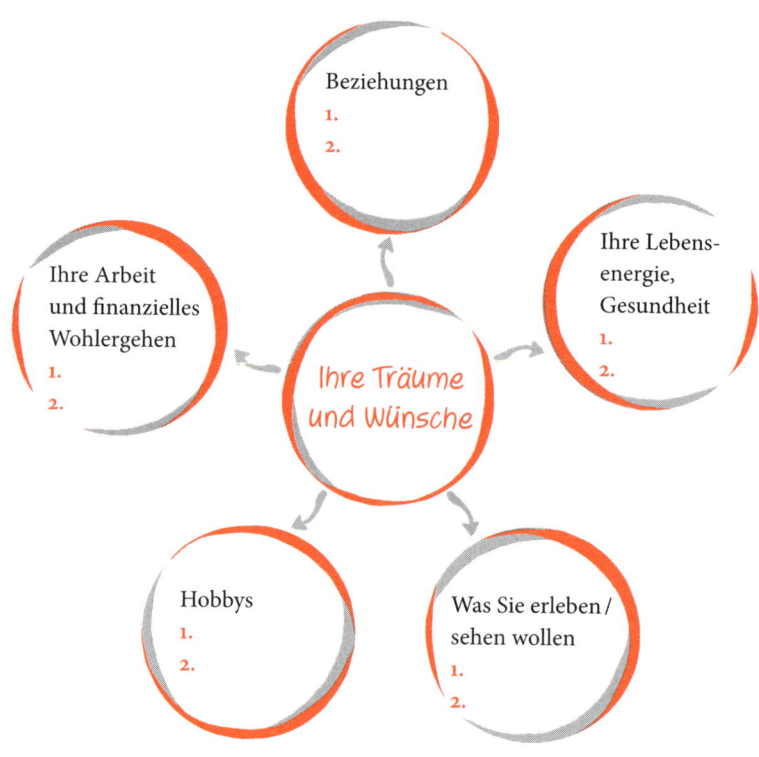

4. Werfen Sie Ballast ab

Nutzen: Werden Sie sich bewusst, wovon Sie sich lösen müssen, wenn Sie Ihre neuen Vorsätze in die Tat umsetzen wollen.

Anwendung: Freundinnen-Coaching.

Hintergrund: Dieses Coaching-Tool wurde in der Originalfassung vom bekannten Karriere- und Gehaltscoach Martin Wehrle entwickelt. Im Folgenden finden Sie eine für das Freundinnen-Coaching angepasste Version. Diese Methode baut implizit auf Erkenntnissen aus dem Neurolinguistischen Programmieren (NLP) auf.

Dauer: 30 bis 45 Minuten.

Die folgende Übung soll Sie dazu ermutigen, sich über all das klar zu werden, was Sie loswerden müssen, wenn Sie Ihre neuen Ziele tatsächlich erreichen möchten. Sie müssen bereit sein, Ballast abzuwerfen, um in Ihrem Leben sprichwörtlich an Höhe zu gewinnen.

Dieser Ballast kann sich übrigens ganz unterschiedlich zusammensetzen: Mal kann es ein Ort sein, von dem Sie sich lösen müssen, mal eine Beziehung, die Ihnen nicht guttut, oder aber lähmende Verhaltens- und Denkweisen oder falsche Glaubenssätze, die Sie immer noch daran hindern, in den Himmel Ihrer Träume zu schweben.

Coaching-Auftrag

Sie (oder Ihre Freundin) fokussieren mental ein Ziel / ein Bild, das Sie gerne erreichen möchten. Um diese Übung plastischer erklären zu können, gehen wir von folgendem Ziel aus: Sie wollen eine bessere Balance zwischen Berufs- und Familienleben herstellen. Sie erhoffen sich, mehr Gelassenheit in Ihrem Leben zu gewinnen.

Ihre Freundin bittet Sie nun, sich zu entspannen (gegebenenfalls sogar hinzulegen) und die Augen zu schließen. Sie beginnen jetzt eine Fantasiereise. Ihre Freundin kann die folgende Beschreibung benutzen:

Du möchtest in deinem Leben eine bessere Balance zwischen Berufs- und Privatleben erreichen. Du erhoffst dir davon, dass du mehr Gelassenheit gewinnst und dich weniger gestresst fühlst. Vielleicht möchtest du dir vorstellen, dieses Ziel in einem Ballon zu erreichen. Ein Ballon, der aufsteigen will, wenn es dir gut geht, wenn die Sonne scheint. (Ihre Freundin macht eine Pause.) *Wie fühlt es sich an, an Höhe zu gewinnen? Deinem Wunsch nach mehr Work-Life-Balance näherzukommen?* (Pause) *Wie wirst du dich fühlen, wenn du mehr Zeit in deine Gesundheit und Fitness investieren wirst?* (Pause) *Energiegeladener, schwungvoller? Kannst du das jetzt fühlen?* (Pause) *Wie wird es sich anfühlen, wenn du mehr Zeit für deine Familie haben wirst?* (Pause) *Was hat dich bisher daran gehindert, diese Balance in deinem Leben herzustellen?* (Lange Pause) *Was hat dir bisher die Energie geraubt, um Zeit und Kraft für Neues zu*

Werfen Sie Ballast ab!

finden? (Pause) Menschen? Verhaltensweisen? Überzeugungen? (Pause) Was davon möchtest du nun über Bord werfen, um dein Ziel zu erreichen und dich ausgeglichener und weniger gestresst zu fühlen? (Lange Pause)

Es kann helfen, sich diesen Ballast wie Sandsäcke an deinem Ballon vorzustellen. Welchen dieser Sandsäcke würdest du zuerst abwerfen? (Pause) Warum gerade diesen? Wie fühlt es sich jetzt an? (Pause) Welchen Ballast möchtest du noch abwerfen? (Pause) Kannst du das jetzt tun? (Lange Pause) Wie fühlt es sich jetzt an? Fühlst du dich deinem Ziel, entspannter und ausgeglichener zu leben, jetzt schon näher? Genieße diesen Zustand jetzt für eine Weile. (Lange Pause). Und dann kannst du jetzt wieder langsam die Augen öffnen …

Nach dieser Fantasiereise besprechen Sie mit Ihrer Freundin, welchen Ballast Sie in Ihrem Leben entdeckt haben, wie dieser Ballast auf Sie wirkt und mit welchen Strategien Sie nun planen, diesen Ballast loszuwerden.

5. Besuchen Sie die Berge und Täler Ihres Lebens

Nutzen: Den Höhen und Tiefen Ihres Lebens bewusst ins Auge zu schauen, stärkt das Selbstbewusstsein und gibt Mut, auch zukünftige Herausforderungen entschlossen anzugehen.

Anwendung: Freundinnen-Coaching, Selbst-Coaching.

Hintergrund: Diese Methode hat sich sowohl in Trainings als auch in Einzel-Coachings bewährt. In Gruppensituationen schafft sie eine besondere Art des Vertrauens unter den Gruppenmitgliedern.

Dauer: 60 Minuten.

Für die folgende Übung möchte ich Sie bitten, zwei Momente in Ihrem Leben zu fokussieren, die Sie besonders stark geprägt haben. Zwei Momente, die dazu beigetragen haben, dass sich die positiven Eigenschaften in Ihnen entfalten konnten. Wählen Sie hierfür sowohl einen Höhepunkt als auch einen Tiefpunkt in Ihrem Leben aus.

Coaching-Auftrag

Bitte nehmen Sie ein Blatt Papier und teilen Sie es in zwei Hälften. Stellen Sie auf der linken Seite einen Höhepunkt Ihres Lebens dar. Malen Sie ein Bild von dem, was damals passiert ist. Gehen Sie anschließend in sich:

- Wie hat Sie diese Zeit / dieses Ereignis geprägt?
- Welche positiven Eigenschaften und Einstellungen sind in dieser Zeit bei Ihnen gestärkt worden?

Jetzt machen Sie das Gleiche noch einmal und fokussieren dabei gedanklich eine weniger schöne Zeit in Ihrem Leben. Eine Zeit, in der Sie eine besonders schwierige Herausforderung zu meistern hatten. Fragen Sie sich wiederum:

- Wie hat Sie diese Zeit / dieses Ereignis geprägt?
- Welche positiven Eigenschaften und Einstellungen sind in dieser Zeit bei Ihnen gestärkt worden?

Sie können diese Übung alleine machen. Wenn Sie sich entschließen, sie mit einer Freundin durchzuführen, kann ich Ihnen nur gratulieren. Sie werden mit aller Wahrscheinlichkeit ein großartiges Gespräch führen, das Sie einander näherbringen wird und aus dem Sie beide gestärkt hervorgehen werden. Das Ganze lässt sich übrigens auch wunderbar in der Kneipe, im Café oder beim Essengehen praktizieren. Sie brauchen keinen großen Malblock. Manchmal tut es auch schon der kleine Bestellblock inklusive Kugelschreiber vom Kellner!

6. Entdecken Sie Ihre Lebensmotive

Nutzen: Ziel dieser Übung ist es, die Lebensmotive zu ermitteln, die in Ihrem Leben eine besonders große Rolle spielen.

Anwendung: Freundinnen-Coaching, Selbst-Coaching.

Hintergrund: Psychologische Motivforschung.

Dauer: 30 bis 45 Minuten.

Wenn Sie Ihre persönliche Motivstruktur kennen, wenn Sie sich bewusst sind, welche Lebensmotive Sie wirklich antreiben, werden Sie besser in der Lage sein, gute Entscheidungen für Ihr Leben zu treffen.

Coaching-Auftrag

Blättern Sie bitte nochmals zurück zur Tabelle mit den 16 Lebensmotiven auf Seite 147 f. im Kapitel 8. Streichen Sie dort schon während des Lesens ganz spontan all jene Lebensmotive durch, die bei Ihnen weniger dominant oder unterdurchschnittlich ausgeprägt sind. Kreisen Sie im nächsten Durchgang die Lebensmotive ein, von denen Sie wissen, dass sie Ihr Denken, Handeln und Fühlen besonders stark bestimmen. Wiederholen Sie diese beiden Vorgänge, bis Sie Ihre sechs dominanten Lebensmotive ermittelt haben. Tragen Sie diese dann hier in die nachfolgende Tabelle ein.

Ihre sechs dominanten Lebensmotive

Dominantes Lebensmotiv	
Dominantes Lebensmotiv	
Dominantes Lebensmotiv	
Dominantes Lebensmotiv	
Dominantes Lebensmotiv	
Dominantes Lebensmotiv	

Zeigen Sie nun Ihrer Freundin das Ergebnis Ihrer Überlegungen. Ist diese überrascht? Stimmt sie dem Ergebnis zu? Oder sieht sie in Ihnen andere Lebensmotive repräsentiert, die ihrer Meinung nach Ihr Handeln prägen?

Empfehlung: Prüfen Sie, ob die von Ihnen ermittelten Lebensmotive noch in Ihr aktuelles Leben passen. Fragen Sie sich auch, ob Sie Aspekte Ihres Lebens ändern müssen, um Ihren Lebensmotiven besser gerecht zu werden. Diskutieren Sie Ihre Überlegungen mit Ihrer Freundin.

7. Eine Reise in die Zukunft:
Feiern Sie Ihren 80. Geburtstag!

Nutzen: Entwickeln Sie auf spielerische Art und Weise ein Gefühl dafür, was in Ihrem Leben wirklich zählt. Wagen Sie einen Blick in die Zukunft!

Anwendung: Unter Freundinnen.

Hintergrund: NLP (Neurolinguistisches Programmieren), Rollenspiel.

Dauer: 60 Minuten.

Leben Sie so, wie Sie wirklich leben wollen? Das lässt sich am besten feststellen, indem Sie es wagen, aus der Zukunft einen Blick auf Ihr jetziges Leben zu werfen. Wie das geht? Mit ein bisschen Fantasie, einer guten Freundin und jeder Menge guter Laune!

Coaching-Auftrag

Stellen Sie sich zusammen mit einer Freundin vor, dass Sie heute Ihren 80. Geburtstag feiern. Versuchen Sie sich mit allen Sinnen in die Zukunft zu versetzen und beantworten Sie gemeinsam die folgenden Coaching-Fragen. Besonders viel Spaß macht diese Übung, wenn Sie sich zu einem Kaffee treffen und den Tisch entsprechend des gegebenen Anlasses mit Kerzen schmücken.

Diskutieren Sie mit Ihrer Freundin die folgenden Fragen. Tun Sie dabei so, als würden Sie Ihrer eigenen Geburtstagsrunde als Beobachterin aus der Zukunft beiwohnen.

- Wen haben Sie eingeladen? Sind viele gute Freundinnen dabei? Familie? Wie würde Ihre ideale Geburtstagsrunde aussehen?
- Wie ist die Stimmung auf Ihrer Feier?
- In welcher Beziehung stehen Sie zu Ihren Gästen? Was haben Sie in Ihrem Leben gemeinsam erlebt?
- Wie würden Ihre Freundinnen Ihr Leben beschreiben?
- Wie würde Ihre Familie Ihr Leben und Ihre Lebensart beschreiben?
- Was würden Ihre ehemaligen Kolleginnen über Sie sagen?
- Was würden Sie selber über sich sagen? Wie haben Sie rückblickend Ihr Leben gemeistert?
- Auf welche Errungenschaften sind Sie besonders stolz?
- Auf welche Abenteuer blicken Sie gerne zurück?
- Haben Sie das Bestmögliche aus Ihren drei plus eins Lebensbereichen herausgeholt?
- Haben Sie anderen Gutes getan?

8. Spaziergang mit dem Zauberstab

Nutzen: Diese Übung regt Ihre Fantasie an, löst Blockaden und erlaubt einen Blick in das Reich Ihrer Wünsche und Sehnsüchte: Ihr wahres Traum-Ich.

Anwendung: Spaziergang mit einer guten Freundin.

Hintergrund: Kreativitätstechnik. Diese Methode öffnet Denkräume, die durch eingefahrene Denk- und Wahrnehmungsmuster oft verstellt sind.

Dauer: 60 bis 120 Minuten.

Coaching-Auftrag

Machen Sie sich zusammen mit einer Freundin auf zu einem Spaziergang. Nehmen Sie Ihren imaginären Zauberstab mit. Geben Sie sich wechselseitig jeweils ca. 30 Minuten füreinander Zeit.

1. Fangen Sie an zu zaubern. Stellen Sie sich vor, Sie könnten Ihr Leben so gestalten, wie Sie es sich wünschen würden. Was würden Sie in Ihrem Leben verändern? Wie würden Sie Ihr Leben gestalten? Erträumen Sie sich das Leben Ihrer Wahl und beschreiben Sie es in allen Einzelheiten. Nach ca. 15 Minuten werden Sie wahrscheinlich ein sehr schönes, lebendiges Bild von Ihrem Traumleben in die Luft gemalt haben. Ihre Freundin kann es buchstäblich sehen.

2. Fragen Sie sich, welche von den gerade erträumten Lebensumständen, Aktivitäten und Möglichkeiten sich – realistisch – in Ihr derzeitiges Leben integrieren lassen.

3. Welche dieser Elemente *werden* Sie in Ihr Leben integrieren? Wie werden Sie das tun?

4. Nach ca. 30 Minuten überreichen Sie den Zauberstab Ihrer Freundin. Wiederholen Sie die Schritte 1 bis 3, sodass Sie am Ende des Spaziergangs beide ein Gefühl dafür haben, welche Aspekte Ihres Traumlebens auch in Ihrem realen Leben vorkommen sollten und werden.

Tipp: Diese Übung sollte unbedingt beim Spazierengehen angewandt werden. Bei einer derartigen Bewegung werden nicht nur unser Körper, sondern auch unser Denkapparat, unsere Fantasie und unsere Gefühlswelt in positive Schwingungen versetzt.

9. Ihr Leben: Was wirklich zählt!

Nutzen: Mit dieser Coaching-Idee möchte ich Sie dazu auffordern, darüber nachzudenken, was Ihnen im Leben wirklich wichtig ist. Nehmen Sie diese Erkenntnisse als Inspiration, um in Ihrem Alltag immer öfter entsprechend zu handeln.

Anwendung: Freundinnen-Gespräch, Selbstreflexion.

Hintergrund: Diese Übung greift auf Beobachtungen von Bronnie Ware zurück, die sterbende Menschen in den letzten Wochen ihres Lebens begleitet hat.

Dauer: 45 Minuten.

Coaching-Auftrag

Diskutieren und reflektieren Sie mit Ihrer Freundin über folgende Frage:

Wenn Sie so weiterlebten wie bisher, was würden Sie am Ende Ihres Lebens am meisten bedauern?

Tipp: Vergegenwärtigen Sie sich noch einmal die fünf Dinge, die Sterbende laut der Palliativpflegerin Bronnie Ware in den letzten Wochen ihres Lebens am meisten bereuen:

1. »Ich wünschte, ich hätte den Mut gehabt, mein eigenes Leben zu leben.«
2. »Ich wünschte, ich hätte weniger gearbeitet.«
3. »Ich wünschte, ich hätte meine Gefühle besser ausgedrückt.«
4. »Ich wünschte, ich hätte mich mehr um meine Freunde und Freundinnen gekümmert.«
5. »Ich wünschte, ich hätte mir mehr Freude gegönnt.«

Diskutieren Sie zusammen mit Ihrer Freundin, wie es in Ihrem Leben um diese fünf Aspekte bestellt ist. Wenn Sie so weiterlebten, wie bisher, liefen Sie auch Gefahr, in diesen fünf Aspekten Ihr Leben nicht voll auszuschöpfen? Wenn ja, wie könnten Sie dem entgegenwirken? Brainstormen Sie mit Ihrer Freundin Ideen, wie Sie das ändern könnten. Halten Sie Ihre Einsichten in Ihrem Coaching-Logbuch fest.

10. Entwickeln Sie Ihre Vision: Finden Sie Ihren Stern!

Nutzen: Das Ziel dieser Übung ist es, eine Vorstellung, eine Vision davon zu entwickeln, wie Ihr Leben im Idealfall in fünf oder zehn Jahren aussehen soll.

Anwendung: Freundinnen-Coaching, Selbst-Coaching.

Hintergrund: NLP (Neurolinguistisches Programmieren).

Dauer: 60 Minuten.

Die persönliche Lebensvision ist die Beschreibung eines erhofften zukünftigen Lebens. Ein kraftvolles, authentisches Bild für eine positive Zukunft ist im übertragenen Sinne wie ein leuchtender Stern, der Ihnen auch im Dunkeln den Weg zu Ihrem Ziel zeigt. Wissen andere von Ihrer Vision, werden Ihnen aller Wahrscheinlichkeit nach ungefragt Hilfe, Ideen und Unterstützung angeboten.

Finden Sie Ihren Stern!

Coaching-Auftrag 1

Legen Sie eine Lieblings-Musik ein. Es ist wichtig, dass Sie diese Übung in entspannter Atmosphäre durchführen. Nun nehmen Sie ein Blatt Papier und malen vier gleich große Kreise darauf. Der erste Kreis steht für berufliche Veränderungen, der zweite für gesundheitliche, der dritte für Veränderung in Ihrem Beziehungsleben und der vierte für Ihre Lebensmotive und Wünsche. Wenn Sie nun auf Ihr Leben in fünf (oder zehn) Jahren schauen, was sehen Sie dann? Wie wird sich Ihr Leben verändert haben? Malen und schreiben Sie Ihre Ideen und Wünsche in die Kreise. Schreiben Sie ungefiltert alles auf, was Ihnen durch den Kopf geht.

Coaching-Auftrag 2

Ihre Freundin stellt Ihnen die folgenden Fragen. Bitte beantworten Sie diese Fragen nur in Ihrem Kopf. Versuchen Sie, sich Bilder zu den gewünschten Antworten vor Ihr inneres Auge zu malen. Ihre Freundin wird jeweils eine Minute zwischen jeder Frage pausieren, bevor Sie Ihnen die nächste Frage stellt.

- Wie werden Sie wohnen?
- Welcher Arbeit werden Sie nachgehen?
- Wie wird Ihr Alltag strukturiert sein?
- Wie werden Sie aussehen?
- Wie werden Sie sich fühlen?
- Welche Menschen werden in Ihrem Leben sein?
- Was werden Sie erleben?
- Welchen Hobbys gehen Sie nach?

Coaching-Auftrag 3

Nehmen Sie ein Blatt Papier. Ihre Aufgabe ist es nun, einen Tag in Ihrem Leben in genau fünf (bzw. zehn) Jahren zu beschreiben.

Wie wird dieser Tag aussehen, wenn Sie Ihre Vorstellung von Ihrer Zukunft verwirklicht haben?

Wichtig: Diese Beschreibung muss in der Gegenwartsform geschrieben sein. Schreiben Sie so, als hätten Sie Ihre Vision von einem tollen Leben in fünf (bzw. zehn) Jahren schon verwirklicht. Versetzen Sie sich mit allen Sinnen in diesen Zustand. Erahnen Sie, wie es Ihnen gehen wird, wenn Sie alles erreicht haben, und schreiben Sie es nieder.

Epilog

»Die winterkalten Gedanken verfliegen wie Rauch im lauen Wind.
Wenn wir in den Wiesen liegen und etwas Neues beginnt.«
SPORTFREUNDE STILLER

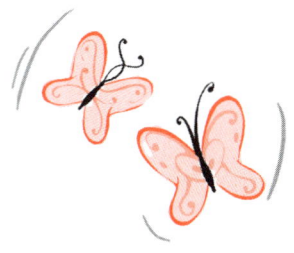

Es gibt Dinge im Leben, die wir beeinflussen können, und Dinge, die wir nicht beeinflussen können. Für die meisten von uns gilt: Wir können mehr beeinflussen, als wir denken. Wir können unser Leben gestalten: unsere Beziehungen, unsere Arbeit und unsere Gesundheit. Und wir können uns entscheiden, zumindest einige unserer Träume zu leben. Wir können kleine und große Neuanfänge wagen. Immer und immer wieder.

Zünden Sie Ihr Leben an und benutzen Sie dieses Buch wie ein echtes Handbuch, das Sie über Jahre begleiten kann. Wahrscheinlich haben Sie schon begonnen, einige der hier vorgestellten Ideen zu nutzen. Andere Themen mögen Sie jetzt ruhen lassen und vielleicht in ein paar Jahren angehen. Das ist gut so. Auch kann es sein, dass Sie sich erst einmal nicht für ein Freundinnen- oder Kolleginnen-Coaching verabreden. Trotzdem werden Sie feststellen: Je mehr Frauen in Ihrem Umfeld dieses Buch lesen, umso mehr positive Veränderungen werden sich für Sie alle bemerkbar machen. Auf subtile Art und Weise wird die Energie in Ihrem Lebenskreis kooperativer und positiver. Genießen Sie das und tragen Sie einen kleinen Teil dazu bei, dass sich der Freundinnen-Virus weiter ausbreiten kann.

Und vergessen Sie nicht, Ihre Erlebnisse mit anderen zu teilen. Gerne auch auf dem Blog *Tausche Abendessen gegen Coaching* (http://freundinnencoaching.com). Auch können Sie mir Ihre Geschichten per E-Mail an kk@freundinnenprojekt.de schicken. Denn mein Angebot an Sie lautet: *Tausche Ihre Geschichten und Erlebnisse* (die ich dann *anonym* auf meinem Blog veröffentliche) *gegen professionelle Tipps aus meiner Coaching-Praxis.* Jedes noch so kleine Erfolgserlebnis kann der Tropfen auf dem heißen Stein der Veränderung für eine Ihrer Freundinnen (oder Freundin Ihrer Freundin, oder Freundin Ihrer Freundin Ihrer Freundin …) sein.

Lesetipps

Asgodom, Sabine: *So coache ich. 25 überraschende Impulse, mit denen Sie erfolgreicher werden.* Kösel 2012

Buckingham, Marcus: *Nutzen Sie Ihre Stärken jetzt! Das 6-Schritte-Programm für stärkenorientiertes Führen.* Campus 2009

Christakis, Nicholas A.; Fowler, James H.: *Connected! Die Macht sozialer Netzwerke und warum Glück ansteckend ist.* S. Fischer 2009

Demann, Stefanie: *30 Minuten Selbstcoaching.* Gabal 2009

Fontana, Martina: *Voll auf Zucker! Wie Sie die Sucht nach Süßem überwinden.* Kösel 2012

Hofmann, Beate; Hofmann, Olaf: *Lockruf des Lebens. Unser Familiensabbatical in Kanada.* Patmos 2013

Kruckeberg, Katja: *Leadership and Personal Development. A Toolbox for the 21st Century Professional.* IAP 2011

Moss, Michael: *Salt Sugar Fat. How the Food Giants Hooked Us.* Random House 2013

Rifkin, Jeremy: *Die empathische Zivilisation. Wege zu einem globalen Bewusstsein.* Campus 2009

Shipman, Claire; Kay, Katty: *Womenomics. Bestimmen Sie Ihre eigenen Erfolgsregeln. Leben und arbeiten Sie endlich so, wie Sie es wirklich wollen.* Eichborn 2010

Taubes, Gary: *The Diet Delusion.* Vermilion 2009

Anmerkungen

1. Rifkin, J. (2009): *Die empathische Zivilisation. Wege zu einem globalen Bewusstsein.* Campus

2. Christakis, N. und Fowler, J. (2009): *Connected! Die Macht sozialer Netzwerke und warum Glück ansteckend ist.* S. Fischer

3. In einer groß angelegten Langzeitstudie wurde über einen Zeitraum von 20 Jahren eine amerikanische Kleinstadt mit 12 000 Einwohnern empirisch beobachtet. Die Bewohner wurden zu den verschiedensten Themen befragt. Auf Basis dieser und anderer Daten haben die Wissenschaftler Nicholas Christakis, Mediziner und Soziologe an der Harvard University, sowie James Fowler, Politikwissenschaftler an der University of California, San Diego, eine umfangreiche Studie über das Entstehen und Funktionieren von sozialen Netzwerken aufgelegt. Die Forscher analysierten anhand dieses enormen Datensatzes, inwieweit unser Verhalten, unsere Wahrnehmung und unser Wohlbefinden von den Menschen aus unserer Umgebung beeinflusst wird.

4. Christakis, N. und Fowler, J. (2009): *Connected!* A.a.O.

5. http://www.mentoring-d.de/frauen-netzwerk und http://magazin.unternehmerweb.at/index.php/2009/05/20/strategischer-aufbau-von-frauen-netzwerken-interview-mit-drin-sabine-fischer

6. http://www.wiwo.de/erfolg/jobsuche/wiedereinstieg-frauen-netzwerken-zu-wenig/6467700.html und http://www.frauen.bka.gv.at/site/6870/default.aspx

7. Siehe auch Kast, V. (1995): *Die beste Freundin. Was Frauen aneinander haben.* dtv

8. Rifkin, J. (2009): *Die empathische Zivilisation.* A.a.O.

9. www.tauschen-ohne-geld.de/tauschring-mitte-berlin

10. Hauser, U. (2013): »Teilen ist das neue Haben«. *Stern,* Nr. 10, 28.2.2013

11. Christakis, N. und Fowler, J. (2009): *Connected!* A.a.O.

12. Ende, M. (1973): *Momo*, Thienemann

13. Whitmore, J. (2009): *Coaching for Performance: GROWing Human Potential and Purpose – The Principles and Practice of Coaching and Leadership*, Nicholas Brealey Publishing. Und: http://www.performance-consultants.com/sir-john-whitmore

14. http://www.coachingkongress.com/preworkshop.php

15. http://news.stanford.edu/news/2005/june15/jobs-061505.html

16. »Old boy networks« sind ursprünglich aus der Verbindung männlicher Hochschulstudenten entstanden. Sinn und Zweck dieser Netzwerke war und ist es, auch nach dem Studium die Kontakte zu pflegen, um sich gegenseitig im Leben und im beruflichen Weiterkommen zu unterstützen. Mittlerweile sind viele Unternehmen weltweit dazu übergegangen, ebenfalls »Alumni-Netzwerke« zu unterhalten, in denen Ehemalige organisiert sind. Obwohl heutzutage natürlich auch Frauen zu diesen Alumni-Netzwerken Zugang haben, durchziehen die alten, männlichen Netzwerke nach wie vor große Teile unserer Gesellschaft, insbesondere in Politik und Wirtschaft. Sie stellen somit einen nicht zu unterschätzenden Machtfaktor dar, der in vielen wichtigen Entscheidungen ausgespielt werden kann. Vgl. http://de.wikipedia.org/wiki/Old_boy_network

17. Rath, T. und Harter, J. (2010): *Wellbeing: The Five Essential Elements.* Gallup Press

18. Buckingham, M. (2009): *Find Your Strongest Life.* Thomas Nelson

19. Diesen Begriff hat der Sozialwissenschaftler Hans Bertram geprägt.

20. http://de.wikipedia.org/wiki/Douglas_Coupland

21. Buckingham, M. (2004): *Now, Discover Your Strengths.* Pocket Book. Und: Rath, T. (2007): *StrengthsFinder 2.0.* Gallup Press

22. Buckingham, M. (2004): *Now, Discover Your Strengths.* A.a.O. Und: Linley, A. (2008): *Average to A+. Realising Strengths in Yourself and Others.* Capp Press

23. Buckingham, M. (2004): *Now, Discover Your Strengths.* A.a.O.

24. http://www.todo-liste.de/html/pareto-prinzip.php

25. Rath, T. (2010): *Wellbeing.* A.a.O.

26. Hörhan, G. (2011). *Investment Punk. Warum ihr schuftet und wir reich werden.* Ullstein Taschenbuch

27. Ebd.

28. Rath, T. (2010). *Wellbeing.* A.a.O.

29. Rehaag, R. et al. (2010): *Welchen Beitrag kann die Forschung zur Lösung des Welternährungsproblems leisten?* Studie für den Deutschen Bundestag

30. Grillparzer, M. (2009): *Die neue Glyx-Diät.* Gräfe und Unzer

31. Taubes, G. (2011): *The Diet Delusion*. Random House Group
32. *DER SPIEGEL* (Nr. 36/2012): »Droge Zucker. Die gefährliche Sucht nach Süßem«. Und: Taubes, G. (2011): *The Diet Delusion*. A.a.O. Und: Dufty, W. (1975): *Sugar Blues*. Hachete Book Group
33. Ebd. (außer Dufty, W.: *Sugar Blues*)
34. Rehaag, R. et al. (2010): *Welchen Beitrag kann die Forschung zur Lösung des Welternährungsproblems leisten?* A.a.O. Und: *DER SPIEGEL*: »Droge Zucker«. A.a.O.
35. http://www.tk.de/tk/medizin-und-gesundheit/bewegung/36654
36. Bös, K. (1998): *Handbuch Gesundheitssport*. Hofmann
37. Die Inhalte dieses Abschnitts basieren weitestgehend auf den Informationen dieser drei sehr guten Webseiten zum Thema Lachen, Glück und Gesundheit: http://www.gluecksarchiv.de/inhalt/lachen.htm, http://www.humor-und-gesundheit.de/medizin.htm und http://www.psychosoziale-gesundheit.net/psychohygiene/lachen.html.
38. Rath, T. und Harter, J. (2010): *Wellbeing*. A.a.O.
39. Vgl. auch Seiwert, L. (2002): *Das Bumerang Prinzip. Mehr Zeit fürs Glück*. Gräfe und Unzer
40. Dieses Kapitel basiert weitgehend auf den Arbeiten von Anthony Robbins. Das Konzept der Human Needs Psychology ist kein wissenschaftlich geprüftes Konzept. Es hat sich aber in meiner langjährigen Praxis als wirkungsvollste Coaching-Intervention erwiesen, wenn es darum geht, die Beziehungen zu anderen Menschen zu vertiefen.
41. Robbins, A. (2012): *Unleash the Power Within: Personal Coaching from Anthony Robbins That Will Transform Your Life!* Audiobook. Simon & Schuster
42. Brand, M. und Ion, F. (2011): *Die 16 Lebensmotive in der Praxis. Training, Coaching und Beratung nach Steven Reiss*. Gabal. Wenn Sie sich selber für eine professionelle Reiss-Profil-Analyse entscheiden sollten, kann ich Ihnen wärmstens empfehlen, sich auf der Webseite dieser beiden erfahrenen Autoren zu erkundigen: http://www.institut-fuer-lebensmotive.de
43. Ware, B. (2013): *5 Dinge, die Sterbende am meisten bereuen. Einsichten, die Ihr Leben verändern werden*. Arkana
44. Shipman, C. und Kay, K. (2010): *Womenomics*. Eichborn
45. Ebd.
46. Zulley, J. (2010). *Mein Buch vom guten Schlaf: Endlich wieder richtig schlafen*. Goldmann
47. Dieser Begriff wird auch vom Coach Martin Wehrle benutzt. Ich selber verwende ihn aber schon seit vielen Jahren in meiner eigenen Coaching-Praxis.